"十二五"职业教育国家规划教材

经全国职业教育教材审定委员会审定

机电产品营销

主　编　王宝敏
副主编　陆浩刚　袁　蓉
参　编　俞　婕　李　妍　于　淳
主　审　过志强

机械工业出版社
CHINA MACHINE PRESS

本书是经全国职业教育教材审定委员会审定的“十二五”职业教育国家规划教材，是根据教育部2014年公布的《中等职业学校机电技术应用专业教学标准》，同时参考营销师国家职业资格标准编写的。本书体现职业教育的技术应用特色，以营销职业能力为本位，突出机电产品营销学生应用能力的培养，针对学生从事机电产品营销的就业岗位，体现“理实一体化”，有针对地介绍现代市场营销的基本知识和基本方法，使学生通过任务实施掌握营销技能。本书主要内容包括机电产品市场营销的基础知识、机电产品市场调查与预测、机电产品市场分析与定位、机电产品购买者行为分析、制定机电产品价格、机电产品的促销、机电产品分销渠道与网络营销、机电产品的营销服务等。

本书可作为中等职业学校、技工院校机电技术应用专业教材，也可作为营销员岗位培训教材。

为便于教学，本书配套有助教课件等教学资源，选择本书作为教材的教师可致电（010-88379195）索取，或登录 www.cmpedu.com 网站进行注册、免费下载。

图书在版编目（CIP）数据

机电产品营销/王宝敏主编．—北京：机械工业出版社，2015.9（2017.8 重印）
“十二五”职业教育国家规划教材
ISBN 978-7-111-51134-2

Ⅰ.①机… Ⅱ.①王… Ⅲ.①机电设备-工业产品-市场营销学-中等专业学校-教材 Ⅳ.①F764.4

中国版本图书馆 CIP 数据核字（2015）第 184617 号

机械工业出版社（北京市百万庄大街 22 号 邮政编码 100037）
策划编辑：张晓媛 责任编辑：张晓媛 聂志磊 责任校对：陈 越
封面设计：张 静 责任印制：李 飞
北京机工印刷厂印刷（三河市南杨庄国丰装订厂装订）
2017 年 8 月第 1 版第 5 次印刷
184mm×260mm · 13 印张 · 320 千字
7 001—10 000 册
标准书号：ISBN 978-7-111-51134-2
定价：34.50 元

凡购本书，如有缺页、倒页、脱页，由本社发行部调换

电话服务
服务咨询热线：010-88379833
读者购书热线：010-88379649

网络服务
机 工 官 网：www.cmpbook.com
机 工 官 博：weibo.com/cmp1952
教育服务网：www.cmpedu.com
金 书 网：www.golden-book.com

前言

本书是根据教育部《关于中等职业教育专业技能课教材选题立项的函》（教职成司〔2012〕95号），由全国机械职业教育教学指导委员会和机械工业出版社联合组织编写的“十二五”职业教育国家规划教材，是根据教育部于2014年公布的《中等职业学校机电技术应用专业教学标准》，同时参考营销师国家职业资格标准编写的。

本书主要介绍机电产品市场营销的基本知识、机电产品市场调查与预测、机电产品市场分析与定位、机电产品购买者行为分析、制定机电产品价格、机电产品的促销、机电产品分销渠道与网络营销、机电产品的营销服务等知识。本书重点强调培养学生的机电产品营销能力，编写过程中力求体现以下特色：

1. 执行新标准　本书依据最新《中等职业学校机电技术应用专业教学标准》和课程要求编写，对接营销师国家职业标准中的的营销员（四级/中级）岗位需求。

2. 体现新模式　本书采用理实一体化的编写模式，基于完成工作任务的真实过程，以案例法的教学形式，用机电产品营销案例开篇，突出体现“做中教，做中学”的职业教育特色。

3. 针对性强　本书对市场营销理论不做系统阐述，只针对机电产品营销应用加以阐明。而且书中收集了常见机电产品营销的文档、案例，为学生适应机电产品营销岗位打下坚实基础。

本书在内容处理上主要有以下几点说明：①注重学生就业岗位技能培养，对市场营销知识不进行系统介绍；②本书以介绍组织市场营销为主，对快速消费品市场的内容基本不做介绍；③学校可以根据当地机电企业的实际情况对任务实施进行调整；④本书建议学时为120学时，具体学时分配建议见下表。

项目	内　　容	学时	项目	内　　容	学时
一	认识机电产品营销	10	七	运用多种方法促销机电产品	14
二	调查与预测机电产品市场	10	八	构建机电产品的分销渠道	10
三	寻找机电产品市场机会	12	九	机电产品的营销礼仪及沟通技巧	6
四	分析机电产品的客户行为并进行营销	12	十	签订机电产品销售合同及鉴别票据	14
五	分析常见的机电产品	10	机　　动		10
六	制定机电产品价格	12	合　　计		120

全书共十个项目，由无锡商业职业技术学院王宝敏副教授主编，由无锡信捷电气股份有限公司过志强经理主审。具体分工如下：无锡商业职业技术学院王宝敏编写项目一、项目三、项目四，江苏惠山中等专业学校陆浩刚编写项目五、项目十，江苏扬州商务高等职业学校袁蓉编写项目七、项目八，上海石化工业学校俞婕编写项目六，武汉机电工程学校李妍编写项目二，重庆立信职教中心于滢编写项目九。

本书经全国职业教育教材审定委员会审定，评审专家对本书提出了宝贵的建议，在此对他们表示衷心的感谢！编写过程中，编者参阅了国内外出版的有关教材和资料，在此一并表示衷心感谢！

由于编者水平有限，书中难免存在不妥之处，恳请读者批评指正。

编　者

目　录

项目一

认识机电产品营销

【知识目标】

1. 熟悉制造业的发展状况。
2. 理解机电产品的内涵和特征。
3. 熟悉市场与市场营销的内涵。
4. 了解市场营销理论发展状况。
5. 理解机电产品市场营销的特点。

【技能目标】

1. 会初步进行企业调查。
2. 能进行团队配合。

【提交成果】

《××××（机电企业名称）调查报告》。

【开篇案例】

Cessna 航空公司的改革

Cessna 公司目前拥有商务喷气式飞机市场 57% 的市场份额，年销售额达到 20 亿美元。该公司管理层已经清楚地认识到，要在 21 世纪保持持续发展，公司必须具有更高的工作效率和质量意识。

为把繁琐的、交易导向型的采购职能转变为整合的管理流程，负责供应链管理的副总裁 Michael Karzorke 把公司从职能导向转换为以下三个关键流程的导向：新产品研发、战略外包、持续生产。新产品研发要求经销商更多地介入到产品规格的设计和管理中来，并与之签订产品生命周期内的合作协议。战略外包意味着对某些投入要素制订具体的外包计划，详细说明将供应商整合进入 Cessna 公司的业务流程以及供应商改进流程的长期合作协议。

Cessna 公司运用全职的跨部门商品团队来领导变革。每个团队有来自于采购、生产制造、工程、质量、产品设计、产品支持和财务等部门的专家，大家共同努力改善供应商的绩效，并把它们融入到 Cessna 公司的设计和制造流程中。例如，Cessna 公司仅在与其他公司整合的初期需要 EDI（电子数据交换），但 EDI 已被财务和人力资源部门限用于小规模供应商。于是，Cessna公司模拟EDI开发了一个网络系统——以用于避免时间的延误和重新校正数据。

在评估的基础上，Cessna公司稳步推出外包业务，它与Alcoa公司签订了外包协议，购买所有的线圈和铝盘，其采购量足以让Alcoa公司在本地建立一家工厂，提供电子订单和日常送货。另外，Cessna公司还与Honeywell公司签订了采购协议，让Honeywell公司在Cessna公司设置一个室内仓库，以便在需要的时候把货送到Cessna公司的生产车间。Honeywell公司处理所有的订单和计划安排，并与其他主要供应商一起，参与Cessna公司的销售与运营计划。

案例讨论：

通过案例分析机电产品营销的特点？

任务一 认识制造业与机电产品

【知识链接】

知识点一：现代制造业的发展历程

制造业是社会生产发展的基础产业，是国民经济发展的物质基础，是综合国力的重要体现。制造业分为加工制造业和装备制造业。装备制造泛指生产资料的生产，以资金密集、技术密集为特征，包括能源、机械制造、电子、化学、冶金及建筑材料等工业。今天的制造业已不能从“机械制造”的狭义角度来理解。

随着全球制造业之间的竞争日趋激烈，以及全球经济一体化，市场向企业提出了更高的要求，企业要赢得竞争，就要以市场为中心，以用户为中心，就要快速、及时地为用户提供高品质、低价格、具有个性化的产品；要以最短的产品开发时间（Time）、最优的产品质量（Quality）、最低的价格和成本（Cost）、最佳的服务（Service）（简称“TQCS”）赢得用户和市场。

1908年12月，福特汽车公司生产出的T型汽车（见图1-1）是美国工业也是世界向机械大规模生产化过程过渡的一个标志性例证。

图1-1 福特汽车公司的T型汽车

1. 现代制造业的发展

从美国到欧洲，从前苏联到日本，从中国到印度，从发达国家到发展中国家，第二次世界大战以后，新能源、新材料、新技术、新工艺的研究、开发的热潮正在全世界兴起。它是人类社会历经了漫长的农业社会、工业社会向现代化社会发展的标志，是凝聚着人类智慧的当代科技文明的象征。

新能源——核能、太阳能的开发利用。

新材料——尼龙、塑料、不锈钢、陶瓷、球墨铸铁、硬质合金、复合和超导材料、人造金刚石、表面喷涂材料等。

新技术——激光技术、电火花线切割、超声加工、离子切割、爆炸焊、超精加工等。

新工艺——自动生产线、自动定位、快速自动装夹、高速锻造、气化模铸造等。

现代制造技术是建立在科学技术和社会发展之上而发展起来的。

2. 中国制造业现状

中国制造业是新中国成立以来经济空前发展的主要贡献者，没有中国制造业的发展就没有今天中国人民的现代物质文明。中国制造业作为中国人民衣食住行可享用产品的载体和国家安全所需产品的提供者是任何时候都撇不开的产业。没有制造能力的民族是没有竞争能力的民族，是不能抵御外来侵略而任人宰割的民族，百年屈辱的历史正是有力的佐证，制造业的兴衰不只是制造业的大事，而且是关系到国家的国际竞争力和国家安全的大事。

（1）中国制造业的发展历程　新中国在成立初期是一个农业大国，工业基础薄弱，以修配为主的机械工业尚未形成独立的制造业，且技术水平很低。机械工业技术引进是中国技术引进的主体和缩影。历史昭示人们，技术引进是实现技术进步的一条捷径，几乎所有后发国家都是从引进和模仿先进国的科学技术起家的，日本和韩国是这方面的典范。

中国的机械工业也是在引进和利用国外技术的基础上逐步发展起来的。建国 60 多年来，机械工业技术的发展大致经历了 5 个发展阶段：

1）20 世纪 50 年代主要从前苏联和东欧国家大量引进成套设备和技术，建设了一批机械工业基地，奠定了中国机械工业与机械科技发展的基础。

2）20 世纪 60 年代技术引进转向日本、西欧等资本主义国家，由于受国内外政治气候的影响，技术引进规模较小，进展迟缓。

3）20 世纪 70 年代技术引进扩大到整个西方国家，出现了两次进口成套设备的高潮，带有一定程度的盲目性。

4）改革开放以来，机械工业技术引进和发展进入了全方位、多形式、多层次的新的历史时期。中国机械行业从 1978 年至今共引进了 2000 多项先进技术，重点骨干企业基本上都引进了国外的技术。通过消化吸收与自主研究开发促进了产品更新换代，提高了整个机械工业的技术水平。

5）自加入 WTO（世界贸易组织）以后，中国机械工业连续多年实现 20% 以上的增长。尤其是“十五”期间，中国机械工业发展得非常迅速，机械工业全行业总产值年均增长 23.71%。2005 年机械工业全行业总产值为 2000 年的 2.9 倍，利润为 2000 年的 4.05 倍。2007 年机械工业全行业总产值比 2000 年增长 5.06 倍，利润更是上升了 7.5 倍。

（2）中国制造业的成就　目前，中国制造业总体规模已稳居世界第一位，领先于美国（从 2010 年开始）。钢铁、水泥、化纤、化肥、电视机等白色家电以及钟表、微电机、拖拉机、自行车、摩托车、集装箱、金属切削机床、电动工具、集成电路、电话机、手机、微型计算机等制成品的年产量居世界第一位，创造的产值已经占 GDP（国民生产总值）的 40% 以上。

2013 年《财富》杂志世界 500 强企业排名榜单显示，中国的上榜企业继续保持强劲增长态势，以 95 家继续位列世界第二，有 20 家制造类企业集团。其中，来自内地和香港的上榜企业为 89 家，比 2012 年增加了 16 家；来自我国台湾地区的企业为 6 家。

以出口额和出口增长率所反映的中国制造业在国际的地位持续提高，2009 年中国成为世界第一出口大国，特别是中国制造业在国际贸易中表现突出，出口额从 1990 年的 443 亿美元增长到 2005 年的 7129 亿美元，年均增长 20%。2008 年上半年我国机电产品出口额为 3887.8 亿美元，增长 25.4%，占同期出口总值的 58.3%，比 2007 年同期提高了 1.6 个百分点。其中，电器及电子产品出口额为 1607 亿美元，增长 24.8%；机械及设备出口额为 1280.6 亿美元，增长 22.6%；高新技术产品出口额为 1961.7 亿美元，增长 21.8%。从产业结构来看，中国制造业增加值占 GDP 比重明显偏高。

短短十几年间，“中国制造”让世界刮目相看，“中国的制造业发展潜力巨大，正逐渐成为世界制造业中心”的观点已经被多数人认同。目前，我国制造业正处在由低级向高级发展的中间阶段，要完全实现工业化，根据发达国家的经验，至少还需要十几年的努力。宏观上看，中国制造业发展很快，以至于现在有了“中国已经成为世界工厂”的说法。

3. 中国制造业存在的问题

（1）真实的生产率不高　美国的平均工资是中国的 47.8 倍，但是创造同样多的制造业增加值，美国的劳动力成本只是中国的 1.3 倍；日本和中国相比，这两个指标分别为 29.9 和 1.2。低水平的生产能力严重过剩，全国主要工业产品有 80% 以上的生产能力利用不足或严重不足，大量的生产能力放空；高水平的生产能力又严重缺乏，重要设备基本依赖进口，这也限制了生产率的提高。

（2）创新能力不强，缺乏核心竞争力　关键技术自给率低，技术对外依赖度达 50%，60% 以上的装备需进口，科技对发展的贡献率仅占 30%，发明专利只占世界总量的 1.8%，中国经济发展主要依靠外来关键技术和装备的支撑。

（3）企业组织结构小而散，产业集中度低，规模效益差　制造业是规模效益最为显著的产业，但由于没有建立起适应市场经济要求的、产业集中度合理的生产体制，企业组织结构散乱的状况十分突出，我国至今尚未形成一批代表行业先进水平、占有较大市场份额、具有国际竞争优势的大型企业和企业集团，也未能形成一批有技术特色的专业化协作配套的中小企业格局。

（4）低端产品生产扩张过度，高附加值产品依赖进口　企业长期盲目扩大产量，导致我国制造业在低附加值和低科技含量产品生产方面能力过剩，382 种主要机电产品中 87 % 供过于求，而高科技机电产品仍严重依赖进口。

（5）资源利用率和经济效率较低　尽管近些年国家强调技术革新，但技术对产出的贡献率仍很低。我国的能源利用率是 32%，而发达国家是 42%，我国的工业污染排放量却是发达国家的 10 倍。还有，我国产品的增值率为 30%，而美国、德国和日本分别是 48%、47% 和 41%。这说明，我国制造业投入与产出过程中存在过低的资源利用率。

（6）缺乏管理技能和全球营销技巧，价格战成为主要的竞争手段　我国许多公司仍然没有按照国际惯例改变其管理，导致企业竞争力大打折扣，价格战成为主要的竞争手段，导致制造业出现无序的价格竞争。同时，我国的企业非常缺乏全球营销经验，主要依靠国外分销商或合作伙伴在国际市场上推销商品。

（7）世界一流的跨国公司较少　2013 年《财富》杂志 500 强企业排名榜中国上榜企业 95 家，其中只有 20 家制造企业，从排名顺序的行业分布特点看，能源业、电信业以及金融业发展较快，而机电、化工等制造业则相对实力较弱。

知识点二：机电产品概述

1. 机电产品的概念及分类

机电产品是指使用机械、电器、电子设备所生产的各类机械、电器、电子的生产设备和生活用机具。

按设备与能源关系分类，机电产品可分为电工设备、电能发生设备、电能输送设备及电能应用设备、机械设备、机械能发生设备、机械能转变设备及机械能工作设备。

按部门需要分类，机电产品可分为金属切削机床、锻压设备、仪器仪表设备、木工设备、铸造设备、起重运输设备 、工业窑炉、动力设备、电器设备、专业生产设备以及其他设备。

按使用目的不同，机电产品可分为动力机电产品和工作机电产品两大类。

2. 机电产品的范围

机电产品主要包括重大技术装备、工作母机、动力机械、电工电子机械、仪表仪器、通用机械、专用机械、基础零件等。

（1）重大技术装备　重大技术装备包括大型火力、水力、核发电装备、钢铁、冶金、石油、化工、港口、矿山、国防等配套的重大技术装备、成套生产线等，如轧钢生产线，如图 1-2 所示。

图 1-2　轧钢生产线

（2）工作母机　工作母机包括车床、铣床、钻床、磨床、数控机床、加工中心（见图 1-3）等。

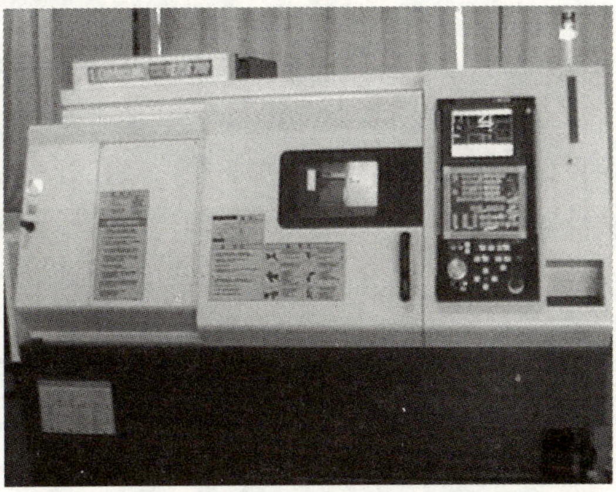

图 1-3　加工中心

（3）动力机械　动力机械包括伺服电动机（见图 1-4）、内燃机、汽轮机、锅炉等。

（4）电工电子机械　电工电子机械包括生产各种电子元器件的机械与设备等。

（5）仪表仪器　仪表仪器包括测量仪、传感器、测温器、三坐标测量仪等。

（6）通用机械　通用机械包括各种泵、空气压缩机（见图 1-5）、阀门、换热器、干燥器等。

图 1-4　伺服电动机

图 1-5　空气压缩机

（7）专用机械　专用机械包括拖拉机、矿山机械、汽车、船舶、飞机、火车、摩托车等。

（8）基础零件　基础零件包括液压气动元件、密封件、轴承、刀具、量具、工具、齿轮等。

3. 机电产品的特征

（1）技术特征　品种规格繁多、标准化要求高；工艺繁杂、要求高。

（2）生产特征　零件制造专业化；耗用的原材料数量和种类多。

（3）市场特征　受国家政策影响；与行业发展有关；技术更新发展快；属于专业市场；市场活动比较理智。

4. 机电产品的基本结构

机电产品一般由机械、液压、气动、电气、控制、润滑等多个子系统组成，各个子系统又由许多零件组成，系统之间、系统内部必须协调且有严格的精度要求，这样才能保证机电产品的工作能力达到用户要求，运动精度符合规定，且有一定的使用寿命。

各类机电产品通常包括以下五个部分：

1）原动力部分——如发动机、电动机等。

2）传动部分——如带传动、齿轮传动、链传动等。

3）执行部分——完成所需的运动或能量的转换等，如车削运动、汽车运动等。

4）操作控制部分——如机控、电控、声控、光控等。

5）支撑部分——机电产品的主体结构，如汽车底盘、机床床身等。

【任务实施】

说出你所知道的机电产品

1. 任务组织

以游戏的方式完成任务。

2. 任务内容

每个同学准备 5 分钟，列出自己所知道的机电产品；然后按学号或随机让一个同学说出一至三种机电产品，其他同学判定是否符合，看全班同学最后能说出多少种机电产品。或者每四人为一组，全班进行比赛，看哪一组列出的机电产品种类多且正确，哪组就获得胜利。

3. 任务考核

教师根据同学或小组的表现给予表扬或进行指正，并强调本课程的成绩考核基于学生的学习过程，即各任务的完成情况。

具体考核见表 1-1。

表 1-1 认知机电产品任务考核表

考核项目	考核内容	分数	得分
工作态度	按时完成任务	5 分	
	格式符合要求	5 分	
任务内容	机电产品定性准确	30 分	
	能说出的机电产品种类多	35 分	
团队合作精神	具有较强的团队意识	5 分	
	具有良好的协作精神	5 分	
	具有相互服务的意识	5 分	
团队间互评	团队较好地完成本任务	10 分	

任务二 认知市场与市场营销

【知识链接】

知识点一：市场

1. 市场的含义

传统观念认为，市场是进行交换的场所。经济学家认为，市场是泛指特定产品或某类产品进行交易的买主和卖主的集合。市场营销学对市场的定义是具有特定需要和欲望，而且愿意并能够通过交换来满足这种需要或欲望的全部潜在顾客。

市场 = 人口 + 欲望 + 支付能力

站在销售者的立场上，特定的人（即顾客、客户）就是市场。这些人有特定的属性：

1）有某种需要（欲望）。如果没有需要，就不会产生购买动机，更不会产生交换行为，无疑也就失去了营销的必要性与基础。

2）有满足这种需要的购买能力。产品的销售是一种有偿交换行为，不是无偿的赠与行为，这种购买能力最直接、最普遍地表现为购买者拥有的货币数量（即一般所说的金钱）的多少。

综上所述，有某种需要的人（动机）、为满足这种需要的购买能力、购买欲望是构成市场的三个要素。这三个要素是相互制约、缺一不可的，只有将三者结合起来才能构成现实的市场，才能决定市场的规模和容量。

从不同角度可以形成不同的市场类型。例如，按产品分类：服装市场、食品市场等；按生产流程分类：生产资料市场、消费品市场；按地理位置分类：国内市场和国际市场；按生产要素分类：人力市场、金融市场、技术市场等。

2. 市场流程

（1）简单的市场流程　简单的市场流程即促销与沟通系统。简单的市场流程如图 1-6 所示。

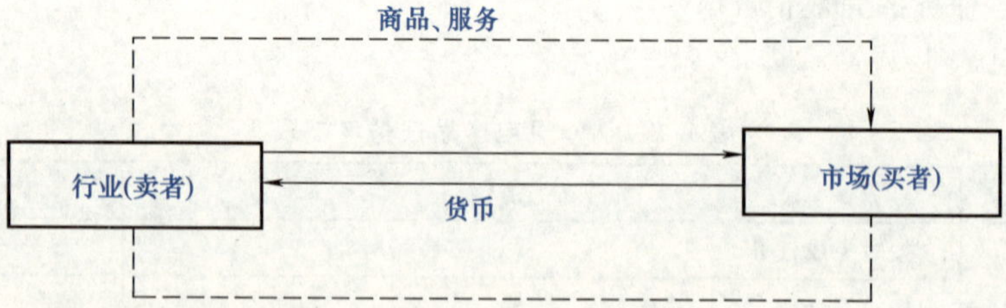

图 1-6　简单的市场流程

（2）现代交换经济中的市场流程　现代交换经济中的市场流程如图 1-7 所示。

当代市场的特征：市场的科技化，市场的国际化，市场的软化，市场的绿化，市场的标准化，市场的差别化，市场的替代化，市场的高级化。

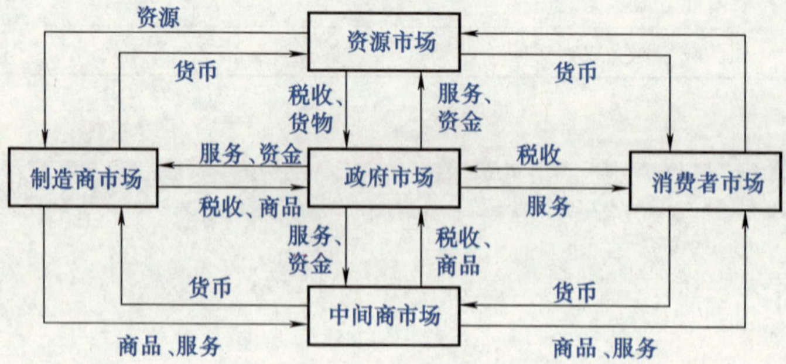

图 1-7　现代交换经济中的市场流程

知识点二：市场营销

1. 市场营销的含义

“市场营销”一词来源于英语的“Marketing”，指企业的市场营销活动，也指市场营销学这一学科。从实质上讲，市场营销指的是一种活动，尤其是指企业的经营管理活动。它广泛地存在于各种主体的交换活动之中，因而，市场营销实质上是一种社会性的经营管理活动。

美国市场营销协会（AMA）对市场营销的定义：关于构思和劳务的设计、定价、促销和分销的策划与实施过程。

菲利普·科特勒对市场营销的定义：个人和群体通过创造并同他人交换产品和价值以满足需求和欲望的一种社会和管理过程。

我国的一般定义：与市场有关的人类活动，它以满足人类各种需要和欲望为目的，通过市场变潜在交换为现实交换的活动。

在现代市场经济环境下，从企业的角度来讲，市场营销是企业最核心的一项经营管理活动或经营管理职能。甚至可以说，市场营销是企业众多经营管理职能中最显著、最独特、最核心的职能。

现代市场营销贯彻"营销围着顾客转，企业围着营销转"的经营指导思想，企业财务管理、人力资源管理、生产管理、技术管理、供应管理等都是为营销活动提供后勤保障和服务的，这些管理也可以说都是花费、投入，只有在营销环节才有可能实现收入，从而有可能创利。

2. 市场营销涉及的概念

（1）需要、欲望和需求　人类的需要和欲望是市场营销活动的出发点。需要是指没有得到满足的感受状态，是人类与生俱来的基本要求。例如，人类为了生存，有吃、喝、穿、住、行等生理性的需要，也有爱、尊重、自我实现等社会性的需要。显然，需要早就存在于市场营销活动出现之前。

欲望是指想得到基本需要的具体满足物的愿望。在不同的文化、生活及个性背景下，同样的需要所产生的对特定物品的要求是不同的。例如，一个口渴的中国人为了满足解渴的生理性需要，可能会选择茶，而一个口渴的法国人则可能选择咖啡来满足同样的需要。

需求是指对于有能力购买并且愿意购买某个具体产品的欲望。人类的需要有限，但其欲望却很多。当具有购买能力时，欲望便转化成需求。企业必须以消费者需求为核心，清楚需求的状况及可能的变化。需求是企业经营的起点，同时也是企业经营的终点。

将需要、欲望和需求加以区分，其重要意义在于阐明这样一个事实，即：需要是人类与生俱来的基本要求，存在于营销活动之前；市场营销者连同社会上的其他因素，只是影响了人们的欲望，并试图向人们指出何种特定产品可以满足其特定需要，进而通过使产品富有吸引力，适应消费者的支付能力且使之容易得到来影响需求。

（2）产品、服务和体验　人类靠产品来满足自己的各种需要和欲望。因此，可将产品表述为能够用以满足人类某种需要或欲望的任何东西。通常，用产品和服务这两个词来区分实体产品和无形产品。实体产品不仅在于拥有它们，更在于使用它们来满足需求。人们购买汽车不是为了观赏，而是因为它可以提供交通服务。市场营销者的任务是向市场展示实体产品所包含的利益或服务，而不能仅限于描述产品的形貌。

无形产品是指那些看不见、摸不着的"无形"的活动或利益，即服务，如咨询服务、保险服务、经纪服务等。

从更广泛的角度来讲，产品还可以包括体验。体验是一种创造难忘经历的活动，是企业以服务为舞台，以商业为道具，围绕消费者创造出值得回忆的活动。例如，去迪斯尼乐园就是一种体验。在竞争日益激烈的今天，体验已经成为企业能够触动顾客心灵的新的营销产品形式。

（3）顾客让渡价值、顾客满意和质量　顾客让渡价值是按照客户的主观心理感受来衡量的，实质上是顾客从产品中所获得的收益与所付出的成本的差额。顾客所付出的成本包括货币成本（如交通费、住宿费、购买付款等）和非货币成本（如时间、精力、精神成本等）。顾客价值包括货币价值（如产品价值的保值、增值等）和非货币价值（体现在产品的购买、使用过程中，如良好的服务引起身心的愉悦，优质的产品提升人的地位、形象等）。

客户在购买产品或服务时，总是希望能够最大限度地获得收益，付出较低的成本。所以，为了在竞争中取胜，吸引更多的潜在顾客，企业就必须通过不同的方式和途径让顾客获得更多的让渡价值。例如，企业可以通过不断改进自己的产品，提升自身的服务，在保证质量的情况下降低产品价格，改变销售模式等策略来提高顾客让渡价值。

创造顾客让渡价值的目的在于使顾客满意，进而达到顾客忠诚。顾客满意是指顾客对其期望已被满足的程度的感觉。菲利普·科特勒认为顾客满意是指一个人通过对一个产品的可感知效果或结果与他的期望值相比较后所形成的愉悦或失望的感觉状态。当顾客从购买和消费某种产品中获得的效用与期望一致时，顾客就会满意；当所获得的效用低于期望时，顾客就会不满意；当获得的效用超出期望时，顾客就会非常满意。

可见，顾客满意是一种期望与可感知效果比较的结果，它是一种顾客心理反应，不是一种行为。顾客满意对于企业来说有着重要的意义。一个高度满意的顾客会持久地忠诚于企业，会为企业和其产品说好话，对价格不敏感。所以，保持顾客高度的满意是企业工作的重点。

质量从狭义上理解，可定义为"无瑕疵"。但随着竞争的加剧，客户对质量的要求不断提高，现在绝大多数以顾客为中心的企业对质量的定义已不再局限于"无瑕疵"，而是根据顾客满意来定义质量的。例如，在全美率先采用全面质量管理的摩托罗拉公司，"质量必须有利于顾客……我们对瑕疵的定义是'如果顾客不喜欢该产品，则该产品就是有瑕疵'"。

(4) 交换、交易和关系 人们有了需求，企业也将产品生产出来，至此还没有产生市场营销。产品只有通过交换才产生市场营销。人们通过自给自足或自我生产方式，或通过偷抢的方式、乞求方式获得产品都不是市场营销，只有通过等价交换，买卖双方彼此获得所需的产品，才产生市场营销。可见，交换是市场营销的核心概念。

市场交换一般包含五个要素：①有两个或两个以上的买卖者；②交换双方都拥有对方认为有价值的东西；③交换双方都拥有沟通信息和向另一方传送货物或服务的能力；④交换双方都可以自由接受或拒绝对方的产品；⑤交换双方都认为值得与对方进行交换。

这五个要素得到满足后，交换才可能发生。交换是一个过程，而不是一种事件。如果双方正在洽谈并逐渐达成协议，称为在交换中。如果双方通过谈判并达成协议，交易便发生。交易的方式有多种，如货币交易、易货交易以及由此衍生出的种种交易（如服务、观念等交易）。从逻辑上说，交易是某一方付出X，得到另一方的Y作为回报。因此，市场营销就是要促成各种交易的发生，并且使这种交易更加有效。

交换还是建立关系的过程。精明的市场人员总是试图与消费者、批发商、零售商以及供应商建立起长期互利、相互信任的关系。

(5) 市场营销的客体（对象） 在市场营销者看来，卖方构成行业，买方构成市场。以企业为主体的市场营销活动的对象是市场，也就是用户（包括个人消费者与组织消费者）。市场营销就是企业面向市场开展的一种经营活动，是企业围绕市场需求开展的一种市场经营活动。市场营销应当从了解市场需求开始，到满足市场需求结束，市场需求是市场营销活动的中心。

(6) 市场营销者与顾客或用户 市场营销可以是个人与个人、组织与组织或者组织与个人之间进行的一种交换活动。在交换双方中，如果一方比另一方更主动、更积极地寻求交换，我们就称前者为市场营销者，称后者为顾客或用户。因而，市场营销者可以是买与卖双方中的任何一方，但由于买方市场在市场经济体制下较为普遍且长期存在，所示市场营销学研究的市场一般是从卖方的角度来说的。

【任务实施】

说出你所知道的市场与市场营销

1. 任务组织

以游戏的方式完成任务。

2. 任务内容

将全班同学分成八组，分别设置不同的主题进行讨论：

第一组：什么是市场？能说出多少市场？

第二组：市场营销的哪个定义更好理解？营销的核心是什么？

第三组：营销与销售有何区别？

第四组：如何理解需要、欲望和需求？

第五组：产品、服务和体验的核心是什么？

第六组：如何理解顾客让渡价值、顾客满意和质量？

第七组：如何理解交换、交易和关系？

第八组：市场营销的主体和客体的核心是什么？

每个小组准备15分钟，进行讨论、归纳，然后每组推举一人代表全组阐述结论，其他小组成员可以进行质疑，教师进行提问，培养学生的团队精神。

3. 任务考核

教师根据同学或小组的表现给予表扬或进行指正，并给予各组相应的成绩。

具体考核见表1-2。

表1-2　认知市场与市场营销任务考核表

考核项目	考核内容	分　数	得　分
工作态度	按时完成任务	5分	
	格式符合要求	5分	
任务内容	对概念理解正确	20分	
	表达清晰	15分	
	回答质疑正确	15分	
	积极对他组进行质疑	15分	
团队合作精神	具有较强的团队意识	5分	
	具有良好的协作精神	5分	
	具有相互服务的意识	5分	
团队间互评	团队较好地完成本任务	10分	

任务三　认知市场营销学的发展与机电产品市场营销

【知识链接】

知识点一：市场营销学的发展历程

1. 市场营销学的产生

市场营销学产生于20世纪初，创建于美国，在实践中得到不断完善和发展。它的形成阶段大约在 1900 年到 1930 年间。

人类的市场经营活动，从市场出现就开始了，但直到 20 世纪之前，市场营销尚未形成一门独立的学科。19 世纪末 20 世纪初，美国开始从自由资本主义向垄断资本主义过渡，社会环境发生了深刻的变化。工业生产飞速发展，专业化程度日益提高，人口急剧增长，个人收入上升，日益扩大的新市场为创新提供了良好的机会，产业界对市场的态度开始发生变化。所有这些变化因素都有力地促进了市场营销思想的产生和市场营销理论的发展。

1902 至 1905 年，密歇根、加利福尼亚、伊利诺伊和俄亥俄等大学相继开设了市场营销课程。1910 年，执教于威斯康星大学的巴特勒教授正式出版了《市场营销方法》一书，首先使用 Marketing 作为学科名称。但是，此时的市场营销学讲授的还只是推销、广告等知识，真正的市场营销管理哲学没有形成。

1929 至 1933 年，资本主义国家发生了震惊世界的经济危机，生产严重相对过剩，产品销售困难，直接威胁着企业的生存。从 20 世纪 30 年代开始，主要资本主义国家市场明显进入供过于求的买方市场。市场营销学有了很大的发展，学术著作日渐增多，理论体系逐步建立。但是，真正的现代市场营销学是在第二世界大战后的 20 世纪 50 年代开始形成的。

2. 市场营销学的革命

第二次世界大战后，市场营销学从概念到内容都发生了深刻的变化。一方面，战后的和平条件和现代科技进步，促进了生产力的高速发展。社会产品数量剧增，花色品种日新月异，买方市场全面形成。另一方面，西方国家政府先后推行所谓高工资、高福利、高消费的政策，并且缩短了工作时间，大大刺激了市场的需求，使市场需求在数量与质量方面都得到很大提高。在这种情况下，传统的市场营销学不能继续适应企业市场经营的需要，需要进行重大变革。于是，营销理论出现了重大突破，现代市场营销管理理论哲学以及一整套现代企业的营销战略、策略和方法应运而生。西方国家有人把这一变化称为“营销革命”，甚至把它同产业革命相提并论。

3. 市场营销学的蓬勃发展

20 世纪 50 年代以后，各种营销学理论层出不穷，各种营销学著作如雨后春笋般纷纷出版，市场营销的地位得到空前的提高，在实践中取得显著的效果，受到社会各界的普遍重视。与此同时，美国的市场营销学先后传入日本、西欧等国家与地区。可以说，市场经济越发达，市场营销学越盛行。

4. 市场营销学在我国的传播

（1）新中国成立之前　20 世纪三四十年代，市场营销学在中国已有零星的传播。现存最早的教材是丁馨伯编译的《市场学》，于 1933 年出版，当时一些大学的商学院开设了市场学课程，教师主要是欧美留学归来的学者。

（2）新中国成立至改革开放以前　新中国成立后一直到改革开放以前，由于西方的封锁和我国实行高度集权的计划经济体制，商品经济受到一定的限制，市场营销学在中国大陆的研究进展非常缓慢。

（3）20 世纪 80 年代以后　随着我国社会主义市场经济体制建设的日益深入，买方市场全面形成，我国经济与世界经济一体化速度加快，我国企业面临着空前激烈的市场竞争。20 世纪 80 年代以来，为满足我国市场经济建设的需要，西方国家一些较为成熟的市场营销理论，特别是以美国西北大学教授菲利普·科特勒的营销理论为主流，被逐渐引进到我国。

改革开放 30 多年来，尤其是进入 21 世纪，我国营销学界一方面密切关注国外市场营销研究的最新进展，广泛吸收我国市场经济建设中既需要又可行的前沿理论和观点，另一方面也密切关注国内市场营销理论与实践的新发展，积极吸纳市场营销新成果，努力形成既具有中国特色、能解决中国本土问题，又适应国际市场竞争要求的中国市场营销理论，逐步实现市场营销理论研究和实践应用国际化与本土化的完美结合。

知识点二：各种市场营销观念

1. 生产观念

生产观念认为消费者喜欢那些随处可买到的价格低廉的产品。在生产导向型组织里，管理层会致力于追求更高的生产效率和更广泛的分销范围。

生产观念认为生产是最重要的，只要生产出有用的产品就一定有人要。顾客关心的主要是产品价格低廉和可以随处购得等，因而经营者主要将注意力集中在追求生产率和建立广阔的销售网络上。

在产品供不应求的卖方市场时代，这种大量生产、降低价格的思想尚有生命力。而如今大多数商品已经供过于求，厂商竞争激烈，这种经营导向无疑已严重过时。

>> 小贴示

亨利·福特去参观屠宰场，看见一整头猪被分解成各个部分，分别出售给不同的消费群体。于是，在福特的脑海中产生了灵感，为什么不能把汽车的制造反过来，将汽车的生产像屠宰场的挂钩流水线一样，把零部件逐一安装起来，组装成整车。福特把他的想法付诸实践，由原来单件小批量的生产转变成大批量生产，生产效率大幅度提高，产量大大增长，财富也高度积聚。亨利·福特甚至说：不论顾客需要什么类型的车，但我们只提供黑色 T 型车。

2. 产品观念

产品观念认为顾客最喜欢那些高质量、多功能和具有某些特色的产品。在产品导向型组织里，管理层致力于生产优质产品，并不断改进产品，使之日臻完善。

产品观念是以产品为中心的企业经营指导思想。产品观念认为产品是最重要的因素，消费者总是欢迎质量最优、性能最好的产品。因此，产品导向型企业致力于制造优质产品，并经常改进。

产品观念导致“营销近视症”，即过分重视产品质量，看不到市场需求及其变动，只知责怪顾客不识货，而不反省自己是否根据需求提供了顾客真正想要的产品。

>> 小贴示

有一家办公用品生产商过分迷恋自己的产品质量。生产经理认为，他们生产的公文柜是全世界质量最好的，从四楼扔下去都不会损坏。当产品拿到展销会上推销时却遇到了强大的销售阻力，这使得生产经理难以理解，他觉得产品质量好的公文柜理应获得顾客的青睐。销售经理告诉他，顾客需要的是适合他们工作环境和条件的产品，没有哪一位顾客打算把它的公文柜从四楼扔下去。

3. 推销观念

推销观念（或称销售观念）是许多厂商向市场进军的一种普遍观念，是以销售为中心的企业经营指导思想。推销观念认为：消费者通常有购买迟钝或抗拒购买的表现，如果任其自然，消费者不会购买本企业太多的产品。因此，企业必须大力开展推销和促销活动，刺激消费者做出购买决定。

推销观念产生于现代工业高度发展的时期，此时期，生产能力已增长到使大多数市场成为买方市场。目前，我国推销观念泛滥一时。潜在的顾客受到电视广告、报刊广告、DM、推销访问等的围攻，到处都有人试图推销产品，这反而招致顾客的反感和抵触，使推销活动往往事倍功半。

>> **小贴示**

顾客到汽车样车陈列室，推销员对顾客做心理分析。例如：顾客对正在展销的样车发生兴趣，推销员就会告诉顾客已经有人想购买它了，促使顾客立即做出购买决策。如果顾客认为价格太高，推销员就应请示经理可否降价。顾客等待10分钟后，推销员告诉顾客“经理本不想降价，但我已说服他同意降价了”。

4. 市场营销观念

市场营销观念认为要达到企业目标，关键在于判定目标市场的需要，并且比竞争者更有效地满足顾客的需求。

市场营销观念与前三种观念最大的区别在于：前者以卖方需要为中心，市场营销观念则以买方需要为中心。推销是卖方要把产品换成现金的需要；营销则是通过帮助消费者满足其需要而获得应有的报酬。

>> **小贴示**

二战以前，福特汽车公司依靠黑色T型车取得了辉煌的成就，但福特公司过分相信自己的经营哲学，不理会市场环境的变化以及需求的变动。通用汽车公司的创始人斯隆觉察到战争给全世界人民带来的灾难，特别是从战场回来的青年人厌倦了战争的恐怖与血腥，期望充分地享乐，珍惜生命。因而，对汽车的需求不再只满足于单调的黑色T型车，通用公司抓住需求变革的时机，推出了适应市场需要的汽车，很快占领了市场，把福特公司从汽车大王的位置上拉了下来，取而代之成了新的汽车大王。

5. 社会营销观念

社会营销观念认为市场营销组织的任务是确定目标市场的需求、欲望和利益，并以保护或提高消费者和社会福利的方式，比竞争者更有效、更有力地满足目标市场的期待。

社会营销观念是营销观念的发展和延伸，强调企业向市场提供的产品和劳务不仅满足消费者个别的、眼前的需要，而且要符合消费者总体和整个社会的长远利益。企业要正确处理消费者欲望、企业利润和社会整体利益之间的矛盾，统筹兼顾，求得三者之间的平衡与协调。

各种营销观念的差异见表1-3。

知识点三：机电产品市场营销概述

1. 机电产品市场营销的概念

机电产品营销是市场营销的一个重要分支，接近于工业品营销的范畴，但与工业品营销

表 1-3 各种营销观念的差异

营销观念		市场背景					经营重点	口号与态度	经营程序	经营手段	经营目的
		生产力	科技	供求	市场	竞争					
传统营销观念	生产观念	低下	缓慢发展	供<求	卖方市场	买方间进行	产品	以生产为中心 我生产什么，我卖什么	产品—市场	提高劳动生产率，增加产量	增加产量，获取利润
	产品观念	发展	加快发展	供≤求	卖方市场	卖方中已有	产品	以生产为中心 只要产品好，不愁没销路	产品—市场	改进与提高产品质量，提高劳动生产率	增加产量，获取利润
	推销观念	较大发展	加快发展	供≥求	卖方市场过渡买方市场	卖方间进行	产品	以生产为中心 我卖什么，你买什么	产品—市场	推销 广告	增加销量，获取利润
现代营销观念	市场营销观念	高度发展	迅速发展	供>求	买方市场	卖方间竞争激烈	顾客	以需定产，顾客是上帝	市场—产品—市场	整体营销	满足需求，获取利润
	社会营销观念	高度发展	迅速发展	供>求	买方市场	卖方间竞争激烈	顾客社会利益	以需定产，满足需求、增进社会公共利益	市场—产品—市场	整体营销	满足顾客需求，增进社会利益，企业获取利润

又有所区别，它不包括工业品（包括初级产品和工业制成品）范围中的工业初级产品（主要是原材料，如矿产品、钢材、建材、纺织纤维等）的营销。

机电产品营销是制造商（企业）对制造商（企业）、组织、机构、政府等市场间的营销。我国由于长期对机电产品实行计划经济，以国家调控为主，机电产品生产企业对外开放的步伐较晚也较慢，在加入 WTO 后由于竞争加剧，到 21 世纪初才开始对机电产品营销进行深入研究。

2. 机电产品市场营销的特点

（1）客户（用户）数量相对较少，但比较集中，单次购买量大　机电产品的客户主要是制造商（企业）、组织、机构、政府，因此客户数量相对消费品的消费大众来讲少得多。例如，新建一个设备生产线，购置各种配套生产设备时动辄几千万元。所以机电产品生产企业往往做广告时不像消费品企业那样铺天盖地，而是树立品牌，锁定目标客户进行重点突击。

（2）专业、理性购买，购买决策复杂　机电产品往往是大宗产品，单次购买费用高，购买次数少，因此，客户在购买机电产品时一般都比较谨慎、小心，担心性能、参数不对或价格偏高，在购买过程中会有多个部门、较多的核心人员参与，属于专业、理性购买。例如，在购买一套机械设备时会有采购部、工程部、技术部、财务部以及公司高层等组成采购小组，对所购产品的企业、产品本身的性能参数及售后服务等进行层层考核。

（3）通常采取直接购买的方式　由于机电产品成交金额较大，客户往往会直接与制造企业联系，实地考察，亲自考核，实施直接购买。制造企业为了将企业形象、产品信息更好地传达、展示给目标客户，也会采取直接销售的模式组建自己的直销队伍，面对面地与客户沟通，通过对产品知识熟悉、形象颇佳的企业直销人员树立企业良好形象，博得客户的信任。当然，制造商也可能挑选、培训一批实力、能力比较强的代理商或中间商。

（4）定制采购，注重服务　机电产品往往技术含量较高，客户对产品有特殊要求，许多客户会选择通过招投标的形式提出自己的技术要求和相关条件，供应商则根据客户的需求组织技术队伍进行产品定制化设计，以满足客户要求。机电产品是再生产产品，对用户来讲服务尤其重要，包括售前、售中、售后服务等。

（5）派生需求，缺乏弹性　机电产品市场是派生市场，对机电产品市场的需求也是派生需求，是客户对消费品有需求，从而派生出对机电产品的需求。没有客户对消费品的需求，就不会有对机电产品的需求。由于对机电产品市场的需求是派生需求，只要对消费品的需求存在，对机电产品的需求就必然存在，不会因消费品市场的波动而有太大的影响。

因为对机电产品市场的需求取决于生产过程、生产特征，只要企业不改变生产方式或产品种类，需求就会存在。例如，彩电生产企业不会因为显像管的涨价而少买或者放弃购买显像管；汽车生产企业也不会因为轮胎价格的下跌而大量采购轮胎。

机电产品营销与一般市场营销的区别见表 1-4。

表 1-4　机电产品营销与一般市场营销的区别

项　　目	机电产品营销	一般市场营销
面对市场的购买行为特点	完全理性市场，客户要能消化其成本，要因此具有价格或性价优势	感性、半理性、理性机会并存，不同消费者的消费行为不同
通路特点	几乎无通路，须直接面对顾客，顾客增长幅度与营销努力成正比	通路绝对重要，是其营销工作及管理工作的重点，而顾客（销量）增长来自广泛宣传、经销商及营销管理三方面
营销战略	基于整体市场把握，无法将营销计划分解到周或月去	基于区域市场把握，可以细分到周和月的营销计划中
营销努力的反应	滞后，严重滞后	新品有滞后现象，随后滞后性逐渐消失
营销业绩	80%来自直接拜访或展销会，而且重复消费的多寡是决定营销业绩的关键	80%来自主力经销商，业务人员主要工作是协助其发展，整理，评估，更新网络
营销成长曲线	长期较缓慢后，慢慢加速	有明显的导入成长、成熟、衰退的变化且更新换代快
营销管理	营销攻击波，市场特攻队巡回拜访，榜样客户	广告，促销，经销商政策
人员要求	善于寻找新客户，发现新需求，理解企业工艺成本构成、销量状况	善于谈判，协助市场开发，理解经销商及消费者的心态
用户特点	多而杂，很难总结，要么同类聚在一起，要么分得很开，目标市场管理很困难	单一，理解和深入较容易

【任务实施】

撰写机电企业调查报告

1. 任务组织

以小组为单位，小组规模一般为 3 ~ 5 人，每个小组选举小组长协调小组的各项工作。

教师提出必要的指导和建议，组织学生进行经验交流，并针对共性问题在课堂上组织讨论和专门讲解。

2. 任务内容

每组通过网络或实地调查，了解一家机电产品生产企业相关市场营销方面的信息（包括企业基本情况、产品特性、营销在企业中的地位、经营团队的营销理念等），提交一篇1000字以上的调查报告。文档资料格式：A4页面，字体小四，行间距1.5倍，段首缩进。

3. 任务考核

教师根据同学或小组的调查报告给予表扬或进行指正，并视完成情况给予成绩。

具体考核见表1-5。

表1-5　撰写机电企业调查报告任务考核表

考核项目	考核内容	分　数	得　分
工作态度	按时完成任务	5分	
	格式符合要求	5分	
任务内容	企业基本情况齐全	15分	
	企业主要产品情况清楚	15分	
	了解营销在企业中的地位	15分	
	知道经营团队的营销理念	20分	
团队合作精神	具有较强的团队意识	5分	
	具有良好的协作精神	5分	
	具有相互服务的意识	5分	
团队间互评	团队较好地完成本任务	10分	

查一查

请同学们从网络上搜索现代营销的理念：整合营销、大市场营销观念、整体营销观念、关系营销、文化营销、全面营销、4C和4R，并谈谈自己的理解。

【职业能力训练】

一、填空题

1. 机电产品特征主要有________、________和________。
2. 机电产品一般由________、________、________、________和________组成。
3. 市场主要由________、________和________构成。
4. 市场营销的观念主要有________、________、________、________、________。

二、简答题

1. 机电产品包括哪些产品？
2. 什么是市场营销？什么是机电产品市场营销？
3. 机电产品营销的特点主要有哪些？

项目二

调查与预测机电产品市场

【知识目标】

1. 理解机电产品市场调查的重要性。
2. 熟悉机电产品市场调查的方法。
3. 熟悉机电产品市场调查的分析方法。

【技能目标】

1. 能初步设计机电产品市场调查方案。
2. 能撰写机电产品市场调查分析报告。
3. 能通过调研结果进行市场预测。

【提交成果】

1. 《××××（机电产品）市场调查方案》。
2. 《××××（机电产品）市场调查分析报告》。

【开篇案例】

当电冰箱、洗衣机大量进入寻常百姓家，市场几近饱和时，制造商推出洗碗机，意在减轻人们的家务劳动负担。然而，当某公司将自动洗碗机投向市场时，销售情况格外冷淡。尔后，公司的营销策划专家寄希望于广告媒体，在各种报纸、杂志、广播和电视上反复做广告"洗碗机比用手洗更卫生，因为可以用高温水来杀死细菌"。另外，还宣传自动洗碗机清洗餐具的能力，在电视广告里示范表演了清洗因烘烤食品而被弄得一塌糊涂的盘子的过程。一番努力之后，消费者对洗碗机仍是敬而远之。

自动洗碗机的设计构思和生产质量都是无可挑剔的，但为什么一上市就遭此冷遇呢？消费者究竟是怎样想的呢？

经过分析发现洗碗机遭受冷遇的原因有以下几个方面：

第一，传统价值观念作祟，消费者对新事物的偏见，技术上的无知，以及消费者的风险和消费能力的差距，使自动洗碗机难以成为畅销产品。持传统观念的消费者认为，男人和十几岁的孩子都能洗碗，自动洗碗机在家庭中几乎没有什么用处，即使使用它也不见得比用手洗得更好。家庭主妇则认为，自动洗碗机这种华而不实的玩意儿，有损勤劳能干的家庭主妇形象。并且，在现实生活中，大多数家庭吃顿饭不过使用七、八个碗和盘子而已，你让他花上千元买台耗电数百瓦的洗碗机去省那点举手之劳，消费者怎么算怎么划不来。

第二，有些追赶潮流的消费者倒是愿意买洗碗机以换取生活方便，但是机器洗碗事先要做许多准备工作，这样费时费事又增添了不少麻烦，到最后还不如手洗来得快。并且很多家庭厨房窄小，安装困难也使消费者望“机”兴叹！

第三，自动洗碗机单一的功能、复杂的结构、较多的耗电量和较高的价值是它不能市场化、大众化的原因之一。

案例讨论：

这家公司可能使用了哪些调查方法？

任务一　调查机电产品市场

【知识链接】

知识点一：机电产品市场的调查方案

调查方案是根据调查研究的目标，确定合适的调查对象、调查内容，选择合适的调查方法，确定调查时间，进行经费预算，并制订具体的调查组织计划，即在调查实施之前，调查机构及其工作人员依据调查研究的目的和调查对象的实际情况，对调查工作的各个方面和全部过程做出总体安排，以提出具体的调查步骤，制定合理的工作流程。

一份完整的市场调查方案可由以下几部分构成：确定调查目的，确定调查内容，确定数据来源和调查方法，设计测量工具，确定调查对象、抽样框，进行抽样设计，确定数据分析的方法，确定调查的经费、进度安排等。

调查目的主要回答四个问题：①决策者需要解决什么决策问题？②与该决策问题相关的现状是怎样的？③目前的状况下解决该决策问题存在何种困难？④解决此决策问题有何意义？

市场调查设计思路，如图 2-1 所示。

图 2-1　市场调查设计思路

1. 确定市场调查问题

根据项目任务的要求收集市场调查资料，分析问题的背景，与决策者沟通交流注意事项，进一步明确调查问题，设计市场调查方案。

（1）明确调查意图

1）与企业决策者进行沟通交流：选择恰当时机和方式，对企业决策者进行访问，对问题进行初步分析，了解导致企业必须采取行动、进行决策转变的事件，如企业销售在短期内突然出现市场份额下降。针对以上问题，分析最可能的影响因素，以及决策者可以选择的不同措施。

2）与产业专家进行沟通交流：选择合适的人选，寻找有效的接触渠道，提供必要的背景资料及合理的报酬与要求。

（2）分析问题的背景

1）了解企业概况：了解企业历史资料和未来预测，了解企业销售、市场份额、盈利性、技术等有关的历史资料及趋势预测，能够帮助调研人员理解潜在的营销调查问题。了解企业可利用资源和调查面临的限制条件。

2）了解企业的环境：了解企业所处的法制环境，包括公共政策、法律、政府代理机构。重要的法律领域包括专利、商标、特许使用权、交易合同、税收、关税等，法律对营销的每一个组成部分都有影响。了解企业所处的经济环境，包括购买力、收入总额、可支配收入、储蓄及总的经济形势。了解企业的营销手段，包括产品包装、品牌忠诚度、品牌价值、产品生命周期、新产品市场前景、产品售后服务等。

3）了解竞争对手：对竞争对手的一般性调查，包括不同企业的市场占有率、经营特征、竞争方式、同行业竞争结构和变化趋势等。针对某一具体对手的调查，包括竞争对手的业务范围、资金状况、经营规模、人员构成、组织结构、产品品牌、价格、性能、渠道等。

（3）确定调查问题　调查人员首先应限定调查的范围，找出企业最需要了解和解决的问题，然后分析现有的与调查问题有关的资料。在此基础上明确本次调查需要重点收集的资料，最后写出调查目标和问题的说明。调查目标可以先用比较宽泛的、一般性的术语来陈述。另外，还可以通过多种方式对市场调查目标进行修正，如：建立市场调查假设，即先给出调查观点，再寻找材料加以说明；或者组织试调查，即在小范围内按照假定问题组织调查。

2. 撰写市场调查方案

撰写市场调查方案的步骤如图 2-2 所示。

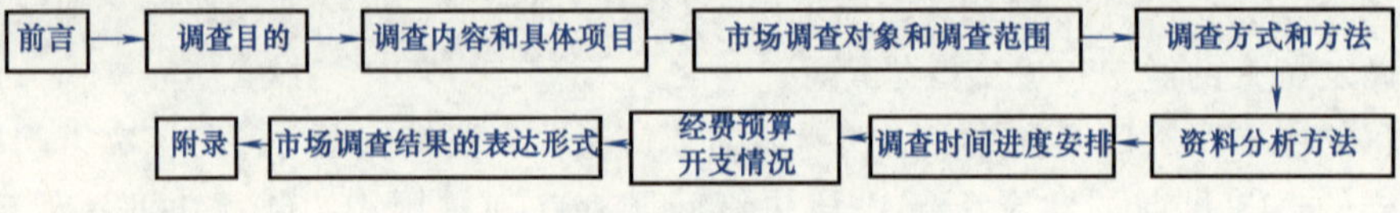

图 2-2　撰写市场调查方案的步骤

（1）前言　前言就是方案的开头部分，应该简明扼要地介绍整个调研课题出台的背景原因。

（2）调查目的　确定调查目的就是要明确在调查中应解决哪些问题，通过调查要获得哪些资料，并说明用什么途径取得这些资料等。

（3）调查内容和具体项目　调研的主要内容和具体项目是依据要解决的调查问题和目的所必需的信息资料来确定的。

（4）市场调查对象和调查范围　这部分主要是为了解决向谁调查和由谁来具体提供资料的问题 。调查对象即统计总体，是根据调查目的确定的研究事物的全体。调查范围应与企业产品销售范围相一致。

（5）调查方式和方法　确定调查方式和方法是一份完整的调查方案必不可少的组成部分。在调查方案中，必须规定采用什么调查方式和调查方法取得调查资料。

1）根据调查表的内容和要求　确定调查方式。在调查时，采用哪种调查方式去收集资料主要取决于调查对象和调查内容。主要的调查方式有普查、重点调查、典型调查、抽样调查等。

2）确定具体的调查方法，包括面访调查、电话调查、实验调查、观察调查、文案调查、网络调查等调查方法。

（6）资料分析方法 这部分要明确资料分析方法和分析结果表达的形式等。

（7）调查时间进度安排 尽早完成调查活动，保证时效性，同时也节省费用，保证调查的准确、真实性。一般情况下，调查时间进度安排如下：

第一周准备：与客户商讨、确认计划书，进行二手资料的收集，了解行情，设计问卷。

第二周试调查：修改、确定问卷。

第三周具体实施调查。

第四周进行数据处理。

第五周撰写报告，结束调查。

（8）经费预算开支情况 调查费用根据调查工作的种类、范围不同而不同。通常情况下，在调查的前期——计划准备阶段的费用应占总预算费用的20%左右；具体实施调查阶段的费用应占总预算费用的40%左右；后期分析报告阶段的费用应占总预算费用的40%左右。因此，必须通盘考虑各个不同阶段的费用支出，以便顺利地完成调查任务。调研经费开支表见表2-1。

表2-1 调研经费开支表

费用支出项目	数量	单价	金额	备注
调查方案设计,实施费用				
抽样设计,实施费用				
问卷设计费				
问卷印刷装订费				
试调查费				
调查员劳务费				
督导员劳务费				
受访者礼品费				
异地实施差旅费				
交通费				
数据录入费				
统计分析费				
报告制作费				
资料费、复印费				
服务费				
杂费				
管理费				
总计				
附注:1. 交款方式:合同一经签订,请付定金 %;2. 完成日期: 年 月 日				

（9）市场调查结果的表达形式 确定市场调查结果的表达形式，如最终报告是书面报告还是口头报告，是否有阶段性报告等。

（10）附录　开列出课题负责人及主要参加者的名单，并扼要地介绍团队成员的专长和分工情况。

一份市场调查方案应包含上述内容，否则就不完整。只有内容全面完整的市场调查方案，才能为调查提供全方位的指导，以保证顺利完成调查任务。市场调查方案的制订必须建立在对调查课题背景的深刻认识上。只有清楚地认识了调查课题的背景，才能为调查指明方向，才能帮助我们抓住问题的关键，正确地确定调查目的和内容。市场调查方案应尽量做到科学性与经济性的结合。市场调查方案的格式方面可以灵活，不一定要采用固定格式。

知识点二：机电产品市场的市场调查方法

机电产品市场的市场调查是根据调查的目的和要求，选择最优的方法，通过逐项调查，搜集能够反映市场经济、社会现象以及与之相关联的市场资料的过程。选择适当的调查方法是调查工作能够顺利进行的保障，并且达到事半功倍的效果。现介绍几种常用的市场调查方法。

机电产品市场常用的调查方法，如图 2-3 所示。

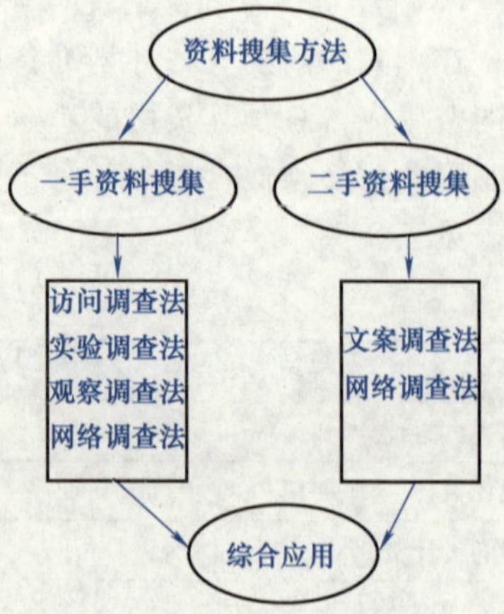

图 2-3　机电产品市场常用的调查方法

（1）文案调查法　文案调查法，又称为间接调查法，是指通过查阅、收集历史和现实的各种信息、情报资料，并经过甄别、统计分析得到调查者想要得到的各种资料的一种调查方法。在对某产品市场进行调查分析时，若市场资料有限，但已有一些可靠的文案资料就可以使用文案调查法。

文案调查资料的来源有企业内部资料、企业外部资料、互联网和在线数据库资料。

企业内部资料包括：企业业务资料、统计资料、财务资料、其他资料。

企业外部资料的收集主要有以下几个渠道：各统计部门与各级政府主管部门公布的有关资料，各种专业信息咨询机构、经济信息中心、行业协会和研究院所提供的市场信息和行情发展报告，国内外公开或内部发行的出版物，各地广播电视台提供的市场信息，各种国际组织、外国使馆、驻外使馆和商会提供的国际市场信息，各类研究机构、科研院校提供的研究论文集、调查报告，各类专业组织提供的调查报告、研究报告、统计报告以及其他相关资料，国内外各种博览会、展销会、交易会和订货会。

互联网和在线数据库资料的收集：通过互联网和在线数据库，调查人员可以搜集到世界各国、各地区和各类企业甚至是个人的相关信息和资料，资料形式包括文章、报告、统计资料、各种记录等，其主要内容涉及与调查课题相关的环境资料，各国家或地区宏观层面的资料，各国家或地区、企业、个人微观层面的资料和数据等。由于具有容易进入、查询速度快、数据容量大等优点，互联网和在线数据库已经成为人们进行市场调查和学术研究获取数据的重要来源。

文案调查法又分为以下几种具体方法：参考文献查找法、检索工具查找法、咨询法等。其中，检索工具查找法是利用已有的检索工具查找文献资料的方法，按照检索工具的不同，可分为手工检索、计算机检索。

实施文案调查一般包括以下几个步骤：确定需求信息，确定资料收集的范围和内容，确定资料的来源和渠道，确定收集资料的方法，搜集与分析评价，资料的整理。

使用文案调查法进行市场调查时，调查人员只需花费较少的费用和时间就可以获得有用的信息资料，收集资料的范围广泛且不受时间、空间的限制。由于收集的资料多为书面形式，所以信息的内容较为真实客观，不易受调查人员主观因素的干扰。但是文案调查法所得到的资料大都与调查时间有一些时间间隔，不能够很好地反映新情况、新问题；并且这些资料的内容不能够完全符合调查要求。所以，需要进一步进行加工处理，这就要求调查人员有一定的专业技能和理论知识，因此这也在一定程度上限制了文案调查法的使用。

（2）访问调查法　访问调查法是指调查人员以直接访谈询问的方式，或通过邮寄、电话、问卷、座谈以及个别访问形式，向被调查者搜集市场资料的一种方法，是基于问答模式获取和搜集信息的方法。

按访问形式和内容传递方式的不同，可以将访问调查法分为面谈调查法、电话调查法、邮政调查法、留置问卷调查法、日记调查法和网上访谈法等。

1）面谈调查法是调查人员根据调查提纲直接访问被调查者，当面询问有关问题。面谈调查法能够获得较高的回答率，所获得信息的可靠性较高，所获信息具有针对性；但调查时间长、成本高，对调查人员的素质要求较高，样本的选取受时空约束较强。

2）电话调查法是由调查人员通过打电话询问，向被调查者了解有关信息的一种调查方法。电话调查法可以快速获得市场信息，可以节省大量的调查费用和时间，调查的覆盖面也较广，受地理区域的限制较小。

3）邮政调查法又称邮寄调查法，是将调查问卷邮寄给被调查者，由被调查者根据调查问卷的填写要求填写好后寄回的一种调查方法。邮政调查法的调查区域不受限制，调查成本较低，资料可靠性较高；但调查的周期较长，也无法判断资料的可靠程度。

4）留置问卷调查法是调查人员当面将调查表格或问卷交给被调查者，在告知调查意图和要求后，由被调查者自行填写回答，然后由调查人员按约定日期收回表格或问卷的一种调查方法。这种调查方法形式灵活、回收率高、费用较低、答卷时间长、信息可靠性高，同时调查周期相对较长、缺乏互动性。

5）日记调查法是指对固定样本连续调查的单位发放登记簿或账本，由被调查者逐日逐项记录，再由调查人员定期加以整理汇总的一种调查方法。这种调查方法适用于研究动态规律，成本费用低，资料来源可靠，数据全面系统；但周期长，样本量相对较少，对数据处理水平要求较高。

6）网上访谈法也称网络访谈法或联机访谈法，是借助互联网与被调查者交流的方法，其具体方法为：根据调查的目的选择调查对象，通过事先邀请，告诉被调查者所要进行的调查内容，让其在指定时间登录网站进行访谈交流，以获得市场调查资料。网上访谈法具有经济、快速和方便性，可以节省大量的时间和各种费用，尤其是随着网络的普及，调查费用会越来越低；同时，网上访谈法不用考虑时间和空间的限制，可以进行 24 小时的全天候调查，不同地区的人们都可以在一起匿名交流，从而在最大范围内获得相对真实可靠的信息。

（3）观察调查法与实验调查法　观察调查法是指调查人员通过直接跟踪，记录所感兴趣的人和事物的行为轨迹，来获得所需资料的一种方法。观察调查法是市场调查中使用较多的一种调查方法，主要凭借调查人员的感官和各种记录工具，深入到调查现场，在不惊动被调查者的情况下，通过直接观察并记录其行为，达到收集市场信息和资料目的的一种方法。

观察调查法的应用：观察顾客的行为、商品资源和商品销售前景、营业状况。

观察调查法的基本类型：根据调查双方接触程度的不同，可以将观察调查法分为直接观察法和间接观察法；根据调查人员参与被调查对象的活动的程度不同，可以将观察调查法分为完全参与性观察法、非参与性观察法和不完全参与性观察法。

观察调查法的优点是及时性、适用性较强，方式灵活多样，获得的资料相对真实可靠；观察调查法的缺点是观察者的调查活动往往受时空条件的影响，很难深入了解被调查者内心世界的活动。应用观察调查法时须扬长避短，尽量减少观察误差。

实验调查法也称试验调查法，是实验者按照一定的实验假设，通过改变某些实验环境的实践活动来认识实验对象的本质及其发展规律的调查。

实验调查的基本要素是：①实验者，即实验调查的有目的、有意识的活动主体，他们都以一定的实验假设来指导自己的实验活动；②实验对象，即实验者所要认识的客体，他们往往被分成实验组和对照组两类对象；③实验环境，即实验对象所处的各种社会条件的总和，它们可以分为人工实验环境和自然实验环境；④实验活动，即改变实验对象所处社会条件的各种实验活动，它们在实验调查中被称为“实验激发”；⑤实验检测，即在实验过程中对实验对象所做的检查或测定，可分为实验激发前的检测和实验激发后的检测。

（4）网络调查法　网络调查法又称网络调研法或网上调查法，是企业利用互联网搜集和掌握市场信息的一种重要调查方法。网络调查法是通过网络有计划、有组织、系统地搜集、调查、记录、整理和分析相关市场信息，为客观地测定及评价当前市场及潜在市场提供依据的调查方法。它的具体操作过程为：将问卷发布到网上——访问者答卷——数据处理(由计算机自动完成)——获得相关信息。

互联网作为一种信息沟通渠道和工具，具有其他信息搜集工具不具有的许多特点。成本低廉、方式快捷、结果客观真实、回馈信息翔实。

网络调查法的应用范围：产品消费调查、社会民情民意调查、广告效果、企业生产经营情况、竞争对手研究。

按照调查资料的来源和性质不同，可以将网络调查法分为直接调查方式和间接调查方式。直接调查方式即网络直接调查法，是利用互联网直接进行问卷调查或互动交流，收集一手资料的方法。常用的网络直接调查法有：访谈法、邮件调查法、站点法、委托合作市场调查法、随机 IP 法。间接调查方式即网络间接调查法，主要针对二手资料进行收集，是指利用互联网收集与企业营销相关的市场、供需、竞争者以及宏观环境等信息的方法。

网络调查与传统的市场调查一样，为了保证调查质量，一般采用以下步骤：明确问题与确定调查目标；根据调查目的选择合适的搜索引擎；确定调查对象，如企业产品的客户或企业的竞争者；制订调查计划，确定调查的方式和内容；对调查对象进行调查，收集信息；对信息进行加工、整理、分析和运用；撰写调查报告。

网络调查应注意的问题：认真设计在线调查问卷；重点保护个人信息，使尽可能多的网民参与调查，利用最优组合模式。

市场调查要求将重点放在客户需求方面，从而把握市场现状。要时刻心系市场需求、客户购买行为和营销综合因素这三项重要内容。在进行实际市场调查工作时，要根据自己调查的目的、时间和经济效益确定最合适的调查方法。调查人员既可以选择某一种调查方法，也可以根据具体调查目的和需要、被调查人群的不同结构分布，结合各种调查方法的特点，采取多种调查方法组合应用的方式。

知识点三：市场调查问卷的设计

市场调查问卷又称调查表或询问表，是调查人员依据调查目的和要求，以一定的理论假设为基础提出来的，它由一系列“问题”和备选“答案”以及其他辅助内容所组成。

根据调查者对问卷的控制程度可分为：结构型问卷，包括封闭式问卷、开放式问卷、半封闭式问卷；非结构型问卷，即事先不准备标准表格、提问方式和标准化备选答案，只规定调查方向和询问内容，由调查者和被调查者自由交谈的问卷。

1. 市场调查问卷的结构

一份完整的市场调查问卷一般由封面、甄别问卷、主体问卷、背景问卷等几部分组成。

（1）封面

1）项目名称，即问卷标题，概括说明调查研究的主题，简明扼要地引起消费者的兴趣，不要简单采用“问卷调查”这样的标题。

2）介绍语。说明调查的目的和意义，说明填答问卷（表）须知、交表时间、地点及其他说明事项，最后表达谢意。问卷说明的形式可采取比较简洁、开门见山的方式，也可进行一定的宣传，引起重视。

3）访问情况记录。访问情况记录的用途是任务完成后便于审核和继续跟踪，内容应包括调查人员的姓名，访问日期、时间和地点，被调查者的姓名、单位或家庭住址、电话。

4）指导语。指导语又称填表说明，主要说明问卷如何填写、注意什么问题，一般用于自填问卷。

（2）甄别问卷　甄别问卷主要用来将不符合项目访问要求的被调查者剔除，找出真正符合项目要求的合格的被调查者。可以作为甄别被调查者的内容包括：被调查者所在行业的要求、年龄的要求、收入的要求、职务的要求，被调查者对产品的经验要求、决策权要求。

（3）主体问卷　主体问卷是整个问卷的核心，所有要调查的内容都可以转化为经过精心设计的问题与答案，有逻辑地排列在主体问卷中。为便于数据处理，有时要将问题与备选答案进行统一编码。问卷设计是否合理，能否达到调查目的，关键就在于主体问卷的设计水平和质量。

（4）背景问卷　被调查者的职业、年龄、家庭成员数量、个人及家庭收入、教育程度、职位等。

2. 市场调查问卷设计的原则

市场调查问卷设计的原则首先要方便被调查者作答，并且方便调查者整理分析解决问题。

1）目的性原则。问卷调查是通过向被调查者询问问题来进行调查的，所以询问的问题必须是与调查主题有密切关联的问题。

2）顺序性原则。容易回答的问答（如行为性问题）放在前面，难回答的问题（如态度性问题）放在中间，敏感性问题（如动机性、涉及隐私等问题）放在后面；同类问题放在一起；热点问题放在前面；关于个人情况的事实性问题放在末尾；封闭性问题放在前面，开放性问题放在后面。

3）简明性原则。调查内容要简明，调查时间要简短，问题和整个问卷都不宜过长。问卷设计的形式要简明易懂、易读。

4）匹配性原则。匹配性原则是指要使被调查者的回答便于进行检查、数据处理和分析。所提问题都应事先考虑到能对问题结果做适当分类和解释，使所得资料便于进行交叉分析。

5）可接受性原则。调查问卷的设计要比较容易让被调查者接受。

3. 市场调查问卷设计的步骤

（1）调查问题的设计

1）问题的类型。按问题的形式可以分为：开放式问题、封闭式问题、半封闭式问题；按问题的内容可以分为：事实性问题、态度性问题；按问题的作用可以分为：前导性问题、过滤性问题、试探和启发性问题、背景性问题、实质性问题；按问题的内容可以分为：行为性问题、动机性问题、态度性问题；按提问的方式可以分为：直接性问题、间接性问题、假设性问题。

2）问题的筛选和排序。问题的筛选主要考虑问卷中问题本身的必要性和问题细分的必要性。问题的排序原则是同类组合，先易后难，封闭式问题放前面，开放式问题放后面。

3）问题设计应注意的事项。避免使用贬义词，避免用词含糊不清，避免一个问题包含两问，避免使用冗长复杂的句子，避免问题提法中包含没有根据的假设，避免使用引导性和倾向性问题，避免直接提出困窘性问题。

（2）答案的设计

1）答案设计的类型。按排列的方式分，可以分为行式排列式、列式排列式、矩阵式排列式三种；按后续问题的类型分，可分为框架式和说明式；按答案的类型分，可分为等级评定、数字评定、评语评定、是非评定。

2）答案设计的原则。互斥性原则，所谓问题答案设计中的互斥性原则，是指同一问题的若干个答案之间关系是互相排斥的，不能有重叠、交叉、包含等情况。完备性原则，所谓问题答案设计中的完备性原则，是指所排列出的答案应包括问题的全部表现，不能有遗漏。

3）答案选择应注意的事项：注意答案顺序的排列、注意数量问题答案的设计、注意敏感性问题答案的设计。

【任务实施】

撰写《××××（机电产品）市场调查方案》

1. 任务组织

以小组为单位，小组规模一般为3~5人，每个小组选举小组长协调小组的各项工作。教师提出必要的指导和建议，组织学生进行经验交流，并针对共性问题在课堂上组织讨论和专门讲解。

2. 任务内容

每组针对不同机电产品的客户购买行为从购买类型、影响因素、参与者、购买决策过程等方面进行深入的调查与分析，并进行充分讨论，根据分析结果，参照样本撰写本组的《××××（机电产品）市场调查方案》。（备选机电产品：①卧式车床；②轴承；③机床配件；④钻床；⑤数控车床；⑥机床刀具；⑦液压泵；⑧卧式铣床；⑨PLC等）。

3. 任务考核

每组由组长代表本组汇报任务完成情况，同学互评，教师点评，然后综合评定各组本次任务的实训成绩。

具体考核见表 2-2。

表 2-2　撰写机电产品市场调查方案任务考核表

考核项目	考　核　内　容	分　数	得　分
工作态度	按时完成任务	5 分	
	格式符合要求	5 分	
任务内容	企业现状分析正确	10 分	
	对调查目标的确定准确	5 分	
	有完整的调查方案	5 分	
	合理设计调查问卷	5 分	
	完成资料收集	10 分	
	完成市场调查方案的撰写	10 分	
	完成市场调查任务	20 分	
团队合作精神	具有较强的团队意识	5 分	
	具有良好的协作精神	5 分	
	具有相互服务的意识	5 分	
团队间互评	团队较好地完成本任务	10 分	

样本：

××××（机电产品）市场调查方案

一、调查主题

二、调查目的

三、调查内容

四、调查对象和调查范围

五、调查方法

六、资料整理和分析方法

七、调查安排

1. 调查执行步骤及周期（即调查所需时间）
2. 调查成员
3. 调查路线
4. 调研任务分解

八、调查费用预计

1. 费用分类（出行费用、打印/复印费用、其他费用）
2. 总费用预算

九、质量控制

1. 方案与问卷设计的质量控制
2. 实地调研的质量控制
3. 资料整理及分析的质量控制

十、突发事件处理

任务二 分析机电产品市场调查资料

【知识链接】

知识点一：市场调查资料的整理

1. 市场调查资料整理概述

在机电产品市场调查资料整理过程中，首先要设计和编制资料整理方案，然后对原始资料进行审核，综合汇总表的项目，最后对整理好的资料再进行一次审核。

资料的审核必须遵守资料整理的一般要求，着重审核资料的真实性、准确性和完整性。审核应注意的问题：对于在调查中已发现并经过认真核实后确认的错误，可以由调查者代为更正；对于资料中可疑之处或有错误与出入的地方，应进行补充调查；无法进行补充调查的，应坚决剔除，以保证资料的真实准确。

2. 市场调查资料整理的方法——统计分组法

统计分组法是指根据社会调查的目的和要求，按照一定标志将所研究的事物或现象区分为不同的类型或组别的一种整理资料的方法。分组的作用是可以找出总体内部各个部分之间的差异，可以深入了解现象总体的内部结构，可以显示社会现象之间的依存关系。

另外，还要选择合适的分组标志。分组标志指反映事物属性或特征的名称。根据分组标志的数量有简单分组和复合分组两类；根据所使用分组标志的性质有品质标志分组和数量标志分组。要正确分组必须遵守以下原则：根据调查研究的目的和任务选择分组标志，并且选择能够反映被研究对象本质的标志；对于同一个样本总体来说，分组标志的选择并不是唯一的，应从多角度考虑选择分组标志。

知识点二：市场调查资料的分析

1. 静态分析

（1）定性分析　定性分析是与定量分析相对而言的，它是对不能量化的现象进行系统化理性认识的分析，其方法依据是科学的哲学观点、逻辑判断及推理，其结论是对事物的本质、趋势及规律的性质方面的认识。

定性分析应遵循以下原则：坚持用正确的理论指导；分析只能以调查资料为基础，并且分析出的结果必须用调查资料来验证；要从调查资料的全部事实出发，不能简单地从个别事实出发。

常用的定性分析方法有：归纳分析法（归纳分析法分为完全归纳法和不完全归纳法，后者又分为简单枚举法和科学归纳法）、演绎分析法、比较分析法（即把两个或两类事物的调查资料相对比，从而确定它们之间相同点和不同点的逻辑方法）、结构分析法（即在市场调查的定性分析中，通过调查资料分析某现象的结构及其各组成部分的功能，进而认识这一现象本质的方法）。

（2）定量分析　定量分析是指从事物的数量特征方面入手，运用一定的数据处理技术进行数量分析，挖掘出数量中所包含的事物本身的特性及规律性的分析方法。

2. 动态分析

动态分析是对市场变动的实际过程所进行的分析，其中包括分析有关市场变量在一定时间过程中的变动，以及这些市场变量在变动过程中的相互影响和彼此制约的关系等。任何一个动态数列均由两个基本要素构成：一个是现象所属的时间，另一个是反映现象所属时间的发展水平（即统计指标数值）。

3. 总量指标的因素分析

（1）两因素分析　总量指标的两因素分析在指数体系上表现为总变动指数等于两个因素指数的乘积。要保证两个因素指数之积等于被研究现象变动的指数，最关键的是确定同度量因素的时期。

（2）多因素分析　总量指标的多因素分析在指数体系上表现为被研究现象的总变动指数等于三个或三个以上因素指数的乘积。要保证三个或三个以上因素指数之积等于被研究现象变动的指数，最关键的是确定同度量因素的时期。

【任务实施】

撰写《××××（机电产品）市场调查分析报告》

1. 任务组织

以小组为单位，小组规模一般为3～5人，每个小组选举小组长协调小组的各项工作。教师提出必要的指导和建议，组织学生进行经验交流，并针对共性问题在课堂上组织讨论和专门讲解。

2. 任务内容

每组针对不同类型的机电产品进行市场调查分析，并进行充分讨论，根据分析结果，撰写本组的《××××（机电产品）市场调查分析报告》。（备选机电产品：①电器元件类；②齿轮类；③汽车配件类；④叉车类；⑤机床配件类；⑥机床刀具类；⑦液压与气动元件类；⑧控制元件类；⑨轴承类等。）

3. 任务考核

每组由组长代表本组汇报任务完成情况，同学互评，教师点评，然后综合评定各组本次任务的实训成绩。

具体考核见表2-3。

表2-3　撰写市场调查分析报告任务考核表

考核项目	考核内容	分数	得分
工作态度	按时完成任务	5分	
	格式符合要求	5分	
任务内容	正确整理调查资料	10分	
	会使用统计分组法整理资料	10分	
	理解并会使用静态分析法分析调查资料	10分	
	理解并会使用动态分析法分析调查资料	10分	
	了解总量指标的因素分析	10分	
	市场调查分析报告合理	15分	
团队合作精神	具有较强的团队意识	5分	
	具有良好的协作精神	5分	
	具有相互服务的意识	5分	
团队间互评	团队较好地完成本任务	10分	

样本：

××××（机电产品）市场调查分析报告

一、封面

标题和报告日期、委托方、调查方一般应打印在封面上。

二、目录

三、概述

1. 简要说明调查目的。
2. 简要介绍调查对象和调查内容。
3. 简要介绍调查研究的方法。

四、正文

1. 说明调查目的及所要解决的问题。
2. 介绍市场背景资料。
3. 分析的方法。
4. 调查数据及其分析。

五、结论与建议

1. 提出论点。
2. 论证所提观点的基本理由。

六、附件

任务三 预测机电产品市场

【知识链接】

知识点：机电产品市场调查预测分析

1. 市场预测分析概述

市场预测活动是在市场营销调研基础上，对各种数据、资料和信息，运用科学的方法技术，探讨供求趋势，预报和推测未来一定时期内供求关系变化的前景，从而为企业的营销决策提供科学依据。市场预测是管理决策职能的重要组成部分；可以预见市场未来发展趋势，为企业确定生产经营方向提供有参考意义的依据；可以预见消费者对商品具体需求变化的趋向及竞争对手供货变化的趋向，有利于企业改进产品设计、增强产品适销对路的能力。市场预测的内容包括：社会商品购买力预测，产品经济寿命周期及新产品投放市场适销性预测，商品资源预测，企业市场占有率和购销预测。市场预测的步骤，如图 2-4 所示。

市场预测的基本原理：①连续性原理，利用过去和现在的资料，找出市场未来情况的信息。②系统性原理，必须对企业内外部因素做系统分析，避免片面性。③类推性原理，借用已知规律性来推测它在不同条件下发展的规律性。④近似性原理，依据相近事物的发展变化情况和状态来估计预测对象的未来趋势。

2. 市场预测方法

市场预测的主要方法包括定性预测方法和定量预测方法。

图 2-4　市场预测的步骤

（1）定性预测方法　定性预测方法是预测者通过对影响市场变化的各种因素的分析、判断，根据经验来预测市场未来的变化。其特点是简便易行、经验色彩浓厚，但易受预测者心理和情绪的影响，预测精度难以控制。

1）相关推断法是根据市场经济变量之间的相关性，由某个市场经济变量的未来变化趋势对另一个市场经济变量的变化趋势进行预测。

2）对比类推法是利用预测目标与类似事物在不同时间、地点、环境下具有相似的发展变化过程的特点，通过对比分析推断其发展趋势。

3）经验判断法是依靠营销人员的经验和判断力进行预测。

① 经理人员判断法：由经理召集调研情报和销售部门的负责人，以他们对未来市场预测为基础，集思广益，形成预测方案。其优点是省时省力、简便易行；缺点是受主观因素影响和当时市场形势影响过大。

② 销售人员判断法：召集销售人员，让其对各自分工的市场区域或整个市场前景做出预测，然后分析综合为统一的预测。其优点是充分考虑了销售人员熟悉市场、接触顾客的重要因素；缺点是受销售人员个人对市场认识乐观和悲观影响较大。

③ 综合判断法：把经理人员和销售人员的预测结论进行综合，按照业务水平的高低、经验的丰富程度和论据的充分程度，对各方的结论赋予不同的权重，然后以加权平均作为最终的预测结论。

4）德尔菲法是专家意见法的一种，由预测主持者反复向专家寄发调查表，经过综合整理形成最终预测结论。其特点是：①匿名性，专家互不见面，保证不互相影响；②反馈性，各专家每轮预测结果经整理反馈，并给专家提供下一轮预测参考；③收敛性，专家意见经几轮预测，趋于一致。

实施德尔菲法预测的步骤：第一阶段是准备阶段，确定预测主目标和分目标，准备资料，选择专家，拟订调查内容，设计调查表；第二阶段是征询阶段，发出调查表向专家征询，把结果整理后反馈给专家，然后进行下一轮征询，如此反复进行，一般为三到四轮；第三阶段是分析处理阶段，对各专家预测结果进行综合得出最终预测结果。

（2）定量预测方法

1）时间序列预测法。时间序列预测法是将历史资料和数据，按时间顺序排列成一个系列，根据时间序列所反映的经济现象的发展过程、方向和趋势，运用一定的数学方法使其向外延伸，预计未来发展变化趋势，预测经济现象未来可能达到的水平。时间序列是指某个经济指标按时间先后顺序排列的指标值。时间序列法的主要形式有简单平均法、加权平均法、移动平均法和指数平滑法。

2）回归分析预测法。回归分析预测法是通过对预测对象和影响因素的统计整理和分析，找出它们之间的变化规律，将变化规律用数学模型表示出来，并利用数学模型进行预测的一种分析方法。建立变量之间有效的回归方程是回归分析预测法的重要工作，预测结果的准确性主要取决于回归方程的科学性和有效性。

回归分析预测法有多种类型。根据自变量的个数，回归分析预测法可分为一元回归预测法、二元回归预测法和多元回归预测法。在一元回归分析预测法中自变量只有一个，在二元回归预测法中自变量有两个，在多元回归分析预测法中自变量有两个以上。根据自变量和因变量之间的是否存在线性关系，回归分析预测法可分为线性回归预测法和非线性回归预测法。线性回归预测法中变量之间的关系表现为直线，非线性回归预测法中变量之间的关系表现为曲线。

实施回归分析预测法的具体步骤：确定预测目标和影响因素，进行相关分析，建立回归预测模型，检验回归预测模型，进行实际预测。

① 一元线形回归分析法。当影响市场变化的众多因素中有一个最基本并起到决定性作用的因素，且自变量与因变量的分布呈线形趋势的回归，此情况下用回归方法进行预测就是一元线形回归分析预测。一般情况下，一元线形回归方程表达式为：$y = ax + b$。其中：y 为因变量，x 为自变量，a、b 为参数，b 又称回归参数，它表示当 x 每增加一个单位时 y 的平均增加数量。

② 多元线形回归分析法。当两个或两个以上的自变量与一个因变量之间存在线形回归趋势，此情况下用回归方法进行预测即为多元线形回归分析预测。多元线形回归方程一般形式为：$y = a + b_1x_1 + b_2x_2 + \cdots + b_nx_n$。式中：$x_1$，$x_2$，…，$x_n$ 为 n 个影响 y 的自变量；a，b_1，b_2，…，b_n 为回归参数。存在两个自变量条件下的多元线形回归方程称为二元回归方程，即：$y = a + b_1x_1 + b_2x_2$。它是多元线形回归方程中的特例。

3. 市场需求预测

市场需求预测是指估计未来一定时间内，整个产品或特定产品的需求量和需求金额。它为企业给出了其产品在未来一段时间里的需求期望水平，并为企业的计划和控制决策提供了依据。市场需求预测的目的在于通过充分利用现在和过去的历史数据，考虑未来各种影响因素，结合本企业的实际情况，采用合适的科学分析方法，提出切合实际的需求目标，从而制订定购需求计划，指导原材料或商品订货。

市场需求预测包括：①对某一种或几种产品潜在需求的预测；②对潜在供应的估计；③对拟设中的产品市场渗透程度的估计；④对某段时间内潜在需求的定量和定性特征预测。除了全部和大部分供出口的产品以外，对产品的潜在需求主要以国内市场为基础进行预测。

【任务实施】

机电产品市场预测

1. 任务组织

以小组为单位，小组规模一般为 3 ~ 5 人，每个小组选举小组长协调小组的各项工作。教师提出必要的指导和建议，组织学生进行经验交流，并针对共性问题在课堂上组织讨论和专门讲解。

2. 任务内容

每组针对不同机电产品进行市场调查。通过多种途径收集相关机电产品的数据、资料等，利用有关预测方法，预测该机电产品市场。（备选机电产品：①齿轮；②轴承；③车刀；④钻床；⑤数控车床；⑥时间继电器；⑦液压泵；⑧卧式铣床；⑨三坐标测量仪等。）

3. 任务考核

每组由组长代表本组汇报任务完成情况，同学互评，教师点评，然后综合评定各组本次任务的实训成绩。

具体考核见表 2-4。

表 2-4　机电产品市场预测任务考核表

考核项目	考核内容	分数	得分
工作态度	按时完成任务	5 分	
	格式符合要求	5 分	
任务内容	收集相关机电产品的数据、资料	20 分	
	选择合适的预测方法	20 分	
	能做出合理的市场预测	10 分	
团队合作精神	具有较强的团队意识	10 分	
	具有良好的协作精神	10 分	
	具有相互服务的意识	10 分	
团队间互评	团队较好地完成本任务	10 分	

【职业能力训练】

一、填空题

1. 市场调查的设计思路________、________、________和________。

2. 机电产品市场调查预算费用分配________、________和________。

3. 市场调查资料分析方法中常用的定性分析方法有____________、____________、____________、____________。

4. 市场调查定性预测方法有________、________、________和________。

二、简答题

1. 如何设计机电产品市场调查方案？

2. 机电产品市场调查如何收集资料？

3. 机电产品市场调查资料的分析方法有哪些？

4. 机电产品市场预测的方法有哪些？什么是德尔菲法？

5. 如何做好机电产品市场需求预测？

三、案例分析题

某国内机电产品有限责任公司开发出适合年轻人需求特点的某种室内智能健身器，并在多个国家获得了专利保护。营销部经理初步分析了国内的情况，首选上海作为主攻市场。为迅速掌握上海市场的情况，公司派人员赴上海，运用调查法搜集一手资料。调查显示，上海市场需求潜量大，购买力强，且没有同类产品竞争者，这使公司人员兴奋不已。在调查的基础上按年龄层次将市场划分为 15～18 岁、19～25 岁、26～35 岁及 35 岁以上四个子市场，并选择了其中最大的一个子市场进行重点开发。营销经理对前期工作感到相当满意，为确保成功，他准备再进行一次市场试验。另外，公司经理还等着与他讨论应采取的新产品定价策略。

问题：1. 该公司可运用的搜集一手资料的调查法有哪几种？

2. 该公司应采取何种市场预测方法？

项目三

寻找机电产品市场机会

【知识目标】

1. 熟悉机电企业营销环境。
2. 理解机电产品市场细分方法。
3. 熟悉机电产品目标市场选择策略。
4. 理解目标市场的营销策略。

【技能目标】

1. 会用 SWOT 方法分析机电企业的营销环境。
2. 能细分机电产品市场。
3. 会初步选择机电产品目标市场。

【提交成果】

1. 机电产品营销环境分析报告。
2. 机电产品市场细分方案。
3. 机电产品目标市场营销方案。

【开篇案例】

某汽车配件有限公司的目标市场

某汽车配件有限公司是 2008 年挂牌宣告成立的一家乡镇企业。工司成立之初，没有市场销路、技术力量，但是经过短短几年的努力，至 2013 年底已拥有固定资产 2200 万元，产值由建厂初的 420 万发展到 14860 万元。

对此，该厂的负责人有一段妙论，颇具启发性。他说：“市场疲软并不意味着消费停止，就我国目前的情形来说，虽然不少企业在喊不景气，但事实上社会商品消耗总量却是逐年增长的，这是有目共睹的事实。企业产品滞销很可能的原因是他们的产品不能适应当今市场的需求，也就是说，并非社会不需要商品，而是企业的商品不能适应社会的需要。如果要我总结这几年成功的经验，可以概括为一句话，那就是‘细分市场，洞悉市场，把握机会，正确定位，满足需求，抓住市场’。像我们这样的企业，如果找不到一个最佳的市场切入点，与其他企业一样，搞一些大路货的东西，那么我们在激烈的市场竞争中根本不可能得到生存，更谈不上什么发展。”

该汽车配件有限公司在成立之初，就进行了深入细致的市场细分。在市场细分过程中，了解到随着我国农业的发展，农民收入水平的提高，我国农用车的需求量在急速上升。由此在进一步调查的基础上发现，整车生产厂家大部分零部件都是由外部加工来完成的。如果能打进这个圈子，就等于打进了这一市场。他们把经营方向定位在生产适销对路的车辆钢圈上。该汽车配件有限公司与我国最大的农用车生产厂家——南京农用车总厂签订了一年期、为数不小的订单。

该汽车配件有限公司努力研究和满足南京农用车总厂对钢圈质量方面的要求，一流的质量和优良的服务赢得了总厂的满意，得到了用户的肯定与好评。最终，该汽车配件有限公司成了南京农用车总厂的主要钢圈配套厂家，一片市场就这样被牢牢地抓住了。

他们并不满足于一个市场领域中取得的成就，继续从市场细分入手，寻找发展的目标市场和机会。2010 年初，他们在对细分市场广泛深入的了解后，发现国内摩托车市场容量很大，生产摩托车钢圈将具有良好的市场前景。

于是，2011 年投入生产摩托车钢圈，立即使公司成为国内某知名品牌系列摩托车钢圈配套定点生产企业，一片新的营销空间又被他们打开并占领了……

案例讨论：

该公司为应对市场环境采取了哪些措施？

任务一　分析机电企业营销环境

【知识链接】

知识点一：机电企业营销环境的特征

营销环境是指直接或间接影响企业营销投入、产出活动的外部力量，是企业营销职能外部的不可控制的因素和力量，如竞争、经济、政治、法律规定、技术和社会文化因素等。

机电企业营销环境的特征：

1）客观性：具有不可控制性和强制性，企业可以适应环境的变化和要求，适应“物竞天择，适者生存”的规律。

2）差异性：不同的企业受不同的环境影响，同一环境对不同的企业的影响不相同。

3）复杂性：各种因素之间经常存在着矛盾关系。

4）多变性：市场营销环境是个动态系统。

5）相关性：营销环境因素之间是相互影响和相互制约的。

6）动态性：营销环境总是处在不断变化的过程中。

营销环境的特征决定了它对企业的生存与发展、营销活动及决策过程产生着有利的或不利的影响，产生着不同的制约作用和效果。一方面，它为企业提供了市场营销机会；另一方面，营销环境也给企业造成某种威胁。

企业的市场营销环境主要分两类：一是微观营销环境（营销直接环境），即与企业紧密相连，直接影响其营销能力的各种参与者，包括供应商、营销中介、顾客、竞争者及公众和影响营销管理决策的企业内部各个部门；二是宏观营销环境（营销间接环境），即影响企业微观环境的巨大社会力量，包括人口、经济、自然、政治法律、科学技术及社会文化等多方面的环境因素。

知识点二：企业微观营销环境

企业微观营销环境又称营销直接环境，是指那些对市场营销直接起影响与制约作用的环境因素。它对企业营销的影响迅速而直接。

1. 供应商

供应商是向企业提供生产产品和服务所需资源的企业或个人。供应商是微观营销环境的重要因素。供应商对企业营销活动的影响主要体现在以下几个方面：

（1）供货的及时性和稳定性　现代市场经济中，市场需求千变万化且变化迅速，企业必须针对瞬息万变的市场及时调整计划，而这一调整又需要及时地提供相应的生产资料，否则这一调整只是一句空话。企业为了在时间上和连续性上保证得到适当的货源，就应该和供应商保持良好的关系。

（2）供货的质量水平　任何企业生产的产品质量除受严格的管理制度影响以外，与供应商供应的生产资料本身的质量好坏有密切的关系。当然，供货的质量还包括各种服务，尤其是一些机器设备的供应，如果没有配套的服务（如装备、调试、零部件供应等），供货的质量就成了空话。

（3）供货的价格水平　供货的价格直接影响到产品的成本，最终会影响产品在市场上的竞争能力。企业在营销中应密切注意供货价格变动的趋势，特别要密切注意对构成产品重要部分的原材料和零部件的变化，使企业应变自如，不至于措手不及。

2. 营销中介和服务商

营销中介是指协助企业推广、销售产品给最终购买者，融通资金、提供各种营销服务的企业和个人。它包括：商人中间商、代理中间商、实体分配公司、营销服务机构、金融机构。任何企业的营销活动都离不开营销中介，有了营销中介提供的服务才使企业的产品顺利地到达目标客户手中，所以营销中介对企业营销活动产生直接的影响。

服务商包括各种运输公司、仓储公司和配送中心，以及市场营销服务机构，直接影响企业能否及时交货等。

3. 顾客

企业的所有营销活动都是以满足顾客的需要为中心的，顾客是企业最重要的微观环境因素。对于一个企业而言，顾客是营销活动的核心目标，其影响程度巨大，因为失去了顾客就意味着失去了市场，赢得了顾客就赢得了市场。

企业的顾客一般来自以下五个市场：①消费者市场；②制造商市场；③中间商市场；④非营利组织市场；⑤国际市场。

4. 政府

政府是企业营销的重要环境因素。企业应如下处理与政府的关系。

（1）经常沟通信息　政府作为行政管理机构，对企业一般不实行直接管理，但需要掌握各企业的动态，以便归纳出带有普遍倾向性的问题，为宏观调控打下基础。因而，企业在举行庆典、产品投产、联谊活动、周年庆祝等活动时，应邀请政府有关方面官员参加，加强企业与政府在感情上的沟通，并经常上门汇报企业动态。

（2）争取良好的经济效益　企业是以营利为目的的经济组织，经济效益是国家、企业、个人三者的交织点，企业只有取得良好的经济效益，国家才能以利税形式取得管理国民经济所需的经费，企业职工的生活水平才有保障，企业本身也能得到更大的发展。因而，经济效益好的企业往往能受到政府的重视。

（3）良好的社会表现　企业热心公益事业，积极参与社区事务，以企业利益服从国家利益等，均有助于政府对其产生良好的印象。

5. 竞争对手

竞争对手是指在同一目标市场争夺顾客群体的其他企业或类似的组织。竞争是商品经济的必然现象。在商品经济条件下，任何企业在目标市场进行营销活动时，不可避免地会遇到竞争对手的挑战。在健全的市场环境中，一个企业不可能长期垄断一个市场。因而，竞争对手的营销策略及营销活动（如价格、广告宣传、促销手段的变化、新产品开发、销售服务等）都将直接对企业造成威胁。为此，企业不能放松对竞争对手的观察，并应及时做出相应的对策。

企业面临四类竞争：①欲望竞争，即客户想要满足的各种欲望之间的可替代性；②行业竞争，指提供能满足同一种需求的不同竞争；③产品形式竞争，即客户在满足同一需求的产品中进一步要决定购买某一类产品；④品牌竞争，也称企业竞争，指在质量、特色、价格、服务、外观等方面所展开的竞争。

知识点三：企业宏观营销环境

企业必须适应宏观营销环境。宏观营销环境的影响力主要来自六个方面：政治法律环境、人口环境、社会文化环境、经济环境、自然环境、技术环境，如图 3-1 所示。

1. 政治法律环境

政治法律环境包括国内、国际环境。企业的市场营销活动是受一定的政治环境制约的，具体体现为：执政党的路线、方针政策的制订和调整对企业营销活动产生的深远影响；主要包括政府的有关经济方针政策（如人口政策、产业政策、能源政策、财政及金融货币政策等），政府颁布的各项经济法令法规及群众团体（指为了维护某一部分社会成员的利益而组织起来的，旨在影响立法、政策和舆论的各种社会团体）的诉求。

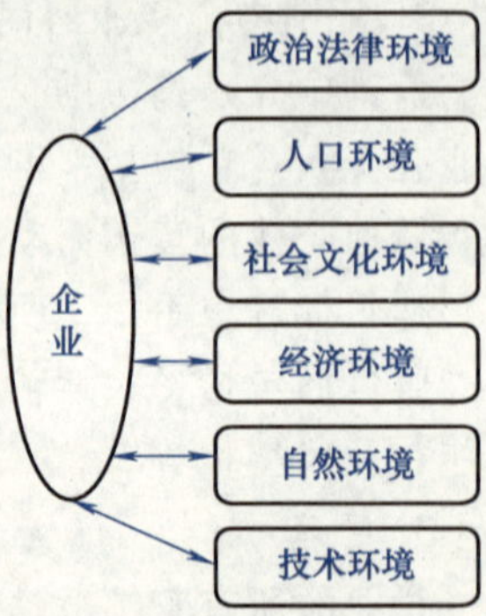

图 3-1　宏观营销环境的主要内容

2. 人口环境

企业要监视的第一个因素是人口，因为市场是由人组成的。营销人员深感兴趣的是：①在不同城市、地区和国家的人口规模和增长率；②年龄分布和种族组合；③教育水平；④家庭类型；⑤地区特征和流动。

人口迅速增长、人口老龄化日趋严重、家庭规模日趋小型化、人口教育程度提高、人口的地理分布及区间流动对企业营销的影响、妇女就业水平提高，这些都会影响企业的营销活动。

3. 社会文化环境

社会文化环境是指由价值观念、生活方式、宗教信仰、职业与教育程度、相关群体、风俗习惯、社会道德风尚等因素构成的环境。各国各地区各民族的文化背景不同，风俗习惯、教育水平、语言文字、宗教信仰、价值观念等差异很大，这种环境不像其他营销环境那样显而易见和易于理解，但对消费者的市场需求和购买行为会产生强烈而持续的影响，进而影响到企业的市场营销活动。

4. 经济环境

（1）经济结构类型　各个国家或地区在收入水平和分配上有很大的差异，一个主要的决定性因素是这些国家或地区的经济结构。四种经济结构如下：①自给型经济；②原料出口型经济；③工业化进程中的经济；④工业化经济。

（2）收入分配　收入因素是影响社会购买力的主要因素。

1）GDP（国内生产总值）是指一个国家或一个地区（所有常住单位）在一定时期内所生产和提供的以市场价格计算的最终产品与劳务的市场价值总和。它反映一定时期内生产活动的最终成果。GDP 的增长率在很大程度上决定了一个国家或地区的个人收入水平、就业率、消费结构、投资规模等，市场受此影响非常大。

2）人均国民收入是指一定范围内每个公民收入的平均值。

3）个人可支配收入是指扣除消费者个人缴纳的各种费用（保险、公积金等）和交给政府的非商业性开支（如个人所得税等）之后用于消费或储蓄的所得。

4）个人可任意支配收入是指在个人可支配收入中减去消费者用于购买生活必需品的支出和固定支出（如房租、保险费、分期付款、抵押借款等）后所余下的收入。这是影响消费需求变化的最活跃的因素。

5）储蓄、债务、信贷的适用性是指消费者的支出还受消费者储蓄、债务和信贷适用性的影响和消费者储蓄、信贷情况的变化。

5. 自然环境

企业在市场营销研究中涉及的自然环境，主要是指企业本身的资源环境，如气候、地形、自然资源等对市场经营活动发生直接或间接的影响。对企业营销者来说，要研究和分析自然环境趋势给市场营销带来的威胁与机会，主要涉及以下几个方面：自然资源的日益短缺；资源成本不稳定；环境污染严重；政府对环境保护干预的加强。

6. 技术环境

科技发展速度的快慢对市场营销起着显著的、多方面的影响。可以说，对人类生活最有影响力的是科学技术，人类历史上的每一次技术革命都会改变社会经济生活。作为营销环境的一部分，技术环境不仅直接影响企业内部的生产与经营，还同时与其他环境因素互相依赖、互相作用。

知识点四：企业综合营销环境分析

企业内外情况是相互联系的，将外部环境所提供的有利条件（机会）和不利条件（威胁）与企业内部条件形成的优势与劣势结合起来分析，有利于制定出正确的经营战略。

1. 环境威胁与市场机会

企业所处的环境基本上有两种发展变化趋势，即环境威胁与市场机会。企业进行分析的目的就是要寻找机会，规避威胁。

（1）环境威胁　环境威胁是指环境中不利于企业营销活动甚至限制企业营销活动发展的因素对企业已经形成挑战，如果置之不理会对企业的市场地位造成伤害。环境威胁主要有：①直接威胁着企业生产经营；②企业的目标与任务或企业资源与环境因素相矛盾；③可能来自于国际经济形势的变化。

威胁矩阵如图 3-2 所示。图中 1 为严重或关键性威胁；2、3 为密切关注的威胁；4 为不必考虑的威胁。

企业面对威胁有以下三种可选择的对策：

1）反抗：试图抵制或扭转不利因素的发展。

2）减轻：通过调整经营策略来适应环境的变化，以减轻环境威胁的严重性。

3）转移：决定转向其他能获利的业务或市场。

（2）市场机会　市场机会是指针对环境中出现的有利条件，企业通过努力可能获得盈利的需求领域。

机会分析的思路：一是考虑机会给企业带来的潜在利益大小；二是考虑机会出现的概率大小。机会矩阵如图 3-3 所示。图中 1 为最佳机会；2、3 为密切关注的机会；4 为不必考虑的机会。

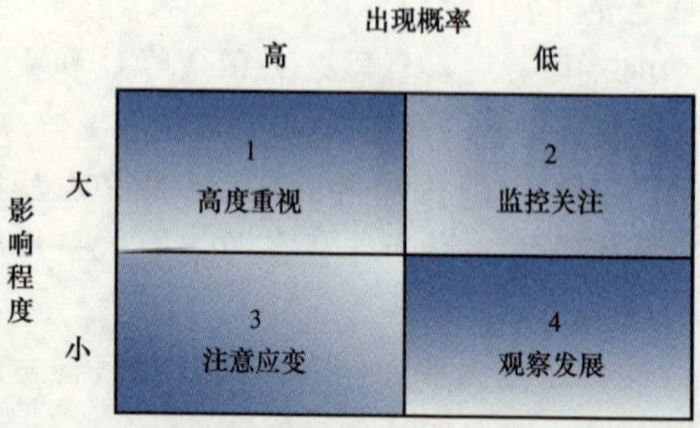

图 3-2　威胁矩阵

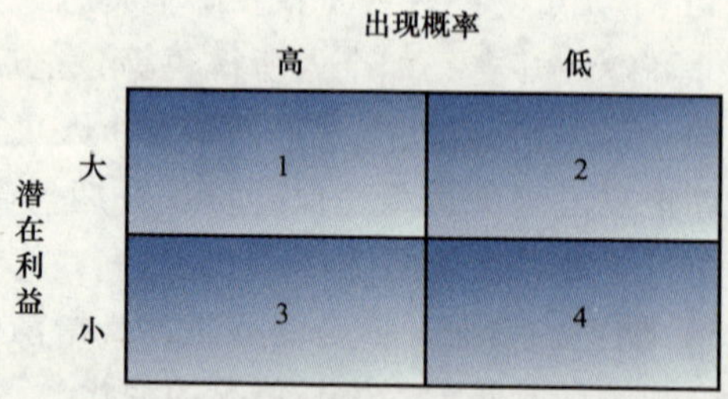

图 3-3　机会矩阵

评价市场机会的步骤：①从环境中挑选出企业机会群；②从企业机会群中挑选出可以发展的市场机会；③对入选的市场机会制定发展策略。

企业面对机会有以下三种可选择的对策：

1）利用机会：要求企业具备利用该机会的能力和资源，具有或能够培育核心竞争力和竞争优势。

2）等待观望：等待最佳的时机。

3）放弃机会：通过评价该市场机会，若认为不能发展的，则应放弃。

2. 优势与劣势

企业内部环境的分析就是要了解企业的优势和劣势，预测现有资源和能力与市场机会的适应程度或匹配程度。企业内部分析最重要的是企业能力分析。企业能力是企业能够把资源加以统筹整合以完成预期任务和目标的技能。企业能力主要包括市场营销能力、财务能力、制造能力和组织能力等。

企业能力分析的步骤：

1）明确利用机会所需要的能力结构，找出反映这种能力的具体因素，并判断每一个因素的相对重要性。

2）分析现有能力的实际情况，找出经营该业务的优势和劣势。

3）进行评价和制定措施。

3. SWOT 分析法

在国际上，通用的营销环境分析方法是 SWOT 分析法（Strength——优势、Weak——劣势、Opportunity——机会、Threat——威胁）。

SWOT 矩阵如图 3-4 所示。

1）SO 战略：利用企业内部的长处去抓住外部机会，为最佳组合。

2）WO 战略：如何弥补自身资源或能力的不足，以抓住机会。如果自身资源、能力得不到改进，机会只能让给竞争对手。

3）ST 战略：巧妙利用企业自身优势来对付环境中的威胁，降低威胁可能产生的不利影响。

4）WT 战略：此战略应尽可能避免。如果企业一旦处于这样的位置，在制定战略时就要设法降低环境因素对企业的冲击，使损失减少到最小。

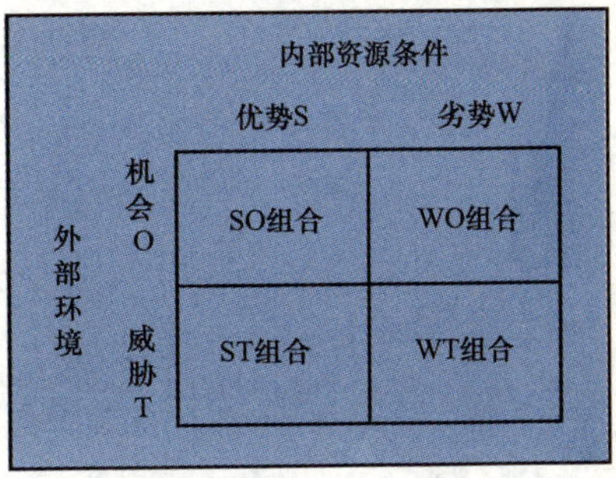

图 3-4　SWOT 矩阵

【任务实施】

撰写《××××（机电产品制造商）营销环境的 SWOT 分析报告》

1. 任务组织

以小组为单位，小组规模一般为 3～5 人，每个小组选举小组长协调小组的各项工作。教师提出必要的指导和建议，组织学生进行经验交流，并针对共性问题在课堂上组织讨论和专门讲解。

2. 任务内容

每组针对不同机电产品的制造商进行营销环境 SWOT 分析。各组从产品制造商的优势与劣势、机会与威胁等方面进行深入的调查与分析，并进行充分讨论，根据分析结果，撰写本组的《××××（机电产品制造商）营销环境 SWOT 分析报告》。（备选机电产品：①卧式车床制造商；②轴承制造商；③液压元件制造商；④钻床制造商；⑤数控车床制造商；⑥机床刀具制造商；⑦液压泵制造商；⑧卧式铣床制造商；⑨电气元件制造商等。）

3. 任务考核

每组由组长代表本组汇报任务完成情况，同学互评，教师点评，然后综合评定各组本次任务的实训成绩。

具体考核见表 3-1。

表 3-1　撰写营销环境分析报告任务考核表

考核项目	考核内容	分　数	得　分
工作态度	按时完成任务	5 分	
	格式符合要求	5 分	
任务内容	企业优势分析到位	15 分	
	企业劣势总结完全	15 分	
	外部机会分析恰当	15 分	
	外部威胁分析全面	10 分	
	结论适合企业与市场实际情况	10 分	
团队合作精神	具有较强的团队意识	5 分	
	具有良好的协作精神	5 分	
	具有相互服务的意识	5 分	
团队间互评	团队较好地完成本任务	10 分	

样本：

海尔集团营销环境的SWOT分析

海尔是全球大型家电第一品牌，1984年创立于青岛，现任董事局主席、首席执行官张瑞敏是海尔的主要创始人。目前，海尔在全球建立了21个工业园、5大研发中心、19个海外贸易公司，全球员工超过8万人。2011年，海尔集团全球营业额实现了1509亿元，品牌价值962.8亿元，连续11年蝉联中国最有价值品牌榜首。海尔集团还援建了164所希望小学和1所希望中学，制作了212集科教动画片《海尔兄弟》，是2008年北京奥运会全球唯一白电赞助商。下面是有关海尔集团营销环境的SWOT分析：

1. 优势（S）

1）海尔有9种产品在中国市场位居行业之首，3种产品在世界市场占有率居行业前三位。

2）技术领域处于世界领先水平。

3）目前，海尔累计申请专利6189项（其中发明专利819项），拥有软件著作权589项。

4）海尔“市场链”管理还被纳入欧盟案例库。

5）海尔良好的管理模式和悠久的企业文化，使员工素质相对较高。

2. 劣势（W）

1）在传播和公关技巧方面十分欠缺。海尔公关方面的欠缺很大一部分原因在于海尔在聘任机制上存在一定问题，只注重对技术、知识的考查，忽略了对个人能力的考查。

2）海尔在外部的信息化，尤其是与国内供应商、分销商的电子数据交换一直处于两难境地。

3. 机会（O）

1）科技创新实现企业信息化。

2）伴随着国际化的趋势越来越强，海尔面临转向国际市场、产品出口、海外建厂等机会。

4. 威胁（T）

1）家电企业的不断兴起。

2）技术的不断更新换代，海尔必须不断地提高科学技术创新水平，进而提高自己的优势。

结论：海尔集团的营销环境处于SO状态，企业应抓住机会，充分发挥企业优势，同时密切注意威胁因素的变动情况。

任务二 细分机电产品市场

【知识链接】

知识点：机电产品市场细分

市场细分是指营销者通过市场调研，依据客户的需要和欲望、购买行为和购买习惯等方面的差异，把某一产品的市场整体划分为若干消费者群的市场分类过程。每一个消费者群就是一个细分市场，每一个细分市场都是具有类似需求倾向的客户构成的群体。

1. 机电产品市场细分的作用

在一般情况下，一个企业不可能满足所有客户的需求，尤其在激烈的市场竞争中，企业更应集中力量，有效地选择市场，取得竞争优势。机电产品市场细分对于企业来讲有以下作用：

（1）有助于机电企业深刻地认识市场和寻找市场机会　整个机电产品市场范围很大，品种很多，呈现高度复杂性。市场细分可以把机电产品市场丰富的内部结构一层层地抽象出来，发现其中的规律，使企业可以深入、全面地把握各类产品市场需求的特征。

另外，市场需求是已经出现在市场但尚未得到满足的购买力，在这些需求中有相当一部分是潜在需求，一般不易发现。企业可以运用市场细分的手段了解机电产品用户存在的需求和满足程度，从而寻找、发现市场机会。同时，企业通过分析和比较不同细分市场中竞争者的营销策略，选择那些需求尚未满足或满足程度不够，而竞争对手无力占领或不屑占领的细分市场作为自己的目标市场，结合自身条件制定出最佳的市场营销策略。

（2）有利于机电企业确定经营方向，有针对性地开展营销活动　当机电企业通过市场细分确定自己所要满足的目标市场，找到自己的资源条件和客观需求的最佳结合点后，便可以集中人力、物力、财力，有针对性地采取不同的营销策略，从而获得良好的经济效益。

（3）有利于机电企业研究潜在需要，开发新产品　一旦确定了自己的细分市场后，企业就能集中精力把握目标市场需求，分析潜在需求，发展新产品及开拓新市场。

（4）有利于创造良好的社会效益　市场细分不仅给企业带来良好的经济效益，而且创造了良好的社会效益。一方面，市场细分可以使不同消费者的不同需求得到满足，提高他们的生活水平；另一方面，市场细分有利于同类企业合理化分工，在行业内形成较为合理的专业化分工体系，使各类企业各得其所、各显其长。

2. 市场细分的条件

（1）可衡量性　可衡量性是指用以市场细分的变数是可以衡量的，或者为了将购买者分门别类，划分不同的群体，企业必须能对购买者的特点和需求予以衡量。

（2）足量性　足量性是指细分市场的大小和利润值得单独营销的程度，即划分出来的细分市场必须是值得采取单独营销方案的最小单位。

（3）可接近性　可接近性是指企业对细分出来的市场能进行有效促销和分销的程度，或获得该细分市场有关资料的难易程度。

（4）独特性　独特性是指细分出来的市场必须对市场营销计划有独特的反应，即用某种特定方法细分出来的各个细分市场，其成员对市场营销计划的反应必须是不同的。

3. 最终产品的市场细分

最终产品（消费品）市场的细分标准，因企业不同而各具特色，但是有一些标准是共同的，即地理环境、人口状态、消费心理及行为因素四个方面，各个方面又包括一系列的细分因素。

（1）地理环境　以地理环境为标准进行市场细分，就是按消费者所在的不同地理位置划分市场，该标准是大多数企业采取的主要标准之一。地理环境主要包括区域、地形、气候、城镇大小、交通条件等。由于不同地理环境、气候条件、社会风俗等因素影响，同一地区内的消费者需求具有一定的相似性，不同地区的消费需求具有明显的差异。

按照国家与地区、南方与北方、城市与农村、沿海与内地、热带与寒带等标准来进行市场细分是必要的，但是，地理环境是一种静态因素，处在同一地理位置的消费者仍然会存在很大的差异。因此，企业还必须采取其他因素进一步细分市场。

（2）人口状态　人口状态是市场细分惯用的和最主要的标准，它与消费需求以及许多产品的销售有着密切联系，而且该因素往往容易被辨认和衡量。

（3）消费心理　在地理环境和人口状态相同的条件下，消费者之间存在着截然不同的消费习惯和特点，这往往是消费者的不同消费心理所导致的。尤其是在比较富裕的状况下，顾客购物已不限于满足基本的生活需要，因而消费心理对市场需求的影响更大。它主要考虑生活方式、性格及品牌忠诚程度。

（4）行为因素　行为因素是市场细分的重要标准，特别是在商品经济发达阶段和广大消费者的收入水平提高的条件下，这一细分标准越来越显示出其重要地位。

它主要考虑：①购买习惯，如购买时间习惯标准，就是根据消费者产生需要购买或使用产品的时间来进行市场细分的；②寻找利益，运用利益细分法，首先必须了解消费者购买某种产品所寻找的主要利益是什么，然后要了解寻求某种利益的消费者是哪些人，最后要调查市场上的竞争品牌各适合哪些利益，以及哪些利益还没有得到满足。

4. 机电产品的市场细分标准

机电产品的市场细分标准有许多与消费品（最终产品）市场细分的标准相同，如用户所追求的利益、用户情况、对品牌的忠实程度等。但是它有着不同的特点，因此，企业的管理者还要用一些其他标准来细分机电产品市场。

（1）最终使用者　在制造商（企业）市场上，不同的最终用户对同一种用品的市场营销组合往往有着不同的要求。例如，飞机制造商所需轮胎必须达到的标准比农用拖拉机制造商所需轮胎必须达到的标准高得多，豪华汽车制造商比一般汽车制造商需要更优质的轮胎。因此，企业管理者对不同的用户要相应地运用不同的市场营销组合，采取不同的市场营销措施。

（2）顾客规模　顾客规模是细分制造商（企业）市场的一个重要标准。例如，美国一家办公室用具制造商按照顾客规模，将顾客分为两类顾客群：一类是大客户，如国际商用机器公司、标准石油公司等，这类顾客群由该公司的全国客户经理负责联系；另一类是小客户，由外勤推销人员负责联系。

（3）产品用途　由于一种产品有若干种用途，产品用途细分就是按产品的不同用途进行市场细分。机电产品一般分为重大技术装备、动力机械、工作母机、仪表仪器、电工电子机械、通用机械、专用机械、基础零件等。不同类型的机电产品，其顾客也不一样。

（4）采购对象　在某一目标行业及顾客规模下，企业可以根据不同的采购对象来进行市场细分。

1）不同的顾客会追求不同的利益，有的关注价格，有的注重服务，有的重视质量。例如，政府实验室、大学实验室、工业实验室在仪器设备采购标准方面是不同的：政府实验室关注的是价格和服务契约；大学实验室注重的是连续性服务；工业实验室更重视仪器设备的质量。

2）从一般采购政策来看，可以把市场细分为租赁企业、签订服务契约企业、系统采购企业或招标采购企业等。

3）从现行关系来看，可以把市场细分为关系密切的企业和待开拓业务关系的企业，或者分为高忠诚度企业和低忠诚度企业。

4）从购买企业的特征来看，可以把市场细分为承担风险的企业和逃避风险的企业。

（5）顾客的地理位置　顾客的地理位置对于企业合理组织销售力量，选择适当的分销渠道以及有效地安排货物运输关系紧密，而且不同地区的顾客对生产资料的要求往往各有特色。因此，顾客的地理位置也是进行市场细分的依据之一。

5. 常用市场细分的方法

（1）单一因素法　单一因素法即按影响顾客需求的某一个因素来进行市场细分，如按顾客地理位置来划分数控机床市场、以采购对象来划分液压元件市场等，这种划分比较简单易行。

（2）主导因素排列法　当一个细分市场的选择存在多因素时，可以从消费者的特征中寻找和确定主导因素，然后与其他因素有机结合，确定细分目标市场，这种方法叫作主导因素排列法。例如，就电气控制产品市场而言，采购对象通常是影响选择的主导因素，顾客规模则居于从属地位。因此，应以采购对象作为电气控制产品市场细分的主要依据。

（3）综合因素法　综合因素法即按影响顾客需求的两种或两种以上因素进行综合划分。因为顾客实际的需求差别常常极为复杂，很少只受到单一因素的影响，往往是多种因素共同左右着某种需求。因此，为使细分出的市场更有效、更切合实际，则需要利用并列多因素的组合作为标准来进行市场细分。只有从多方面去分析、认识才能更准确地把它们细分为不同特点的消费群体。

（4）系列因素法　系列因素法即当细分市场所涉及的因素是多项的，且各项因素之间先后有顺序时，可由粗到细、由浅入深、由简至繁、由少到多，按一定的顺序逐次进行细分。下一阶段的细分在上一阶段选定的市场中进行。

【任务实施】

对机电产品市场进行市场细分

1. 任务组织

以小组为单位，小组规模一般为 3 ~ 5 人，每个小组选举小组长协调小组的各项工作。教师提出必要的指导和建议，组织学生进行经验交流，并针对共性问题在课堂上组织讨论和专门讲解。

2. 任务内容

每组针对不同的机电产品进行市场细分。各组对所选定的机电产品的产品特性、使用场合、应用市场、细分方法等方面进行深入的调查与分析，小组进行充分讨论，根据分析结果，提交本组机电产品细分方案。（备选机电产品：①叉车；②轴承；③机床配件；④钻床；⑤加工中心；⑥机床刀具；⑦液压泵；⑧卧式铣床；⑨PLC 等。）

3. 任务考核

每组由组长代表本组汇报任务完成情况，同学互评，教师点评，然后综合评定各组本次任务的实训成绩。

具体考核见表 3-2。

表 3-2　市场细分任务考核表

考核项目	考核内容	分　数	得　分
工作态度	按时完成任务	5 分	
	格式符合要求	5 分	
任务内容	产品特性调查分析到位	15 分	
	产品使用场合定位准确	15 分	
	应用市场分析准确	15 分	
	细分方法合理	10 分	
	结论符合市场实际情况	10 分	
团队合作精神	具有较强的团队意识	5 分	
	具有良好的协作精神	5 分	
	具有相互服务的意识	5 分	
团队间互评	团队较好地完成本任务	10 分	

任务三　选择目标市场及营销策略

【知识链接】

知识点一：评价细分市场

评价细分市场是进行目标市场选择的基础。一个企业可以从下面四个方面对细分市场做出评价。

1. 细分市场的需求潜量

细分市场的需求潜量是指在一定时期内，各细分市场中的顾客对某种产品的最大需求量。首先，细分市场应该有足够大的需求量，如果某一细分市场的需求潜量太小，则意味着该市场狭小，没有足够的发掘潜力，企业进入后发展前景暗淡；其次，细分市场的需求潜量规模应恰当，对小企业来说需求量过大并不利，一则需要大量的投入，二则对大企业的吸引力过于强烈。

只有拥有对企业发展有利的、恰当需求潜量规模的市场才是具有吸引力的细分市场。要正确估测和评价一个市场的需求潜量，不可忽视顾客数量和他们的购买力水平这两个因素中的任何一个。

2. 细分市场的竞争状况

对于某一细分市场，进入的企业可能会很多，从而可能导致市场内的竞争。这种竞争既可能来自市场中已有的同类企业，也可能来自即将进入市场的其他企业。企业在市场中可能占据的竞争地位是评价细分市场的主要方面之一。

很显然，竞争对手实力越雄厚，企业进入的成本和风险越大；而那些竞争对手数量较少、竞争对手实力较弱或市场地位不稳固的细分市场更有吸引力。可能加入的新竞争对手是企业的潜在对手，他们会增加生产能力并争夺市场份额。

此外，是否存在具有竞争力的替代品也是评价细分市场的主要方面之一。替代品的存在会限制细分市场的价格和利润的增长，因此已存在替代品或即将出现替代品的细分市场的吸引力会降低。当然，企业自身的竞争实力也决定了其对细分市场的选择，竞争实力强，对细分市场的自由度就大一些，反之受到的制约就大一些。

3. 细分市场所具有的特征与资源优势的吻合程度

企业的资源优势表现在资金实力、技术开发能力、生产规模、经营管理能力、交通地理位置等方面。顾客的需求如果能促进企业资源优势的发挥将是企业的良机，会出现事半功倍的效果，否则会使企业资源优势造成浪费，严重时甚至会造成很大的损失。

4. 细分市场的投资回报水平

企业十分关心细分市场提供的赢利水平。高投资回报率是企业所追求的，因此必须对细分市场的投资回报能力做出正确的估测和评价。

知识点二：目标市场的选择策略

目标市场是指企业在进行市场细分的基础上，根据市场潜力、竞争对手状况、企业自身特点所选定和进入的市场。市场细分的目的在于正确选择目标市场，如果说市场细分显示了企业所面临的市场机会，那么目标市场选择便是企业通过评价各种市场机会，决定为多少个细分市场服务的重要营销策略。

在进行市场细分的基础上，选择企业准备进入的目标市场，必须准确地进行目标市场评估，在充分分析目标市场的竞争态势后，确定目标市场的定位策略与营销策略。

目标市场选择策略即企业为哪个或哪几个细分市场服务的决定，通常有以下五种策略供选择。

1. 市场集中化

市场集中化是指企业选择一个细分市场，集中力量为之服务。小型企业一般采取这种措施来专门填补市场的某一部分。市场集中化可使企业深刻了解该细分市场的需求特点，采用有针对性的产品、价格、渠道和促销策略，从而获得强有力的市场地位和良好的声誉，但它同时隐含着较大的经营风险。

2. 产品专门化

产品专门化是指企业集中生产一种产品，并向所有顾客销售这种产品。例如，某刀具厂商专门制造各种铣刀，为不同铣削加工提供不同类型的铣刀服务，而不生产其他类型的刀具。这样，该企业在铣刀方面树立了很高的声誉，但一旦出现其他品牌的替代品或用户的偏好转移，它将面临巨大的威胁。

3. 市场专门化

市场专门化是指企业专门服务于某一特定顾客群，尽力满足他们的各种需求。例如，某企业专门为小型企业生产经济类数控机床。该企业专门为这个顾客群服务，能建立良好的声誉，但一旦这个顾客群的需求潜量和特点发生突然变化，它将承担较大风险。

4. 有选择的专门化

有选择的专门化是指企业选择几个细分市场，每一个细分市场对企业的目标和资源利用都有一定的吸引力，但各细分市场彼此之间很少或根本没有任何联系。这种策略能分散企业经营风险，即使其中某个细分市场失去了吸引力，企业还能在其他细分市场赢利。

5. 完全市场覆盖

完全市场覆盖是指企业力图用各种产品满足各种顾客群体的需求，即以所有的细分市场作为目标市场，如机床厂生产各种类型、各种档次的机床。一般只有实力强大的企业才能采用这种策略。例如，德国博世公司在机械制造行业生产各类机电产品，满足各类顾客的需求。

【阅读材料】

“最安全的车”

一个企业、一个品牌要想获得长久的竞争优势，就必须给自己明确清晰的定位。在汽车行业，VOLVO的定位是“安全”。它的目标就是“制造世界上最安全的汽车。”在“最安全的车”这个领域，VOLVO是绝对的领导品牌，VOLVO认为安全不仅反映在单一的零部件上，而且反映为整车在行驶中的总体表现。一旦发生碰撞，VOLVO对人身及生命安全提供最大程度的保护，把伤害危险降到最低。整个车身和内部装置是在频繁的撞车实验后为客户精心设计的。这一点，无论是在造车的观念上还是企业的技术实力上，都是竞争对手无法超越的。正是因为如此，80多年来，VOLVO的款式不断推陈出新，但是坚持行车安全的理念始终如一。“最安全的车”使VOLVO这个品牌深入人心。

知识点三：选择目标市场营销策略应考虑的因素

企业在进行决策时要具体分析产品、市场状况和企业本身的特点。影响企业选择目标市场营销策略的因素主要有企业资源、产品特点、市场特点和竞争对手四个方面。

1. 企业资源

资源雄厚的企业，如果拥有大规模的生产能力、广泛的分销渠道、程度很高的产品标准化、好的内在质量和品牌信誉等，可以考虑采用无差异市场营销策略；如果企业拥有雄厚的设计能力和优秀的管理能力，则可以考虑采用差异市场营销策略；而对于实力较弱的中小企业来说，适宜集中力量进行集中市场营销。企业初次进入市场时往往采用集中市场营销策略，在积累了一定的成功经验后再采用差异市场营销策略，以扩大市场份额。

2. 产品特点

产品的同质性表现为产品在性能、特点等方面的差异上，是企业选择目标市场营销策略时不可不考虑的因素之一。一般对于同质性高的产品（如轴承等），宜实施无差异市场营销策略；对于同质性低或异质性产品（如工控产品），差异市场营销或集中市场营销策略是恰当的选择。

此外，产品因所处的生命周期阶段不同而表现出的不同特点也不容忽视。当产品处于导入期和成长期时，顾客刚刚接触新产品，对它的了解还停留在较初浅的层次，竞争尚不激烈，企业这时的营销重点是挖掘市场对产品的基本需求，此时往往采用无差异市场营销策略。等产品进入成长期和成熟期时，顾客已经熟悉产品的特性，需求向深层次发展，表现出多样性和不同的个性来，竞争空前激烈，企业应适时地转变为差异市场营销策略或几种市场营销策略的组合。

3. 市场特点

供与求是市场中的两大基本力量，它们的变化趋势往往是决定市场发展方向的根本原因。当供不应求时，企业重在扩大供给，无暇考虑需求差异，因此应采用无差异市场营销策略；当供过于求时，企业为刺激需求、扩大市场份额，多采用差异市场营销或集中市场营销策略。

从市场需求的角度来看，如果顾客对某产品的需求偏好、购买力行为相似，则称该市场为同质市场，可采用无差异市场营销策略；反之，市场为异质市场，差异市场营销策略和集中营销策略更合适。

4. 竞争对手

企业可与竞争对手选择不同的目标市场营销策略。例如，竞争对手采用无差异市场营销策略时，企业选用差异市场营销策略或集中集中营销策略更容易发挥优势。

企业的目标市场营销策略应慎重选择，一旦确定，应该相对稳定，不能朝令夕改。但其灵活性也不容忽视，因为没有永恒正确的策略，一定要密切注意市场需求的变化和竞争动态。

知识点四：目标市场的营销策略

在目标市场选择好之后，企业必须决定如何为自己确定的目标市场设计营销组合，即采取怎样的方式，使自己的营销力量达到市场并影响目标市场。这时可以有以下不同的考虑：通过无差异市场营销和差异市场营销策略覆盖整个市场，或借助集中市场营销策略占领部分细分市场。

1. 无差异市场营销

无差异市场营销就是将整个市场视为一个整体，不考虑顾客对某种产品需求的差别，它致力于顾客需求的相同之处而忽略了不同之处。为此，企业会设计一种产品，实施一种营销组合计划来迎合最大多数的购买者。企业凭借单一的产品，统一的包装、价格、品牌，以及广泛的销售渠道和大规模的广告宣传，树立该产品长期稳定的市场形象。

无差异市场营销策略曾被当作“制造业中的标准化生产和大批量生产在营销方面的化身”。其最大的优点在于成本的经济性：单一的产品降低了生产、存货和运输的成本；统一的广告促销节约了市场开发费用。机电产品中的标准件如齿轮、轴承、皮带等的营销就适宜采取这种策略。

这种目标市场覆盖策略的缺点也十分明显，即它只停留在大众市场的表层，无法满足顾客各种不同的需求，面对市场的频繁变化显得缺乏弹性。

2. 差异市场营销

差异市场营销与无差异市场营销截然相反，它充分肯定顾客需求的不同，并针对不同的细分市场分别从事营销活动。采取差异市场营销策略的企业会根据不同的顾客推出多种产品并配合多种促销手段，力图满足各种顾客不同的偏好和需要。

差异市场营销策略的优点很明显，即企业同时为多个细分市场服务，有较高的适应能力和应变能力，经营风险也得到了分散和减少；由于针对顾客的特色开展营销，能够更好地满足市场深层次的需求，从而有利于市场的发掘、销售总量的提高。这种策略的不足之处在于目标市场多，经营品种多，管理复杂，成本大，还可能造成企业的经营资源和注意力分散，顾此失彼。

3. 集中市场营销

集中市场营销策略是指企业集中所有力量，在某一细分市场上实行专业生产和营销，力图在该细分市场上拥有较大的市场占有率。企业运用此策略时遵循“与其四面出击，不如一点突破”的原则，如德国的大众汽车公司集中于小型汽车市场的开拓和经营，美国的惠普公司专攻高价的打印机市场，这些都是集中市场营销策略成功运用的范例。

集中市场营销的优点是：服务对象比较专一，企业对其特定的目标市场有较深刻的了解，可以深入地发掘顾客的潜在需要；企业将其资源集中于较小的范围，进行“精耕细作”，有利于形成积聚力量，建立竞争优势，可获得较高的投资收益率。但这种策略的风险较大，一旦企业选择的细分市场发生突然变化，如顾客偏好转移或竞争对手的策略改变等，企业将缺少回旋余地。

【任务实施】

选择机电产品的目标市场

1. 任务组织

以小组为单位，小组规模一般为 3 ~ 5 人，每个小组选举小组长协调小组的各项工作。教师提出必要的指导和建议，组织学生进行经验交流，并针对共性问题在课堂上组织讨论和专门讲解。

2. 任务内容

每组针对不同的机电产品选择目标市场。各组对所选定的机电产品在市场细分的基础上，对细分市场评价、目标市场选择策略、目标市场营销策略等方面进行深入的调查与分析，小组进行充分讨论，根据分析结果，提交本组机电产品目标市场营销方案。（备选机电产品：①叉车；②轴承；③机床配件；④钻床；⑤加工中心；⑥机床刀具；⑦液压泵；⑧卧式铣床；⑨PLC 等。本次任务是上一任务基础上进行的，所以各组选定的机电产品与上一任务相同。）

3. 任务考核

每组由组长代表本组汇报任务完成情况，同学互评，教师点评，然后综合评定各组本次任务的实训成绩。

具体考核见表 3-3。

表 3-3 目标市场定位任务考核表

考核项目	考核内容	分　数	得　分
工作态度	按时完成任务	5 分	
	格式符合要求	5 分	
任务内容	细分市场评价准确	15 分	
	选择目标市场考虑因素全面	15 分	
	目标市场选择策略得当	10 分	
	目标市场营销策略恰当	10 分	
	方案适合企业与市场情况	15 分	
团队合作精神	具有较强的团队精神	5 分	
	具有良好的协作精神	5 分	
	具有相互服务的意识	5 分	
团队间互评	团队较好地完成本任务	10 分	

【职业能力训练】

一、填空题

1. 机电企业营销环境的特征主要有________、________、________、__________、__________和__________。

2. 企业微观营销环境有________、________、__________、__________和__________。

3. 企业宏观营销环境有________、________、__________、__________、__________和__________。

4. 市场细分的条件是__________、__________、__________、__________。

5. 常用市场细分的方法有__________、__________、__________和__________。

6. 目标市场的选择策略有____________、____________、____________、__________和__________。

二、简答题

1. 什么是 SWOT 分析法？
2. 简要说明机电产品细分市场的作用。
3. 如何进行机电产品市场细分？
4. 举例说明各种目标市场营销策略。
5. 选择目标市场营销策略时应考虑的因素有哪些？

三、分析题

试用 SWOT 分析法分析自己的就业环境。

项目四

分析机电产品的客户行为并进行营销

【知识目标】

1. 理解机电产品市场需求。
2. 熟悉机电组织市场。
3. 熟悉机电产品组织市场购买决策过程。
4. 熟悉机电产品营销的基本流程。

【技能目标】

1. 有初步分析机电产品客户行为的能力。
2. 能撰写机电产品客户行为分析报告。

【提交成果】

1. 《××××（机电产品）客户购买行为分析报告》。
2. 《××××（机电产品中间商）客户购买行为分析报告》。

【开篇案例】

李宾的工作是销售一种安装在发电设备上的仪表，他工作非常努力，不辞劳苦地四处奔波，但是收效甚微。您能从他下面的销售过程中找出原因吗？

1. 李宾得悉某发电厂需要仪表，就找到该厂的采购部人员详细介绍产品，经常请他们共同进餐和娱乐，双方关系相当融洽，采购人员也答应购买，却总是一拖再拖，始终不见付诸行动。李宾很灰心，却不知原因何在。

2. 在一次推销中，李宾向发电厂的技术人员介绍说，这是一种新发明的先进仪表。技术人员请他提供详细技术资料并与现有的同类产品做一个对比。可是他所带的资料不全，只是根据记忆大致做了介绍，对现有同类产品和竞争者的情况也不太清楚。

3. 李宾向发电厂的采购部经理介绍现有的各种仪表，采购部经理认为都不太适合本厂使用，表示如果在性能方面做些小的改进就有可能购买。但是李宾反复强调本厂的仪表性能优异，认为对方提出的问题无关紧要，劝说对方立刻购买。

4. 某发电厂是李宾所在公司的长期客户，需购仪表时就直接发传真通知送货。该电厂原先由别的推销员负责销售业务，后来转由李宾负责。李宾接手后采用许多办法与该公司的采购人员和技术人员建立了密切关系。一次，发电厂的技术人员反映有一台新购的仪表有质量问题，要求给予调换。李宾当时正在忙于同另一个重要的客户洽谈业务，拖了几天才处理这件事情，认为凭着双方的密切关系，发电厂的技术人员不会介意。可是那家发电厂再购买仪表时转向了其他供应商。

5. 李宾去一家小型发电厂推销一种受到较多用户欢迎的优质高价仪表，可是说破了嘴皮，对方依然不为所动。

6. 某发电厂同时购买了李宾公司的仪表和另一品牌的仪表，技术人员、采购人员和使用人员在使用两年后对两种品牌仪表进行绩效评价，列举事实说明李宾公司的仪表耐用性不如另一竞争性品牌。李宾听后认为事实如此，无话可说，听凭该发电厂终止了同本公司的生意关系而转向竞争者购买。

案例讨论：

请同学们找出李宾销售失败的原因。

任务一 分析制造商购买行为

【知识链接】

按照市场的性质不同，可以把其分为组织市场和消费者市场两大类。其中，消费者市场由为了满足个人或家庭需要而购买产品和服务的顾客组成；组织市场由那些为了生产、销售、维持组织运作或履行组织职能而购买产品或服务的用户（如制造商、中间商、政府、组织机构等）构成。机电产品市场主要是组织市场，尤其是制造商（企业）市场和中间商市场。

知识点一：机电产品市场需求及购买过程的特殊性

1. 机电产品市场需求的本质

（1）需求的派生性　机电产品的用户购买产品或服务是为了给自己的服务对象提供所需的商品和服务。制造商（生产者）的需求取决于其服务对象的相应需求，也就是说，没有服务对象的相应需求，就不会有制造商（生产者）的需求。如全自动洗衣机制造商需要某电机公司生产的电动机，然而其需求电动机的数量取决于对未来用户的需求数量的预测。

（2）需求缺乏弹性　机电产品市场对产品和服务的需求总量受价格变动的影响较小。决定制造商（生产者）需求量变化的主要因素是服务对象相应需求的变化，制造商（生产者）需求对价格的敏感程度较弱，除非原材料成本成为产品价格的主要因素，企业需要考虑成本控制时才会在意价格的变动。

（3）需求波动大　机电产品市场需求的波动幅度大于消费者市场需求的波动幅度。由于制造商（生产者）市场与消费者市场的时间与空间差异，制造商（生产者）的需求变化要滞后于消费者相应的需求变化。并且，制造商（生产者）需求的变动幅度要大于消费者相应需求的变动幅度。有资料表明，消费者相应需求 10% 的升幅，有可能使下一阶段制造商（生产者）的需求增加 200%；消费品需求下降 10%，就可能导致工业需求全面暴跌。

（4）联合需求　制造商（生产者）的需求通常与其他制造商（生产者）的需求紧密相关。例如对卧式车床主轴箱壳体的需求与其使用的各变速齿轮有关；如果各个变速齿轮的供应有问题或推迟，生产机床的公司可能不得不暂时停止购买主轴箱壳体。这表明买方需要与许多供应商协调产品进度，而不是仅与一个供应商进行协调。

2. 机电产品市场需求的结构

（1）客户少，但购买数量和金额很大　机电产品制造行业比较集中，通常易于辨认目标客户。制造商（生产者）市场上客户的数量比消费者市场的客户数量少得多。例如，发电设备制造商的客户是各地极其有限的发电厂。由于制造商购买的目的是为了再生产，所以每次购买数量都比较大。

（2）客户在地理区域上相对集中　机电产品制造行业具有比较强的地理位置的依赖性，其市场集中有利于降低销售和运输成本，便于企业间在生产、供应上的协作。重工业与大规模制造商，诸如造船工业、钢铁工业、汽车工业，充当着一系列相关产品供应商的龙头，致使整个产业链的地理位置相对集中。例如，我国长三角地区已成为中国乃至世界制造业集中区，广东顺德区等地现在成为了世界的小家电生产基地。地域集中通常意味着为机电产品和服务提供了显而易见的机会。

3. 机电产品购买过程的特殊性

（1）专业人员购买　制造商（生产者）购买产品通常由专业人员完成，大多数企业有专门的采购中心，重要的采购决策往往由技术专家和高层管理人员组成设备招投标委员会做出决定，其他还有一些相关的人员也直接或间接参与。专业采购者经过专门的专业训练，具有丰富的产品及采购知识，能清楚地了解产品的性能、质量、规格和有关技术要求。

（2）直接采购　由于购买规模大，客户往往向供应方直接采购，而不经过中间环节，价格昂贵或技术复杂的项目更是如此。

（3）以租代买　许多大型机电产品，若企业无力购买或为了节约成本会采用租赁的方式代替购买。如地铁建设单位很少购买昂贵的盾构机，一般采取按一定时间租赁的方式。

（4）供需双方关系密切　由于机电产品市场购买者的上述特性，以及购买的连续性，要求机电产品市场的买卖双方建立密切的合作关系。买卖双方通过有效的合作，满足各自的需要，实现共赢。

机电产品市场相对于消费者市场的购买行为更加理性、更加专业，参与购买决策的人更多。两者的差异，见表4-1。

表4-1　机电产品市场与消费者市场的差异

项　目	机电产品市场	消费者市场
产品	产品更专业	标准化形式、服务因素重要
价格	多采用招标方式决定	按标价销售
分销渠道	较短，多采用市场直销	多通过中间商
促销	强调人员销售	强调广告
顾客关系	长久而复杂	较少接触、关系浅
决策过程	多采用群体决策	个人或家庭决策

知识点二：影响机电产品购买行为的因素

1. 环境因素

环境因素主要是指一些宏观环境因素，包括市场需求水平、经济环境、技术环境、政治法律环境和文化环境等。其中，经济环境是最主要的，当经济不景气的时候，投资就会缩减，制造商就会减少采购，压缩零部件的备件库存；当经济前景颇佳时，制造商为了赶订单，就会增加采购，加大零部件的备件库存。

2. 组织因素

组织因素指市场企业自身的有关因素，包括营销目标、采购政策、工作程序、组织结构和管理机制等。营销人员应了解生产企业内部的采购部门在企业中的地位，是一般的参谋部门还是专业职能部门；了解参加购买决策过程的人员构成，购买决策权是集中决定还是分散决定；了解采购者的购买活动受到的具体约束等，如购买金额超过一定限度是否要经过上级部门的审批，每种产品是否至少向两个供应商采购等。

3. 人际因素

通常，机电企业的设备购买决定是由公司各个部门和各个不同层次的人员组成的“采购中心”做出的。企业内部，包括采购中心不同角色的职权、地位、态度、利益以及他们相互之间的关系对购买决策都有较大的影响。营销人员必须了解购买决策主要由谁做出、他们的决策方式和评价标准如何以及采购中心成员间相互影响的程度等，以便采取有效的营销措施，促使客户做出购买决策。

4. 个人因素

制造商的购买行为虽是理性活动，但做出购买决策的仍然是具体的人。参与购买决策的个人，在购买决策中不可避免地受其年龄、收入、受教育程度、职位和个人特性等的影响。因此，市场营销人员应了解具体决策的参与者，以便采取因人而异的营销措施。

机电产品市场购买过程的影响因素如图 4-1 所示。

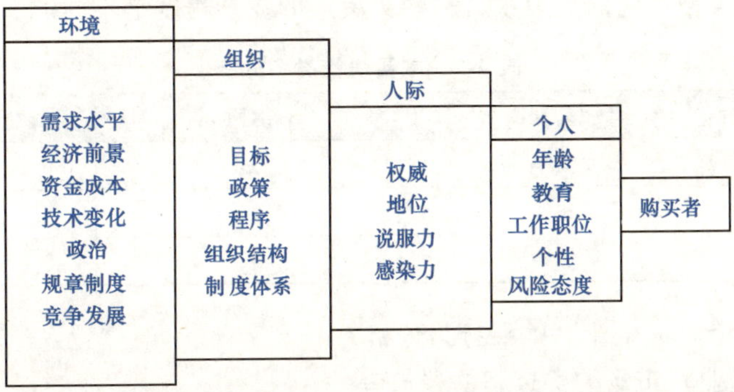

图 4-1　机电产品市场购买过程的影响因素

知识点三：制造商市场的购买类型

制造商市场的购买类型如图 4-2 所示。

1. 新购

新购指购买者首次购买某种产品或服务。由于是第一次购买，购买者没有以前的经验做基础，购买具有不确定性和风险性，因此在购买决策前，购买者需要花费很多的精力去收集大量的信息。新购花费的成本越高，风险就越大。新购是所有供应商的机会，因此，供应商要采取措施，影响能够做出新购决策的中心人物，争取获得新购订单。

2. 修正重购

修正重购指购买者由于想改变产品的规格、价格、交货条件等购买要素，需要调整或修

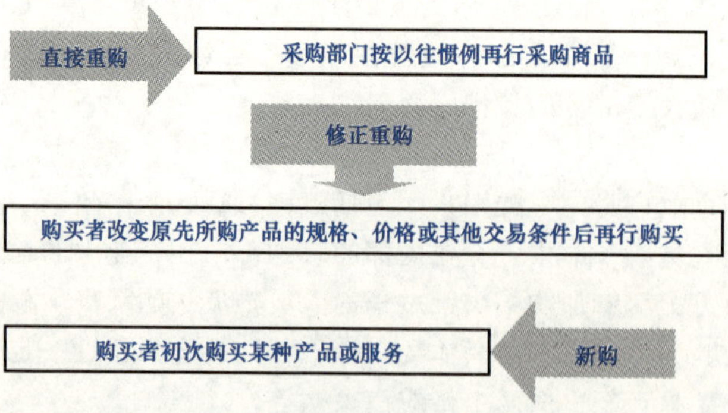

图 4-2　制造商市场的购买类型

订采购方案的购买类型。修正重购比直接重购需要花费更多的时间和精力，通常扩大了采购决策参与者的人数，主要了解购买的需求和潜在的供应商。对于这样的购买类型，原有的供应商要清醒地认识到自己所面临的挑战，积极改进产品规格和提高服务质量，大力提高生产率，降低成本，以维护现有的客户。其他供应商则应把修正重购看成是一次机会，积极开拓市场，获得相应的业务。

3. 直接重购

这是一种在供应商、购买对象、购买方式都不变的情况下，购买者购买以前曾经购买过的产品的购买类型。当供应不足时，买主会按照“供应商名单”再次与同样的供应商续签订单。对这种类型的采购，名单内的供应商不必重复推销，而应努力使产品的质量和服务保持原有水平，争取同购买者保持稳定的关系。

不同购买决策类型对应的决策项目和购买决策的复杂程度是不同的，具体见表 4-2。

表 4-2　购买决策类型分析

购买决策类型	复杂程度	时间	供应商数量
直接重购	简单	短	一个
修正重购	中等	中等	少
新购	复杂	长	多

知识点四：制造商（企业）购买行为分析

1. 制造商（企业）市场购买过程的参与者

在直接重购和修正重购中，采购代理的影响作用最大，而在新购过程中，其他部门的人员更具影响力。在做商品与部件的选择决策时，通常工程技术人员的影响最具效力，而采购代理控制着选择供应商的决策权。作为营销人员，必须首先向工程技术人员通报产品信息，在采购与供应商选择时期，应主要联系采购代理。

各企业采购组织不同，小企业可能只有几个采购人员，大企业可能有很大的采购部门，并由一位副总裁主管。有些公司的采购经理有权决定采购什么规格的产品、由谁供应，而有些采购经理只负责把订货单交给供应商。通常，采购经理只对小量或小额的机电产品有决策权，至于主要设备或金额较大的产品采购，采购经理只能按决策者或招投标小组的意见办事。企业的采购中心一般由下列五种人组成。

（1）使用者　使用者是指那些将要使用产品或劳务的人。在多数情况下，使用者首先提出购买建议，并协助决定产品价格。

（2）影响者　影响者是指那些影响购买决策的人员。他们可协助决定产品规格，并提供活动所需的评价信息。技术人员是特别重要的影响者。

（3）采购者　采购者是指有权选择供应商并商定购买条件的人。采购者对产品规格的决定有一定辅助作用，但他们最主要的职能是选择供应商和进行谈判。在许多复杂的购买活动中，甚至有高层次的经理充当购买者参与谈判的情况。

（4）决定者　决定者是指那些有权决定产品需求及供应商的人。在通常的采购工作中，采购者就是决定者，而在复杂的采购工作中，决定者通常是公司主管。

（5）控制者（把门者、信息控制者）　控制者是指有权阻止销售商或其信息流向采购中心成员那里的人员。例如，采购代理、技术人员、秘书等都可以阻止推销者与使用者或决策者的联系。

【经验之谈】

在任何组织内，因采购的商品不同，采购中心成员的数量和类型会不同。购买一台计算机当然要比购买一个文件夹所需的参与者更多。营销人员必须弄清以下问题：谁是主要的决策参与者？他们影响哪些决策？他们影响决策的程度如何？每位决策参与者使用什么样的评价标准？

2. 制造商的购买决策过程

制造商（企业）做出购买决策的过程有八个阶段：提出需要、确定需要、说明需要、寻找供应商、征求供应建议、选择供应商、签订订单、绩效评价，如图4-3所示。在直接重购这种最简单的购买情况下，企业购买者购买所经历的阶段最少；在修正重购情况下，购买所经历的阶段比直接重购多一些；而在新购这种最复杂的情况下，购买所经历的阶段最多，一般要经历八个阶段。

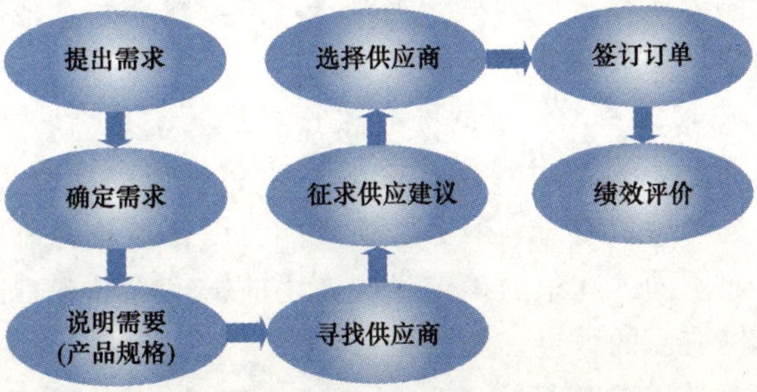

图4-3　制造商的购买决策流程

（1）提出需要　企业内部的某些成员认识到要购买某种产品，以满足某种需要，这是购买决策的开始。需要的提出既可以是企业内部的原因，也可以是外部的刺激。内部原因如制造商决定生产新产品，需要采购新的设备和原材料；原有供应商的价格、技术指标和售后服务不能令人满意，制造商希望能够寻求替代供应商；或者因为一些机器发生故障或损坏报废，需要购买某些零部件或新的机器设备等。外部刺激如产品广告、产品展览会或采购者发现了市场上出现质量更好价格更低的产品等。

（2）确定需要　需要提出后，采购者就要确定所需项目的总特征和需要的数量。对标准或常规项目的采购一般都是采购者直接决定；复杂项目的采购应由使用者和工程技术人员以及相关负责人共同决定，包括确定需要产品的种类、特征和数量。

（3）说明需要　总体需要确定后，还要由专业技术人员对所需产品的规格、型号、功能等技术指标做具体分析，并做出详细的说明，供采购者参考。对于供应商来说，要向潜在购买者说明产品的良好特性和规格、型号。如果供应商的营销人员能够尽早地介入制造商购买决策过程，并且通过与有关人员的密切交流来使做出的购买决策朝着有利于自身的方向是极好的。

（4）寻找供应商　采购者根据产品规格要求，通过各种途径，如采购档案、其他部门信息、采购指南、广告、推销人员的电话访问和亲自访问等，寻找服务周到、产品质量高、声誉好的供应商。为此，供应商应通过各种方式，努力提高企业在市场上的知名度，以争取进入采购者的备选范围。

（5）征求供应建议　如果购买的产品不需要较高的信息量，“寻找供应商”和“征求供应建议”两个阶段会同时发生。当所购买的产品很复杂时，就存在许多经济、交易和技术上的问题。此时，购买者会请供应商提交供应建议书，并对他们的建议进行分析评价。对经过筛选后留下的供应商，购买者会要求他们写出正式的产品说明。因此，供应商的营销人员必须擅长调查研究、撰写报告等工作。

【阅读材料】

施乐的供应商队伍

施乐的供应商必须要通过 ISO 9000 质量标准。为了赢得施乐公司的最高授权——施乐供应商证书，供应商首先要通过“施乐跨国供应商质量调查”。这个调查要求供应商提交一个质量保证手册，内容包括不断改进原则和对有效改进系统的论证。当供应商被审查合格后，它必须参加“施乐供应商连续参与”过程，这时，两家公司一起工作以创立对质量、成本、交货时间和处理能力的标准。最后一步是供应商必须进行严格的质量培训，并通过与美国马尔科姆·鲍德里奇国家质量奖相同的标准。

（6）选择供应商　在收到多个供应商的有关资料后，采购者将根据资料选择比较满意的供应商。在选择供应商时，采购者考虑的主要因素包括产品质量、性能、产量、技术能力、产品价格、企业信誉与历史背景、服务、交货能力以及企业的地理位置等，各因素的重要性随购买类型的不同而不同。在最后确定供应商之前，采购者有时还要和供应商面谈，争取更优惠的条件。选择供应商的数量一般为 2～3 家。

（7）签订订单　当供应商选定后，采购者便向他们发出正式订货单，其中应包括所需产品规格、数量、付款方式、交货日期与地点、退货、保修、运输及保证等方面的内容。对复杂的采购项目需要考虑保养、维护和技术服务等内容，采购人员越来越多倾向签订长期合同以代替短期购买订单。

（8）绩效评价　产品购进后会在使用中了解所购买的产品是否起到了应有的作用，并以此来对合同履行情况进行评价，成为再采购、修改或取消与对方合作的依据。这一过程不仅仅涉及采购部门，也涉及营销、生产部门。

制造商购买决策的八个阶段并非适用于所有购买类型，而要根据不同类型的采购业务和决策来取舍。一般来说，上述过程主要适用于新购，对于其他购买类型可省去其中某些步骤，见表4-3。

表4-3　不同购买类型下的购买过程

购买类型 购买阶段	新购	修正重购	直接重购
1. 提出需要	需要	可能需要	不需要
2. 确定需要	需要	可能需要	不需要
3. 说明需要	需要	需要	需要
4. 寻找供应商	需要	可能需要	不需要
5. 征求供应建议	需要	可能需要	不需要
6. 选择供应商	需要	可能需要	不需要
7. 签订订单	需要	需要	需要
8. 绩效评价	需要	需要	需要

【经验之谈】

机电产品市场营销的技巧

1. 了解你的顾客如何经营他们的业务。
2. 展示你的物品和服务如何适合顾客的业务。
3. 确认你的销售眼前会获益。
4. 了解顾客如何采购，使你的销售适合他们的采购过程。
5. 在销售过程中，应同顾客一方中参与采购决策的每个人进行接触。
6. 同每个决策者就其最关心的信息进行交流。
7. 成为你的顾客愿意与之建立关系的人或公司。
8. 确保你所做的每件事情都与你所选定的质量、服务、价格和性能相一致。
9. 了解竞争对手的优势和劣势。
10. 努力发挥你的优势。
11. 训练你的工作人员，使他们了解你的公司以及你的客户各方面的业务情况。
12. 掌握一个既符合你又符合顾客要求的分销系统。
13. 为你已有的产品开辟新的市场及新的用途。
14. 用客户服务强化你的产品。
15. 心中明确牢记你的目标。

【任务实施】

撰写《××××（机电产品）客户购买行为分析报告》

1. 任务组织

以小组为单位，小组规模一般为3~5人，每个小组选举小组长协调小组的各项工作。教师提出必要的指导和建议，组织学生进行经验交流，并针对共性问题在课堂上组织讨论和专门讲解。

2. 任务内容

各组针对不同机电产品的客户购买行为从购买类型、影响因素、参与者、购买决策过程等方面进行深入的调查与分析，小组进行充分讨论，根据分析结果，依照样本撰写本组的

《××××（机电产品）客户购买行为分析报告》。（备选机电产品：①叉车；②轴承；③机床配件；④钻床；⑤加工中心；⑥机床刀具；⑦液压泵；⑧卧式铣床；⑨PLC 等。）

3. 任务考核

每组由组长代表本组汇报任务完成情况，同学互评，教师点评，然后综合评定各组本次任务的实训成绩。

具体考核见表 4-4。

表 4-4 撰写客户购买行为分析报告任务考核表

考核项目	考核内容	分 数	得 分
工作态度	按时完成任务	5 分	
	格式符合要求	5 分	
任务内容	产品现状分析正确	10 分	
	品牌竞争分析清晰	5 分	
	用户对现用产品评价调查完整	5 分	
	有对产品期望的价格、性能与服务分析	5 分	
	影响购买行为的决定因素分析恰当	10 分	
	对产品购买决策过程分析正确	10 分	
	结论符合实际情况	20 分	
团队合作精神	具有较强的团队意识	5 分	
	具有良好的协作精神	5 分	
	具有相互服务的意识	5 分	
团队间互评	团队较好地完成本任务	10 分	

样本：

××××（机电产品）客户购买行为分析报告

一、概述

1. 调查目的
2. 调查说明（时间、方式等）
3. 样本描述（被调查企业的类型、规模、主要产品）

二、本产品使用状况分析

1. 产品现状分析
2. 品牌竞争状况（各品牌市场占有率及地理分布）
3. 用户对现用产品的评价（技术规格、性能、购买渠道、服务等）

三、客户购买行为分析

1. 对产品期望的价格、性能与服务
2. 影响购买行为的决定因素（价格、性能、服务、其他）
3. 获得产品信息的渠道
4. 购买决策过程

四、结论

1. 产品方面
2. 购买行为方面
3. 品牌方面

任务二　分析其他组织购买行为

【知识链接】

知识点一：中间商市场购买行为分析

中间商市场也叫转卖者市场，由为了直接转卖而赢利的买主组成。中间商市场的顾客主要是各种商业中间商（买卖中间商）、代理中间商。它们介乎于制造商（生产者）和消费者、用户之间，专门促进商品流通，由此获取赢利。

1. 中间商市场的特征

中间商用户的需求主要是消费者市场引申或派生的需求，且多带有组织购买的性质，与制造商（生产者）市场有较多的相似特征。

（1）衍生需求与原生需求的一致性　中间商对商品的需求是衍生需求，中间商购买产品是为了直接转卖。中间商的需求和制造商的需求是一致的、统一的。

（2）以“好卖”作为主要购买的决策标准　制造商的购买行为关注的是产品质量、技术参数及适销对路，而中间商只关心购买的产品是否“好卖”，它们关心产品的质量与款式也是从是否“好卖”的角度考虑的。

（3）时间、地点的限制性强　中间商主要负责产品的物流配送、信息传递、供需对接。中间商市场的需求应该与原始需求的时间保持某种一致性，以避免库存积压和失去时效；中间商所在地点与所购产品的原生市场区域相一致，因为他们的专卖对象主要是本地或附近地区的某些客户。

（4）购买时要求花色品种丰富、齐全、配套　只有这样才能使顾客有广泛的选择性，以增强吸引力，扩大营业额。一般来说，中间商同时与多个供应商保持业务关系，这样才能保证花色品种的齐全。

（5）购买者地区分布的规律性强　中间商市场的购买者，其数目多于制造商而少于消费者，其地理位置分布也较制造商分散而比消费者市场集中。

（6）中间商需要制造商提供配合和协助　中间商往往因为财力等因素无法对各种产品推广，常常需要制造商协助其做产品推广，帮助其销售。另外，中间商因为不制造产品，对产品技术不擅长，一般需要制造商协助其为用户提供技术服务、产品维修服务和退货服务。

2. 中间商的购买类型

（1）新产品采购　新产品采购指中间商对是否购进以及向谁购进以前未经营过的某一新产品做出决策，即首先考虑“买”与“不买”，然后再考虑“向谁购买”。

（2）最佳制造商选择　最佳制造商选择指中间商已经确定需要购进产品，在寻找最合适的制造商。这种购买一般是因为各种品牌货源充裕或中间商打算自创品牌销售产品，选择愿意为自己定制品牌产品的生产企业。

（3）改善交易条件的采购　改善交易条件的采购指中间商希望现有制造商在原交易条件上做些让步，使自己得到更多的利益。如果同类产品的制造商增多或其他制造商提出了更有诱惑力的价格或条件，中间商就会要求现有制造商加大折扣、给予优惠信贷等。

（4）直接重购　直接重购指中间商的采购部门按照过去的订货目录和交易条件继续向原先的制造商购买产品。中间商会对以往制造商进行评估，选择满意的作为直接重购的制造商。

3. 中间商购买过程的参与者

在中间商市场，实际沟通制造商（生产者）和中间商关系的是中间商内部那些决定购买和实际购买的人员及组织。他们同样形成了采购中心，并在不同程度上直接左右着制造商的命运。中小批发商和零售商一般不配备专职采购人员。选择与采购工作通常是由店主（经理）承担，或由熟悉业务的员工负责。较大的批发商、零售商，采购成为专门职能，采购人员设有专职岗位。

4. 中间商购买决策的内容

（1）进货时机决策　中间商根据库存水平、市场前景预测、自身财务状况决定是否进货。例如，中间商判断未来半年制造业增长会加速且自身的周转资金比较多，这时中间商会抓住时机补充机加工设备方面的库存。

（2）配货决策　配货决策是指中间商所经销产品的花色品种，即中间商的产品组合。它直接影响到中间商的制造商组合、营销组合和用户组合。通常有四种组合供中间商选择：①单一组合，即只经销某一制造商的产品；②深度组合，即经销许多制造商生产的同类产品；③广度组合，即经销多种系列的相关产品；④混杂组合，即经销多种系列彼此无关的产品。

（3）供应商组合决策　供应商组合决策是指决定与之从事交换活动的各有关供应商。中间商确定将要购买的品种以后，往往需要挑选合适的供应商，在众多供应商中选择最优者。

（4）供货条件决策　供货条件决策是指确定具体采购时所需要的价格、交货期、相关服务及其他交易条件。中间商总是试图争取更为有利的条件。

5. 影响中间商购买行为的主要因素

1）产品适销对路与否：市场前景看好，消费者及用户欢迎的品牌是它们求购的对象。

2）预期收益和利润率较高的产品。

3）能够得到供应商的促销支持。

4）与自己的市场定位一致或接近。

5）供应商具有良好的商誉和形象。

6）购买风格的不同。

① 忠实采购者：多年来忠于同一商品来源。

② 机会主义采购者：选择能符合长远利益的供应商，随时选择最划算的供应来源。

③ 最佳交易采购者：选择该时期的最佳交易。

④ 创造性采购者：直接要求某种产品服务和价格。

⑤ 追求广告支持的采购者：每次交易都希望得到广告费用补贴。

⑥ 斤斤计较的采购者：每次交易都希望得到更优惠的价格。

⑦ 琐碎的采购者。

知识点二：政府市场购买行为分析

无论哪个国家，政府购买总是国家财政支出的一大组成部分，特别是在宏观经济不景气时，政府常常采用增加政府购买开支的手段来达到启动经济的目的，所以政府对企业来讲实际上形成了一个独特的市场——政府市场。政府购买品种繁杂、数量极大，常常会直接发布需求信息，作为供应商必须学会了解政府采购信息的发布渠道。

【阅读材料】

中国政府采购工作统计

在“十一五”期间，我国政府采购规模呈持续扩大的发展态势。财政部公布的统计数据显示，全国政府采购规模由2005年的2928亿元增加到2010年的8422亿元，年均增长23.5%；“十一五”时期累计节约财政资金4000多亿元。

原财政部党组成员、部长助理王保安在一次工作会议上表示，政府采购实施范围从传统的货物类采购向工程类、服务类采购扩展。货物类采购从通用类货物向专用类延伸，服务类采购从传统的专业服务快速扩展到公共服务、服务外包等新型服务领域，工程类采购逐步纳入政府采购管理范围。与财政支出结构调整相适应，采购活动也逐步涵盖一些公益性强、关系民生的支出项目，农机具购置、中小学免费教材、医疗器械及药品、安居工程、文化下乡等日益增多的民生采购项目成为采购规模不断增长的亮点。

1. 政府市场的构成

政府市场由各级政府的采购者构成。在我国无论中央政府还是地方政府，一般都有政府自己的采购单位——各级办公厅、办公室和后勤办事处，还包括一些专门的采购机构。政府采购通常包括一般物资和军用物资两部分。一般物资主要是为了保证政府部门的日常运转而购买的，由各级政府及其下属部门的办公部门和后勤物资部门负责采购，如车辆、办公室设备、办公消耗用品等。

2. 影响政府采购的主要因素

政府采购人员受到环境、组织、人际和个人等因素的影响，特殊的是政府采购受公众的监督。

1）各国议会的监督。例如，我国的全国人民代表大会、美国的国会等，许多人大代表和议员的职责就是揭露政府的浪费，监督政府的开支。

2）财政预算的制约。政府开支一般都作为财政预算的重要项目由议会审定通过，一旦确定便具有法律效应，不能随意改变。

3）政府的自我监督。在我国，政府开支的许多项目属于“社会集团购买”，在反腐倡廉和宏观紧缩的形势下，中央规定对社会集团购买采取限额审批、严格管理，各级政府只有相应的一定限额的审批权力，重大项目的购买必须由国务院审批。由于政府购买必须让公众知晓，因而涉及许多文书作业、表格填写，要进行层层审批。

另外，政府采购还受到其他因素的影响，如各地遭遇的自然灾害损失会增加政府对救灾物品的采购规模。

3. 政府采购方式

政府采购方式通常分为两种，即公开招标和协议合同。

1）公开招标是指政府采购办事处邀请合格的供应商对政府所购产品或服务进行投标，政府一般选择出价最低者。例如，我国政府的大型公共工程项目一般就是通过国内外招标而确定供应商的。

2）在协议合同的采购中，政府采购办事处同几家供应商接触，并就采购项目和交易条件与其中一家企业进行直接谈判。这种采购类型主要发生在有关复杂项目的交易中，涉及巨大的研究与开发费用及风险，或发生在缺乏有效竞争的产品市场。

【任务实施】

撰写《××××（机电产品中间商）购买行为分析报告》

1. 任务组织

以小组为单位，小组规模一般为 3 ~ 5 人，每个小组选举小组长协调小组的各项工作。教师提出必要的指导和建议，组织学生进行经验交流，并针对共性问题在课堂上组织讨论和专门讲解。

2. 任务内容

各组针对不同机电产品的中间商客户购买行为从购买类型、影响因素、参与者、购买决策过程等方面进行深入的调查与分析，并进行充分讨论，根据分析结果，撰写本组的《××××（机电产品中间商）购买行为分析报告》。（备选机电产品：①电器元件类；②通用零件类；③汽车配件类；④叉车类；⑤机床配件类；⑥机床刀具类；⑦液压与气动元件类；⑧控制元件类；⑨工具类等。）

3. 任务考核

每组由组长代表本组汇报任务完成情况，同学互评，教师点评，然后综合评定各组本次任务的实训成绩。

具体考核见表 4-5。

表 4-5 撰写中间商客户购买行为分析报告任务考核表

考核项目	考核内容	分　数	得　分
工作态度	按时完成任务	5 分	
	格式符合要求	5 分	
任务内容	产品现状分析正确	10 分	
	当地中间商竞争分析清晰	5 分	
	用户对中间商评价调查完整	5 分	
	有对产品期望的价格、性能与服务分析	5 分	
	影响购买行为的决定因素分析恰当	10 分	
	对产品购买决策过程分析正确	10 分	
	结论符合实际情况	20 分	
团队合作精神	具有较强的团队意识	5 分	
	具有良好的协作精神	5 分	
	具有相互服务的意识	5 分	
团队间互评	团队较好地完成本任务	10 分	

样本：

××××（机电产品中间商）购买行为分析报告

一、概述

1. 调查目的
2. 调查说明（时间、方式等）
3. 样本描述（被调查企业的类型、规模、主要产品）

二、经营产品状况分析

1. 经营产品现状分析
2. 当地本产品中间商竞争状况（各品牌中间商市场占有率及地理分布）
3. 用户对现用中间商的评价（价格、技术规格、购买渠道、服务等）

三、客户购买行为分析

1. 对产品期望的价格、性能与服务
2. 影响购买行为的决定因素（价格、性能、服务、其他）
3. 获得产品信息的渠道
4. 购买决策过程

四、结论

1. 产品方面
2. 购买行为方面
3. 品牌方面

任务三　模拟机电产品营销

【知识链接】

知识点：机电产品营销的基本流程

机电产品营销除了收集和反馈市场信息、商务谈判外，还需要承担技术指导工作和售前、售后的服务工作，必须与客户的不同职能部门打交道，这远比消费品营销复杂得多、困难得多，同时营销数量也大得多。

机电产品客户采购有固定的流程，一般可分为六大步骤：①内部需求和立项；②对供应商进行调查、筛选；③制定采购指标；④招标、评标；⑤购买承诺；⑥安装实施。

尽管机电产品营销面向的采购对象特点不一，难以形成统一营销模式，但是根据机电产品市场的共性可以归纳出机电产品营销的基本模式。

由于客户在采购流程中的不同阶段所关心的侧重点不同，营销人员需要针对客户采购的六大步骤形成一一对应的营销流程六个阶段：①市场开发阶段——收集客户信息和评估；②销售进入阶段——清理客户组织和角色，与关键人物建立良好关系；③提案阶段——影响客户采购标准，提供解决方案；④投标阶段；⑤商务谈判阶段；⑥工程实施阶段。

上述机电产品营销流程的实质是：营销人员通过对客户开发、销售进入、提案、投标、商务谈判和工程实施中每个阶段主要工作内容的实施和关键点的控制，依次推进，最终达到成功获得订单的目的。例如，客户需要个性化解决方案、非标准的产品时，营销人员进入项目越早，成功的概率越大。

1. 市场开发阶段

市场开发是机电产品生产企业营销活动最重要的环节，是实现机电产品进入市场“惊险一跳”的关键。

当目标市场确定后，客户群的寻找就成为必须做的工作。客户寻找的过程也是客户归类和评价的过程，只有按照企业的要求筛选出合适的客户，后续的营销工作才能顺利展开。

(1) 客户线索寻找　在客户的项目立项前及时掌握客户可能的项目信息，为后续工作打下基础。客户线索一般是从行业杂志广告、行业展销会、行业协会、电信黄页及有特殊关系的人中发现。

(2) 判断客户级别，评估营销机会　不是所有项目都有营销机会，有些项目存在资金风险，有些项目不值得跟进和投资，有些项目的技术要求无法达到，所以首先需要收集与拟进入项目有关的资料信息，如项目等级、资金状况，技术要求、客户关系、客户信誉等，以及与竞争有关的因素，如产品、价格、技术方案、售货服务等，用事先建立好的评估模型进行评估。评估通过的，准备进入下一营销阶段；没有通过的，考虑放弃或降低接触级别。由于不同客户对解决问题的紧迫性和成交时间存在较大的差异，有必要对客户进行优先排序，按成交可能性大小和时间将客户区分为 A 级、B 级、C 级、D 级，分清主次，合理调配资源。

A 级客户：全力以赴，进行营销。

B 级客户：控制投入时间，客户维护。

C 级客户：关注变化，客户维护。

D 级客户：最后考虑，客户维护。

【课堂讨论】

有哪些方法能帮助我们到企业进行上门调查？

【阅读材料】

机电产品营销的关键：选择正确的客户

小张是天津某生产混凝土和石材大型切割设备厂的一名营销人员，最近了解到北京某大型建筑承包商承接了一项高速公路改扩建工程，需要用到大型的切割设备，而且极有可能订购十几台，于是约见承包商的刘经理。

见面后刘经理倒还热情，说公司目前正处于供应商调查、初选阶段，有几个切割设备厂已经开始与他们接洽，小张也可以把他们公司的资料报过来。在随后与刘经理的交谈中，小张进一步了解到，由于高速公路要在明年年底通车，时间紧、作业面的工程量大，所以初步考虑采购功率在5000瓦以上的大型切割设备，采购数量为10台左右。

在了解客户采购进度、预算等情况后，小张与刘经理约好下周见面的时间，便匆匆赶回天津工厂，并立刻向负责营销的副总做了汇报，随后又与生产部门和技术部门做了初步的沟通。生产部门承诺：在客户规定的时间内别说生产10台，就是20台也没问题；但技术部门认为：工厂从没有生产过5000瓦以上的设备，技术上没有把握，就是研发也需要一定时间。

随后的4个月里，小张放弃了其他客户，集中精力在这个400万的订单上。为节省北京和天津来回路途上的时间，小张干脆在客户公司的附近找了家旅馆住了下来，隔三差五就往刘经理处跑，当然请客吃饭是经常性的。期间，小张还设法请刘经理专门去天津的工厂参观。这一来一去使小张和刘经理成了无话不谈的朋友，但在订单问题上刘经理没有明确表态。

时间过得很快，几个月过去了，这天刘经理通知小张去投标书，但小张发现在标书的技术部分明确要求：供应商应具备生产5000瓦以上设备的能力和正在实际使用的案例。刘经理解释道：这是公司的施工技术部门的要求。投标的结果很快揭晓了，虽然小张的报价要低于其他公司，但因无法满足客户的技术要求，最后落选了。

2. 销售进入阶段

这一阶段需要在对前期获得的项目信息做进一步确认和分析的基础上，理清机电产品客户的组织和角色，与关键人建立良好关系。

通过机电产品营销人员的拜访，寻求内线，通过内线了解客户内部采购的组织结构，明确客户的角色与职能分工，确定影响项目采购关键人决策的因素，与关键人建立良好关系。同时由于机电产品项目采购决策参与人员较多，还应与客户中的其他决策者、技术选型者、使用者保持良好关系，培养支持者并避免反对者。

这一阶段的目标是成为客户选定的候选供应商。

机电产品市场营销的开展过程就是一个信息传递和收集的过程，只有通过市场营销过程把企业的信息传递给市场，并从市场上收集到有效的客户信息，才可以促进市场营销策略的制定与实施。

一般而言，机电产品的营销信息主要包括以下几个方面的内容：

1）产品信息：名称、规格、型号、精度等级、含量、生产企业。

2）技术信息：产品说明书、技术说明书、安装说明说、调试说明书、国家认证证书、企业认证证书。

3）客户信息：客户名称、地址、邮政编码、企业主管领导、联系方式、采购负责部门、采购负责人、采购联系人、联系电话、传真、E-mail、技术负责人、客户级别（根据行业地位、年用量、财务信用以及对本企业产品认知度和评价度等指标进行综合评价）、财务负责人。

4）财务信息：开户行、账号、客户信用等级、客户欠款信息、客户订购数量信息。

5）订单信息：订单ID、订单生成时间、订单完成时间、订单结款时间、订单结款额。

【课堂讨论】

有哪些方法能帮助我们在企业内部发展内线？

3. 提案阶段

提案阶段要利用产品或系统解决方案演示、参观公司、参观已使用过产品的示范客户、体验建议书等形式，对客户进行影响，使之对本企业的工业产品和服务进行充分了解，并建立竞争优势，影响或参与制定客户的采购标准。如果营销人员没有在提案阶段影响客户的采购标准，在下一阶段将面临激烈的价格竞争。提案阶段还要对客户主要决策人和关键人进一步展开必要的影响工作。

机电产品营销人员通过有效的咨询，了解客户的需求，使自己的产品和解决方案恰好能满足客户的需求；说服客户以自己公司产品的特点、技术标准作为采购标准，或者以营销人员的专业水平影响和参与制定客户采购标准，使之对自己的产品有利。这样做的结果能有效地阻止竞争对手，对随后的投标阶段工作将是十分有利的。

本阶段的关键点是影响或参与制定客户的采购标准。

4. 投标阶段

在拜访客户时要时刻关注设备招标书的发布时间，及时领取招标书，并认真研读，对不太清楚的条款一定要找有关人员咨询。领取标书后，企业要组织有关人员根据招标书要求，准备招投标文件和招标应答书，同时要注意投标书的保密工作。

客户是通过投标书判断供应商方案的可行性和合理性的，所以投标书要能体现自己的方案是最能满足客户需求的。

在招标会现场主要开展的工作有：公司资质及文件演示；商务发言陈述；产品实物模板演示；回答评委提问。如果发现客户的采购标准确实对自己不利，可以选择退出竞争或者利用这次机会与其建立关系，等待下次机会。

5. 商务谈判阶段

在投标成功后要及时请本企业高层拜访客户，与客户交流。根据招标书和投标书的约定与客户进行商务谈判，必须围绕客户的采购标准把后续执行涉及的一些细节问题加以安排处理，如产品的详细技术规格、交货时间与地点、违约认定、商务仲裁的机构与地点、售后服务等，待这些细节问题双方达成共识后才能签订供货合同。

6. 工程实施阶段

在工程实施阶段要与客户紧密配合，完全按照双方签订的合同条款进行安装与调试，以达到客户的验收条件。在工程实施过程中遇到问题要充分与客户沟通，提出解决问题的方法，并得到客户的认可。工程的顺利实施并投入使用，有利于与客户建立长期合作关系，为下一步的营销打下坚实的基础。

【课堂讨论】

有哪些措施能让企业客户帮助我们介绍新客户？

【经验之谈】

树立典型，以点带面

1. 树榜样——持续公关，双赢结盟

“榜样的力量是无穷的。”机电产品客户集中的特点更容易利用“榜样客户”来树立标杆，在重点区域中找重点城市，在重点城市中找重点行业，在重点行业中找重点客户，利用“行业样板”来迅速推进机电产品营销。在找准行业突破点的基础上，打造示范客户、树立行业亮点将是机电产品营销策略中的一把利刃。

（1）如何选择榜样客户

1）找区域明星：选择走在行业发展前列、对区域有一定影响力与辐射力的国家大型机构或省级机构，在完成销量突破、赢得稳定客户的同时，有效提升品牌在行业中的权威地位，对区域市场实现从上到下的行业引导。

2）找大型项目：选择政府投资的大型项目与形象工程，在甲方、乙方单位中进行点突破切入，进而影响乙方，争取更多的订单，同时树立产品质量、形象的样板工程，在竞争中增加分量。

3）做系统突破：选择有一定影响、有一定资金实力、思路与时俱进的行业中型客户，通过产品系统应用形成在行业技术、设备上的新突破，通过推广来影响同行业客户。

（2）如何树立榜样客户

1）商务、技术公关拿订单：对于圈内的行业榜样客户信息，要充分利用企业总部与区域分支联合重点跟进，不惜代价拿到订单。这是树立榜样客户最关键的一点，只有进得去，才能做得深，要以产品价格、服务等附加值的综合利用为首要任务，要注意跟进的持续性。

2）持续跟进再结合作联盟：对于榜样客户进行重点服务、重点支持，特别是对企业的决策层与使用层，利用商务、技术的分层渗透来加强关系与服务，并可以与榜样客户结盟，做成样板基地，供区域客户参观考察，以鲜活实例增强企业销售力。

3）返聘重要人员作为顾问：榜样客户中的重要专业人士均在区域行业中具有一定的知名度与权威，在与客户合作过程中，可以返聘其为区域的技术顾问，以互惠互利的原则借势推广，增强产品品牌在区域的人气与竞争力。

2. 做延伸——顺点延伸，以点带面

机电产品市场特点决定其需要一种雪球式的滚动拓展，通过行业点、榜样点来造势影响市场面，即在做好榜样点的同时应迅速开展点到面的延伸。每一个客户都是一个潜力巨大的资源点，应充分挖掘拓展，将资源用足，将销售优势延伸到区域行业各个层面，这样有助于企业在区域或行业内的快速启动与市场切入。

（1）以产品延伸形成持续购买面　重点对购买客户、老客户进行维系巩固，通过服务与技术沟通挖掘客户的深层次需求，围绕客户需求增加其余产品型号、新产品的购买可能性，形成持续性购买与品牌忠诚度，形成稳定的客户群。

（2）以行业延伸形成行业优势面　重点对榜样客户所在的行业面进行拓展，采取从上到下或纵向拓展的原则进行需求引导，将已形成的榜样客户或新的突破形成范例，在行业内传播。借助榜样客户的资源与知名度影响其他潜在客户，借势提升品牌知名度与美誉度。

（3）以客户延伸形成资源信息面　针对形成购买、关系好的客户团队（决策层、使用层、采购层）来进行资源挖掘，挖掘他们的人脉（同学、朋友、亲人），增加产品的多元传播通道。

【任务实施】

模拟机电产品营销

1. 任务组织

以小组为单位，小组规模一般为3～5人，每个小组选举小组长协调小组的各项工作。教师提出必要的指导和建议，组织学生进行经验交流，并针对共性问题在课堂上组织讨论和专门讲解。

2. 任务内容

每组针对不同的机电产品营销。（备选机电产品：①齿轮；②轴承；③车刀；④钻床；⑤数控车床；⑥时间继电器；⑦液压泵；⑧卧式铣床；⑨三坐标测量仪等。）

由每组组长分配每个人在营销过程中的模拟角色，要求掌握角色的岗位职责。

记录本组的购买过程：为什么要购买某一品牌的产品，如何购买的，怎么达成交易的，有什么感受，找出决定购买最关键的因素。

小组讨论：初步制定本组所选机电产品的促销方法。

3. 任务考核

每组由组长代表本组汇报任务完成情况，同学互评，教师点评，然后综合评定各组本次任务的实训成绩。

具体考核见表4-6。

表4-6 模拟机电产品营销任务考核表

考核项目	考核内容	分 数	得 分
工作态度	按时完成任务	5分	
	格式符合要求	5分	
任务内容	营销角色分配合适	10分	
	各角色职责清晰	10分	
	谈判过程无过错	15分	
	交易条件合理	10分	
	制定本组所选机电产品的促销方法	20分	
团队合作精神	具有较强的团队意识	5分	
	具有良好的协作精神	5分	
	具有相互服务的意识	5分	
团队间互评	团队较好地完成本任务	10分	

【职业能力训练】

一、填空题

1. 组织市场的客户主要有________、________、________和________等。

2. 机电产品市场的购买类型有________、________和________。

3. 制造商（企业）市场购买过程的参与者主要有________、________、________、________和控制者。

4. 中间商的购买类型有________、________、________和________。

二、简答题

1. 机电产品市场需求有何特点？

2. 制造商的购买决策过程是什么？各环节的关键点是什么？

3. 中间商市场有何特征？

4. 中间商购买决策的内容有哪些？

5. 阐述机电产品营销的基本流程的主要内容。

三、案例分析题

交易失败的原因何在

某大型机床生产企业的营销员甲为完成企业下达的业务指标，主动寻找到某专门从事机床出口的外贸企业采购员乙。

营销员甲经过收集信息和仔细研究，掌握了该外贸企业的订单规模、交货条款等成交细节，在此基础上与采购员乙进行不断的沟通联系，并投其所好，取得了乙的好感与信赖。双方关系融洽，并对交易事宜达成了共识。

甲满怀信心，预计交易必能达成。不料，当甲一再提出签订合同之际，乙却以各种借口再三推辞，交易最后以失败告终。

营销员甲百般不解，认为自己在注重建立双方融洽关系的同时，也对交易合同的各项细则交换了意见。

试分析导致交易失败的可能原因。

项目五

分析常见的机电产品

【知识目标】

1. 了解常见机电产品的主要性能指标。
2. 了解机电产品生命周期不同阶段的特点。
3. 掌握机电产品生命周期中各阶段的营销策略。

【技能目标】

1. 会分析产品生命周期案例，并能指出营销过程存在的问题。
2. 会为产品生命周期中的问题制定可行的解决方案。

【提交成果】

1. 《××××性能指标分析报告》。
2. 《××××生命周期特征调研报告》。
3. 《××××生命周期各阶段营销策略调研报告》。

【开篇案例】

20 世纪 80 年代中期，大众公司授权上海大众生产桑塔纳牌轿车，在 1983 年至 1998 年长达 15 年的时间里，上海大众公司的主导产品一直是第一代桑塔纳。20 世纪 90 年代，中国汽车市场发展迅速，“桑塔纳”进入销售的黄金时期，其销量一直名列国内市场前茅，销售利润巨大。自 1998 年开始，中国的汽车市场蓬勃发展，开始出现众多品牌的竞争者。此时“桑塔纳”的市场份额逐渐被一汽大众的捷达、东风的富康和天津的夏利等产品分割，同时，还有更多的新车型上马。于是 1999 年底大众公司将其全球流行车型帕萨特引入上海大众公司，使 B2 级的“桑塔纳”跃升三个等级，一次性升级为 B5 级的帕萨特。2004 年初，替代“普桑”的桑塔纳 2000 正式停产。

案例讨论：

机电产品有生命周期吗？

任务一　分析常见机电产品的性能指标

【知识链接】

知识点：常见机电产品及其主要性能

1. 泵

泵是工农业生产中常用的通用设备，是用来输送水、油、酸碱物、乳化物、悬浮液泥浆、液态金属及液气混合物的机械。它把原动力的机械能转化为液体的压力能、位能和动能，并能抽取液体，把液体沿管路输送到所需的地方。

离心泵和轴流泵是叶片式泵中比较常用的，其依靠泵体内高速旋转的叶轮输送液体。

（1）离心泵　离心泵具有性能范围广、流量均匀、结构简单、运转可靠和维修方便等优点，在工业生产中应用最为广泛。离心泵简图及实物如图 5-1 所示。

离心泵具有结构简单、流量大、扬程低、流量可自行调节的特点，主要用于农业排灌、城市给排水、热电站、冶金炉输送循环水或其他水利工程排水。

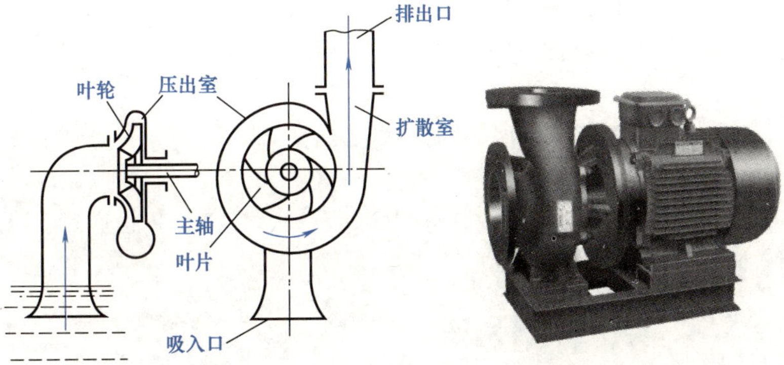

图 5-1　离心泵简图及实物

（2）轴流泵　轴流泵主要由吸入口、叶轮、主轴、排出口等组成。叶轮为螺旋桨式，固定在主轴上，当主轴高速旋转时，叶轮下侧产生负压形成吸液作用，叶轮上侧产生正压形成排液作用。这样液体从吸水管吸入，通过叶轮的吸排作用，把旋转的液体转变为轴向运动的液体，从排液口排出。立式轴流泵结构如图 5-2 所示，卧式轴流泵实物如图 5-3 所示。

（3）泵的主要性能参数

1）流量——指在单位时间内由泵出口排出液体的体积，以 Q 表示，单位是 m^3/h 或 m^3/s。

2）扬程——指单位重量的液体通过泵后获得的能量，以 H 表示，单位是 m，即排出液体的液柱高度。

3）转速——指主轴单位时间的转数，以 n 表示，单位是 r/min。

4）功率。

① 有效功率（P_u）——指单位时间内泵输出的液体获得的有效能量，也称输出功率，单位是 W 或 kW。

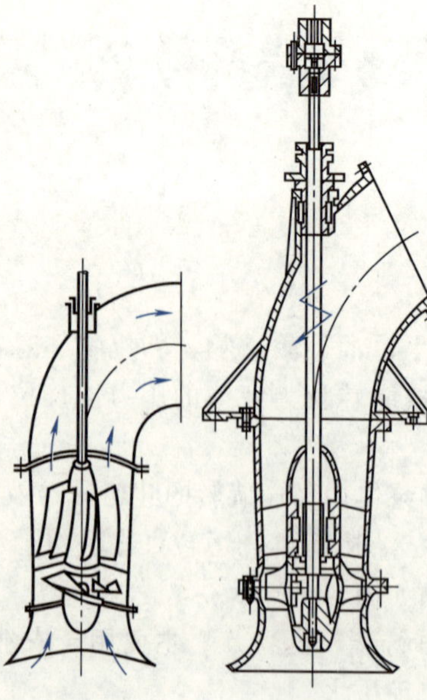

图 5-2　立式轴流泵结构

图 5-3　卧式轴流泵实物

② 轴功率（P_a）——指单位时间内原动机传到主轴上的功，也称输入功率，单位是 W 或 kW。

5）效率（μ）——指泵的有效功率与轴功率之比。

2. 阀

阀是流体输送系统中的控制部件，具有截断、调节、导流、防止逆流、稳压、分流或溢流泄压等功能。阀的外形如图 5-4 所示。

a)　　b)

图 5-4　阀

a）手动阀　b）电磁阀

（1）阀的分类　通常，阀按驱动方式可分为自动阀和驱动阀两大类。

阀还可以按以下方式分类：

1）按结构特征分类：截门形、闸门形、旋塞和球形、旋起形、蝶形及滑阀形。

2）按用途分类：切断、止回、调节、分配、安全及其他用途。

3）按操纵方式分类：手动、电动、液动或气动。

4）按公称压力分类：真空阀、低压阀、中压阀、高压阀、超高压阀。

5）按介质工作温度分类：超低温阀、低温阀、常温阀、中温阀、高温阀。

6）按阀体材分类：非金属材料阀、金属材料阀、金属阀体衬里阀。

7）按公称通径分类：小口径阀、中口径阀、大口径阀、特大口径阀。

8）按与管道连接的方式分类：法兰连接阀、螺纹连接阀、焊接阀、夹箍连接阀、卡套连接阀。

（2）阀的主要性能参数

1）公称通径是管路系统中所有管路附件用数字表示的尺寸。公称通径用字母“DN”后面紧跟一个数字表示，单位为 mm，如 DN200。阀的公称通径系统应按“阀的公称通径系列”查询。

通常情况下，阀的通道直径与公称直径是一样的，但当阀体采用焊接结构或与之相连的管道为标准钢管法兰时，有可能不同。

2）压力。

① 公称压力用 p_N 表示，是一个用数字表示的与压力有关的标示代号，单位为 MPa。

② 试验压力指阀试验时的压力，用 p_S 表示，单位为 MPa。

③ 工作压力指阀在工作状态下的压力，用 p 表示，单位为 MPa，它与阀的实际工作条件有关。其最大的工作压力与阀的材质和输送介质的温度有关。

3. 金属切削机床

金属切削机床是机械制造业的主要加工设备，它用切削方法将金属毛坯加工成具有一定形状、尺寸和表面质量的机械零件。由于它是制造机器的机器，所以又称为工作母机或工具机，习惯上简称为机床。卧式车床如图 5-5 所示。立式车床如图 5-6 所示。

为实现加工过程中所需各种运动，机床必须具备四个基本部分：执行件、动力源、传动装置、基础件。

执行件：指执行机床运动的部件，如主轴、刀架、工作台等。

动力源：提供运动和动力的装置，如三相异步电动机、伺服电动机等。

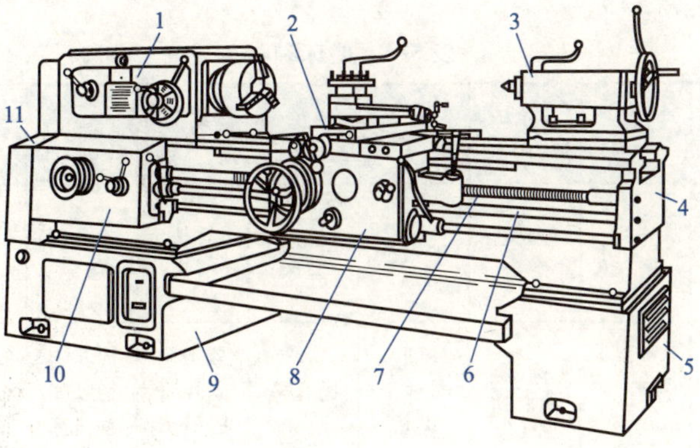

图 5-5　卧式车床

1—主轴箱　2—刀架　3—尾座　4—床身　5、9—床腿　6—光杠
7—丝杠　8—溜板箱　10—进给箱　11—交换齿轮变速机构

传动装置：传递运动和动力的装置，以实现变速、变向及改变运动形式等。

基础件：安装各组成部件，如床身。

常见的机床有车床、磨床、铣床、刨床、钻床、镗床、齿轮加工机床等。

（1）车床

1）车床种类，见表5-1。

表5-1 车床种类

类别 / 组别	0	1	2	3	4	5	6	7	8	9
车床C	仪表车床	单轴自动车床	多轴自动/半自动车床	回轮/转塔车床	曲轴及凸轮轴车床	立式车床	落地及卧式车床	仿形及多刀车床	轮/轴辊/锭及铲齿车床	其他车床

2）车床的主要性能参数。以CA6140卧式车床为例说明，见表5-2。

表5-2 CA6140卧式车床参数表

床身上最大回转直径	400mm
刀架上最大回转直径	210mm
最大工件长度	750mm，1000mm，1500mm，2000mm
主轴转速	正转24级10～1400r/min 反转12级14～1580r/min
进给量	纵向64种0.028～6.33mm/r 横向64种0.014～3.16mm/r
车削螺纹范围	米制44种1～192mm 英制20种2～24扣/in
主电动机功率	7.5kW

3）车床的主要应用范围。车床主要用于加工各种回转表面和回转体的端面，如车削内外圆柱面、圆锥面、环槽及成形回转表面、车削端面及各种常用的螺纹，配有工艺装备还可加工各种特形面。在车床上还能做钻孔、扩孔、铰孔、滚花等工作。

（2）磨床

1）磨床种类，见表5-3。

表5-3 磨床种类

组别	类别	0	1	2	3	4	5	6	7	8	9
磨床	M	仪表磨床	外圆磨床	内圆磨床	砂轮机	坐标磨床	导轨磨床	刀具刃磨床	平面及端面磨床	曲轴、凸轮轴、花键轴及轧辊磨床	工具磨床
	2M		超精机	内圆珩磨机	外圆及其他珩磨机	抛光机	砂带抛光及研磨机床	刀具刃磨及研磨机床	可转位刀片磨削机床	研磨机	其他磨床
	3M		球轴承套圈沟道磨床	滚子轴承套圈滚道磨床	轴承套圈超精机		叶片磨削机床	滚子加工机床	钢球加工机床	气门、活塞及活塞环磨削机床	汽车拖拉机修磨机床

2）磨床的主要参数。以 M7140 卧轴矩台平面磨床（见图 5-7）来说明，见表 5-4。

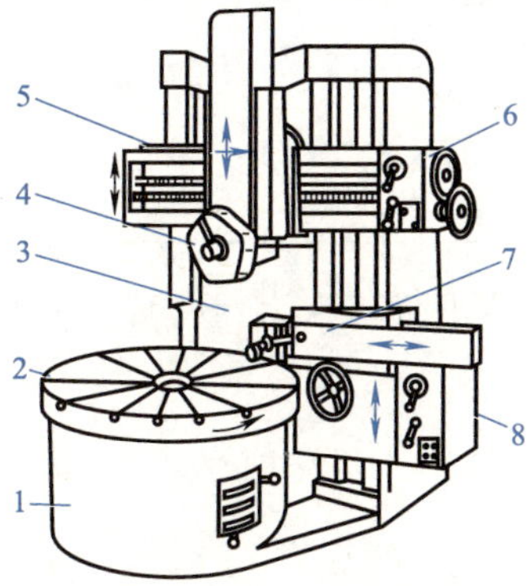

图 5-6　立式车床

1—底座　2—工作台　3—立柱　4—垂直刀架　5—横梁　6—垂直刀架进给箱　7—侧刀架　8—侧刀架进给箱

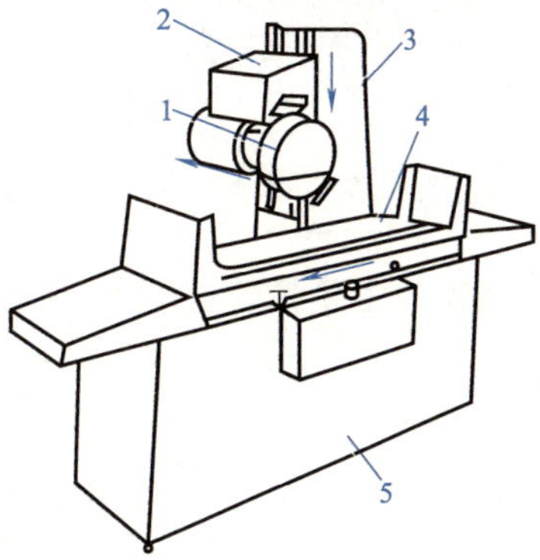

图 5-7　卧轴矩台平面磨床

1—砂轮架　2—滑鞍　3—立柱　4—工作台　5—床身

表 5-4　M7140 卧轴矩台平面磨床参数表

参数		数值
工作台面尺寸（宽 × 长）		400mm × 1600mm
磨削工件的最大尺寸（宽 × 长 × 高）		400mm × 1600mm × 400mm
工作台纵向行程（最大）		1650mm
工作台速度（无级调速）		3 ~ 20m/min
工作台 T 形槽（槽数 × 宽度）		3 × 18mm
砂轮中心至台面距离（最大）		575mm
磨头横向每行程断续进给量		5 ~ 25mm/次
磨头最大移动量	横向（手动及液动）	≥430mm
	垂直（手动）	400mm
垂直进给手轮刻度盘值		0.01mm
手轮每转磨头进给量		1.00mm
砂轮尺寸（外径 × 宽度 × 内径）		ϕ350mm × 40mm × ϕ127 mm
砂轮轴转速		1450r/min
工作精度	加工表面对基面的平行度	300:0.005mm
	表面粗糙度	0.63μm
容许最大工件重量（含电磁吸盘）		998kg

3）磨床的主要应用范围。磨床可加工各种表面，如内外圆柱面和圆锥面、平面、齿轮齿廓面、螺旋面及各种成形面等，还可以刃磨刀具和进行切断等，工艺范围十分广泛。由于磨削加工容易得到较高的加工精度和较好的表面质量，所以磨床主要应用于零件精加工，尤其是淬硬钢件和高硬度特殊材料的精加工。

（3）铣床

1）铣床种类，见表 5-5。

表 5-5 铣床种类

组别＼类别	0	1	2	3	4	5	6	7	8	9
铣床 X	仪表机床	悬臂及滑枕铣床	龙门铣床	平面铣床	仿形铣床	立式升降台铣床	卧式升降台铣床	床身铣床	工具铣床	其他铣床

2）铣床的主要参数。以 X52K-1 立式升降台铣床（见图 5-8）为例说明，见表 5-6。

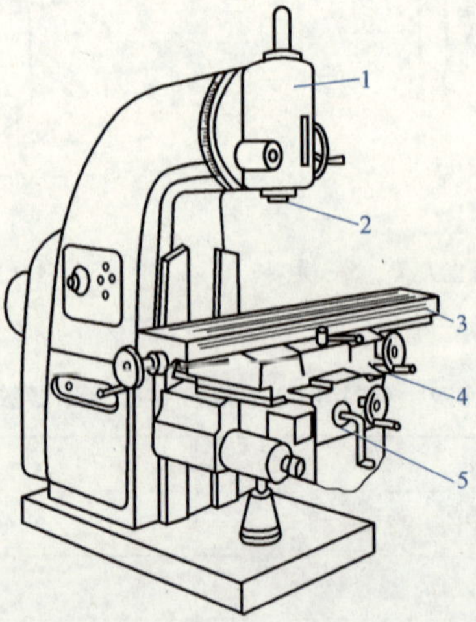

图 5-8 立式升降台铣床

1—立铣头 2—主轴 3—工作台 4—床鞍 5—升降台

表 5-6 X52K-1 立式升降台铣床参数表

工作台尺寸(长×宽)	1500mm×360mm
T 形槽数/槽宽/槽距	5mm/14mm/50mm
主轴孔锥度	ISO 507:24
工作台行程	1000mm×320mm
工作台进给范围($X\times Y\times Z$)	(8 级)24～600mm/min/18～450mm/min/5～130mm/min
主轴转速	(12 级)60～1800r/min
主轴端面至工作台距离	0～500mm
主轴中心至床身垂直导轨面距离	350mm
立铣头最大回转角度	±45°
主轴套筒轴向移动距离	100 mm
主电动机功率	5. 5kW
进给电动机功率	1. 1kW
机床外形尺寸(长×宽×高)	2100mm×2510mm×2000mm
机床重量	3000kg/3200kg

3）铣床的主要应用范围。铣床是用铣刀对工件进行铣削加工的机床。铣床除能铣削平面、沟槽（键槽、T 形槽、燕尾槽等）、轮齿、螺纹和花键轴外，还能加工比较复杂的型面，

效率较刨床高，在机械制造和修理部门得到广泛应用。

（4）刨插床

1）刨插床种类，见表5-7。

表5-7　刨插床种类

组别＼类别	0	1	2	3	4	5	6	7	8	9
刨插床 B		悬臂刨床	龙门刨床			插床	牛头刨床		边缘及模具刨床	其他刨床

2）刨插床的主要参数。以BC6063B牛头刨床（见图5-9）为例来说明，见表5-8。

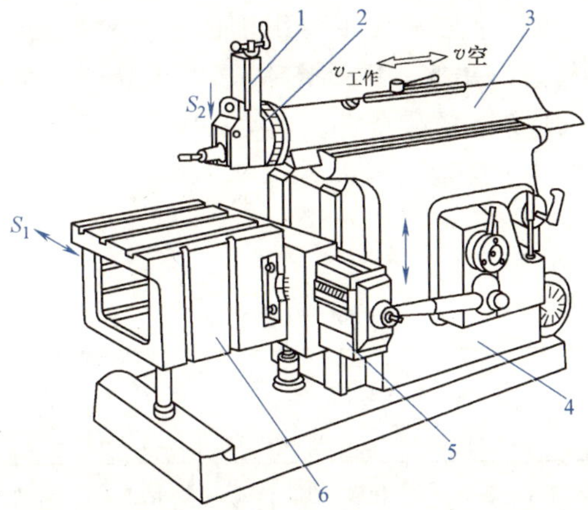

图5-9　牛头刨床

1—刀架　2—转盘　3—滑枕　4—床身　5—横梁　6—工作台

表5-8　BC6063B牛头刨床参数表

参数		数值
最大刨削长度		650mm
工作台最大横向移动距离		630mm
滑枕底面至工作台最大距离		380mm
工作台最大垂直移动距离		315mm
工作台上工作面尺寸(长×宽)		630mm×400mm
刀架最大行程		120mm
刀架最大回转角度		±60°
刀架最大截面积(宽×高)		20mm×30mm
滑枕每分钟往复次数		14～80次/min
工作台进给量范围	水平进给	0.2～2.5mm/一往复行程
	垂直进给	0.08～1mm/一往复行程
工作台快速移动速度	水平移动	0.95m/min
	垂直移动	0.38m/min
工作台中央定位工形槽宽度		18mm
主电动机功率		3kW

（续）

快速电动机功率	0.55kW
净重（约）	2200kg
机床轮廓尺寸（长×宽×高）	2382mm×1210mm×1504mm
试件加工面的平面度	0.025mm
试件加工面对基面的平行度	0.03mm
试件两侧加工面的平行度	0.05mm
试件侧加工面对基面的垂直度	0.02mm
试件加工面表面粗糙度	6.3μm

3）刨插床的主要应用范围。刨插床主要用于加工各种平面（如水平面、垂直面和斜面）及各种沟槽（如T形槽、燕尾槽、V形槽等）、直线成形表面。如果配有仿形装置，还可加工空间曲面，如汽轮机叶轮、螺旋槽等。这类机床的刀具结构简单，回程时不切削，因此生产率较低，一般用于单件小批量生产。

（5）钻床

1）钻床种类，见表5-9。

表5-9 钻床种类

组别 \ 类别	0	1	2	3	4	5	6	7	8	9
钻床Z		坐标镗钻床	深孔钻床	摇臂钻床	台式钻床	立式钻床	卧式钻床	钻铣床	中心孔钻床	其他钻床

立式坐标镗钻床如图5-10所示，摇臂钻床如图5-11所示。

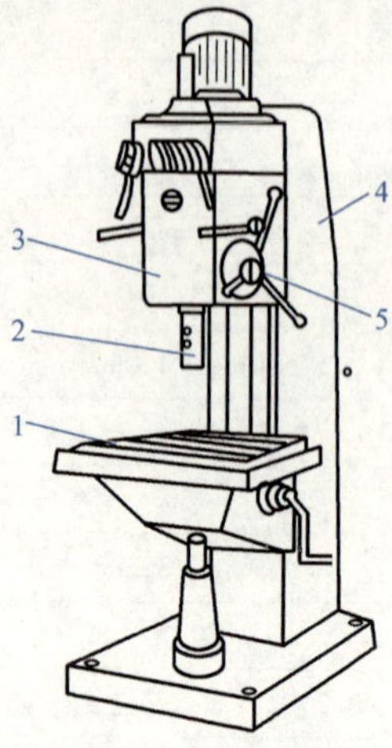

图5-10 立式坐标镗钻床

1—工作台 2—主轴 3—主轴箱

4—立柱 5—进给操纵机构

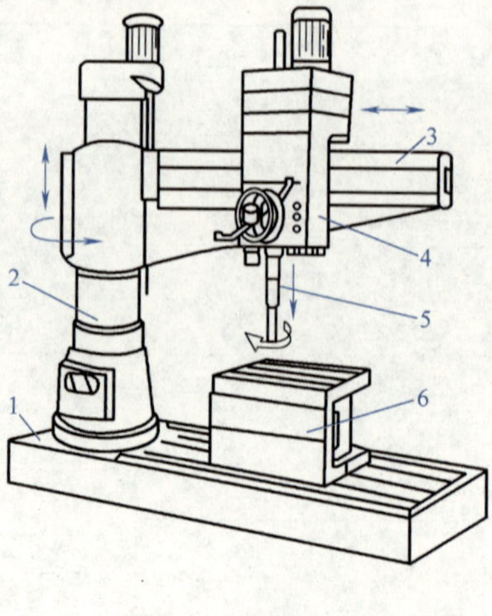

图5-11 摇臂钻床

1—底座 2—立柱 3—摇壁

4—主轴箱 5—主轴 6—工作台

2）钻床的主要参数。以Z35摇臂钻床为例来说明，见表5-10。

表 5-10　Z35 摇臂钻床参数表

最大钻孔直径		50mm
主轴孔锥度		莫氏 5#
主轴最大转矩		750N·M
最大进给抗力		20kN
主轴行程		350mm
主轴箱水平移动距离		1050mm
摇臂升降距离		680mm
主轴中心线至立柱母线的距离		450～1500mm
主轴下端面至底座工作面的距离		470～1500mm
摇臂回转角度		360°
工作台尺寸(长×宽)		2430mm×970mm
摇臂升降速度		1.2m/min
主轴变速范围	正转	75～1700r/min
	反转	67～1700r/min
主轴进给(18 级)		0.12～1.2mm/r
立柱直径		350mm
主轴电动机(功率/转速)		4.5kW/1440r/min
升降电动机(功率/转速)		1.7kW/1440r/min
液压夹紧电动机(功率/转速)		0.6kW/1410r/min
冷却电动机(功率/转速)		0.125kW/2800r/min
机床重量		3500kg

3）钻床的主要应用范围。钻床是具有广泛用途的通用性机床，可对零件进行钻孔、扩孔、铰孔、锪平面和攻螺纹等加工。摇臂钻床配有工艺装备时，还可以进行镗孔；台钻配上万能工作台（MDT-180 型）时，还可铣键槽。

（6）镗床

1）镗床种类，见表 5-11。

表 5-11　镗床种类

类别 组别	0	1	2	3	4	5	6	7	8	9
镗床 T			深孔镗床		坐标镗床	立式镗床	卧式镗床	精镗床	汽车拖拉机修理用镗床	其他镗床

2）镗床的主要参数。以 TX611C2 卧式镗床（见图 5-12）为例说明，见表 5-12。

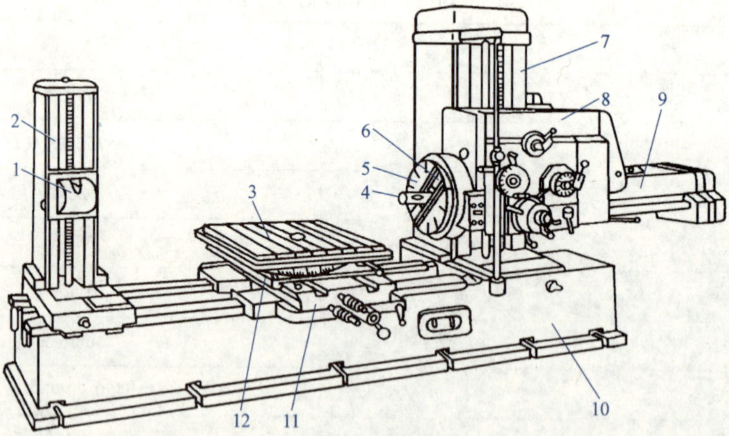

图 5-12　卧式镗床

1—支承架　2—后立柱　3—工作台　4—主轴　5—平旋盘　6—径向刀具溜板
7—前立柱　8—主轴箱　9—后尾筒　10—床身　11—下滑座　12—上滑座

表 5-12　TX611C2 卧式镗床参数表

镗轴直径	110mm
主轴锥孔	MorseNo6（可选 ISO 7:24No50）optional
主轴最大转矩	1225N · m
平旋盘最大转矩	1960N · m
主轴最大轴向抗力	12250N
主轴最大行程	600mm
主轴转速级数	22
主轴转速范围	8 ~ 1000r/min
平旋盘滑块行程	180mm
工作台工作面积	1250mm × 1100mm
工作台可承受最大重量	3000kg
主轴中心线至工作台面距离	1200mm
工作台行程	1400mm（不带后立柱）
	1600mm
主轴、主轴箱、工作台纵横向转速	2500mm/min
主轴箱与工作台进给量范围	0.04 ~ 6mm/r/0.01 ~ 1.88mm/r
主电动机功率	7.5kW
机床外形尺寸	5400mm × 2620mm × 3120mm
机床重量	15000kg

3）镗床的主要应用范围。镗床适用于机械加工车间对单件或小批量生产的零件进行平面铣削和孔系加工，主轴箱端部设计有平旋盘径向刀架，能精确镗削尺寸较大的孔和平面。此外，还可进行钻、铰孔及螺纹加工。

（7）齿轮加工机床

1）齿轮加工机床种类，见表 5-13。

表 5-13　齿轮加工机床种类

组别＼类别	0	1	2	3	4	5	6	7	8	9
齿轮加工机床 Y	仪表齿轮加工机床		锥齿轮加工机床	滚齿及铣齿机	剃齿及铣齿机	插齿机	花键轴铣床	齿轮磨齿机	其他齿轮加工机床	齿轮拉倒角及检查机床

2）齿轮加工机床的主要参数。以 Y3150 型滚齿机（见图 5-13）为例说明，见表 5-14。

表 5-14　Y3150 型滚齿机参数表

最大切削模数	钢材 5mm
	铸铁 6mm
加工直齿圆柱齿轮最大直径	有外支架 350mm
无外支架	500mm
加工圆柱螺旋齿轮最大直径	当旋转角度为 30°时 370mm
当旋转角度为 45°时	250mm
滚刀的最大垂直行程长度	260mm
最大滚切长度	240mm
滚刀心轴至工作台中心线间的距离	最大 320mm
最小(工作台台面到滚刀心轴的距离小于 85mm 时为 30mm)	2.5mm
工作台面至滚刀心轴中心线的最小距离	170mm
滚刀可换新轴直径	22mm/27mm/32mm
滚刀最大直径	120mm
工作台孔直径	60mm
工作台心轴直径	30mm
滚刀主轴转速级数	8 级
滚刀主轴转速范围	50～275r/min
工件每转滚刀垂直进给量	0.24～4.25mm/r
主电动机功率	3kW
主电动机转速	1430r/min
泵电动机功率	0.125kW
泵电动机转速	2790r/min
机床重量	2400kg
机床外形尺寸(长×宽×高)	1825mm×935mm×1730mm

3）齿轮加工机床的主要应用范围。齿轮加工机床是加工各种圆柱齿轮、锥齿轮和其他带齿零件齿部的机床。齿轮加工机床广泛应用在汽车、拖拉机、机床、工程机械、矿山机械、冶金机械、石油、仪表、飞机和航天器等各种机械制造业中。

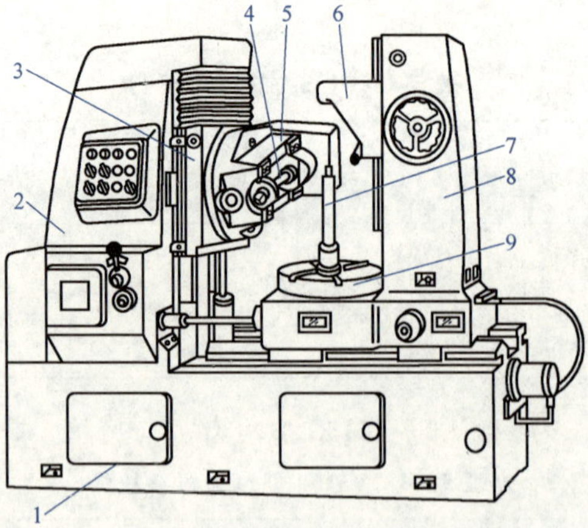

图 5-13　Y3150 型滚齿机

1—床身　2—立柱　3—刀架溜板　4—刀杆　5—刀架体　6—支架　7—心轴　8—后立柱　9—工作台

4. 气、液压元件

气、液压传动是一种以流体（液体或气体）为传动介质，利用流体的压力能来实现运动和力的传递的一种传动方式。一个完整的气、液压系统通常由动力元件、执行元件、控制元件及辅助元件等组成。简化的机床工作台液压传动系统，如图 5-14 所示。

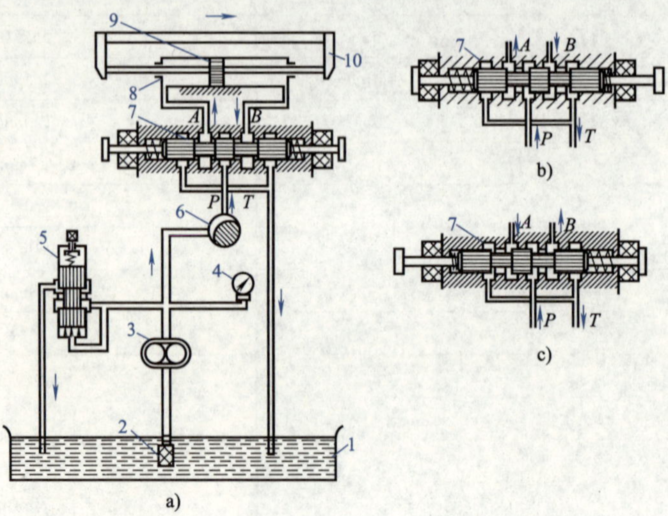

图 5-14　简化的机床工作台液压传动系统

1—油箱　2—过滤器　3—液压泵　4—压力计　5—溢流阀

6—节流阀　7—换向阀　8—液压缸　9—活塞　10—工作台

（1）气、液压传动元件的主要参数

1）压力是指单位面积上所受作用力的大小，其大小随着执行元件受到的负载而变化，负载大，系统压力就大。

2）流量是指单位时间内流过管道某一截面的流体体积，常用单位是 L/min（升/分），

法定计量单位是 m^3/s。在液压系统中，执行元件的运动速度取决于输入流量的大小，输入流量越大，执行元件速度越大。

（2）常见液压元件（见图 5-15）。

液压泵

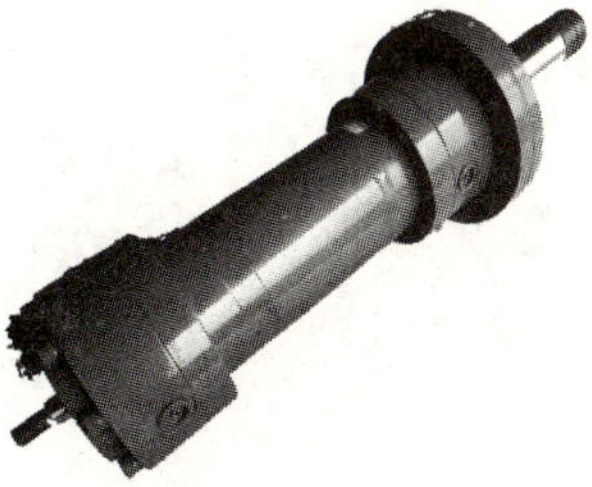

液压缸

电磁阀

节流阀

图 5-15　常见液压元件

（3）常见气动元件（见图 5-16）

空气压缩机

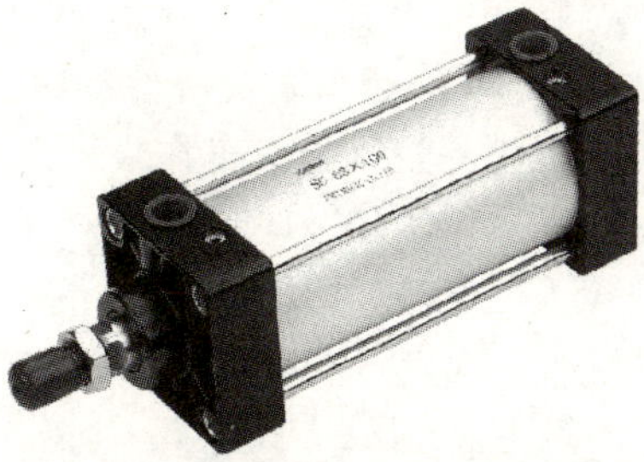

气缸

活塞式气动马达

叶片式气动马达

图 5-16　常见气动元件

5. 汽车

汽车是指由动力驱动，一般具有四个或四个以上车轮的非轨道承载车辆，主要用于载运（牵引）人、货物及一些特殊用途。

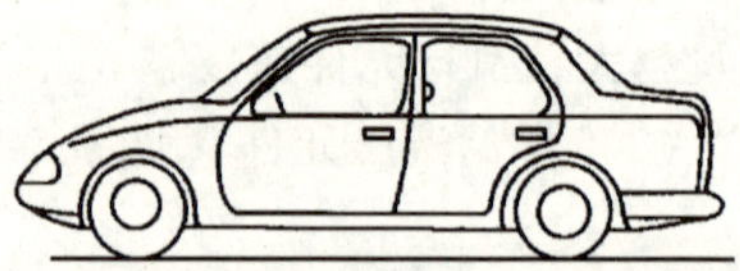

图 5-17 乘用车

（1）汽车分类　汽车分为乘用车和商用车两大类。

1）乘用车包括普通乘用车、活顶乘用车、高级乘用车、小型乘用车、敞篷车、仓背乘用车（此六种俗称轿车）、旅行车、多用途乘用车、短头乘用车、专用乘用车，如图 5-17 所示。

2）商用车包括客车、半牵引挂车、货车，如图 5-18 所示。

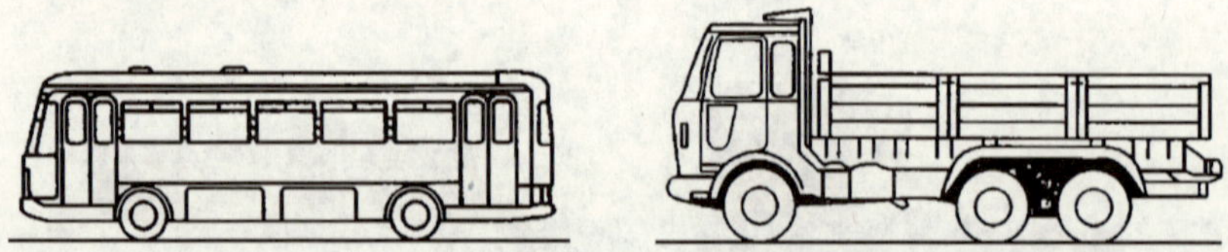

客车　　货车

图 5-18 商用车

（2）汽车的主要性能指标

1）动力性能：汽车在良好、平直的路面上行驶时所能达到的平均行驶速度，是汽车的首要性能。

2）经济性能：

① 燃油消耗率：指发动机每发出 1kW 有效功率，在 1h 内所消耗的燃油质量，单位为 g/(kW · h)。油消耗率越低，经济性越好。

② 平均燃油消耗量：指汽车在最大总质量下，在公路行驶时的燃料消耗量，也称汽车百公里油耗，单位为 L/100km。

3）通过性能：汽车在一定装载质量下，能以足够高的平均车速通过各种坏路和无路地带（如松软地面、坎坷不平地段），以及克服各种障碍（如陡坡、侧坡、壕沟、台阶、灌木丛、水障）的能力。

4）制动性能：汽车行驶时，能在短距离内停车且维持行驶方向稳定性和在下长坡时能维持一定车速的能力。

5）操纵稳定性：汽车按照驾驶员要求保持稳定行驶的能力。

6）起动性能：一般以一定条件下的起动时间来衡量，用以表示汽车发动机起动难易程度。

7）可靠性：发动机在规定的运转条件下，具有持续工作、不至于因为故障而影响正常运转的能力。

8）耐久性：发动机在规定的运动条件下，长期工作而不大修的性能。

9）噪声：发动机工作时发出的一种声强和频率无一定规律的声音。

10）有害气体排放。

6. 电机

电机是指依据电磁感应定律实现电能与机械能之间相互转换的一种电磁装置。按功能可分为电动机和发电机两大类。电动机俗称马达，主要作用是产生驱动转矩，作为电器或各种机械的动力源。发电机主要作用是利用机械能转化为电能。

（1）电机的分类　通常，电机可分为直流电机、交流电机、步进电机和伺服电机四大类。

（2）电机的主要参数　以最为常用的三相异步电动机（见图5-19）为例进行说明。

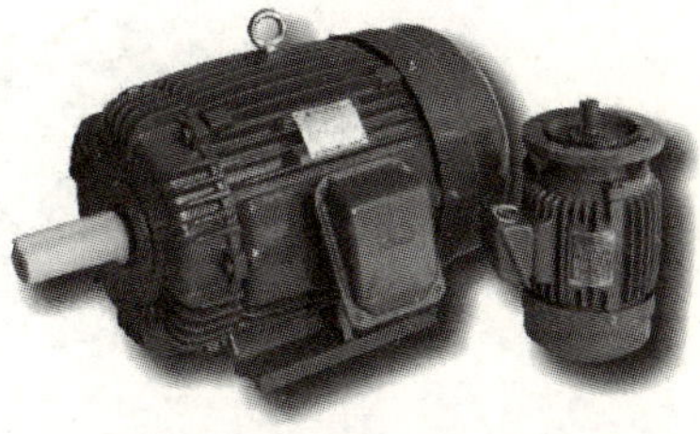

图5-19　三相异步电动机

1）额定功率（P）：电动机在额定转速下长期持续工作时，电动机不过热，轴上所能输出的机械功率。

2）额定电压（U_N）：指额定运行时，加在定子绕组出线端的线电压，一般为380V。

3）额定电流（I_N）：指电动机在额定电压、额定频率下，轴上输出额定功率时，定子绕组中的线电流。

4）额定频率（f_N）：指电动机所接的交流电源频率，我国电网频率规定为50Hz。直流电动机无此项。

5）额定转速（n_N）：指电动机在额定电压、额定频率下，轴上输出额定功率时的转子转速。

6）绝缘等级：电动机定子绕组所用的绝缘材料的等级。绝缘等级按耐热性能可分为7级。

7）接线方法：用“Y”或“△”表示。

8）工作方式：电动机按定额运行时的持续时间，分为三种：长期工作方式、短时工作方式、断续工作方式。

7. 伺服电动机

因伺服电动机近年发展迅速，在普通电动机之外，再重点对其进行介绍。

伺服电动机又称执行电动机，在自动控制系统中用作执行元件，把所收到的电信号转换成电动机轴上的角位移或角速度输出。

（1）伺服电动机的分类　伺服电动机可分为直流和交流伺服电动机两大类，交流伺服电动机又可分为异步型交流伺服电动机和同步型交流伺服电动机两种。

长期以来，在要求调速性能较高的场合，一直占据主导地位的是直流电动机的调速系统。但直流电动机存在一些固有的缺点，如电刷和换向器易磨损，需经常维护；换向器换向时会产生火花，使电动机的最高速度受到限制。也使应用环境受到限制。而且直流电动机结构复杂，制造困难，所用钢铁材料消耗大，制造成本高。而交流伺服电动机，特别是笼型感应电动机没有上述缺点，且转子惯量较直流电动机小，使得动态响应更好。在同样体积下，交流电动机输出功率可比直流电动机提高10%～70%。此外，交流电动机的容量可比直流电动机大，达到更高的电压和转速。现代数控机床都倾向采用交流伺服驱动，交流伺服驱动已有取代直流伺服驱动之势。

交流伺服电动机及其伺服驱动控制系统，如图5-20所示。

（2）伺服电机的主要参数

1）额定功率：在额定转速下长期持续工作时，电动机不过热，轴上所能输出的机械功率。

2）转速：电动机在额定电压下，轴上输出额定功率时的转子转速。

3）惯量：伺服电动机的惯量关系到电动机的稳定性和精确度，惯量越小，精度越高，惯量越大，稳定性越高，选择电动机就是在精度和稳定性之间寻找平衡点。

图 5-20　交流伺服电动机及其伺服驱动控制系统

4）精度：交流伺服电动机的精度取决于电动机编码器的精度。如电动机编码器为 16 位，驱动器每接收 2^{16}（65536）个脉冲，电动机转一圈，其脉冲当量为 0.0055°（360°/65536），并实现了位置的闭环控制。

5）矩频特性：交流伺服电动机在其额定转速（一般为 2000r/min 或 3000r/min）以内为恒转矩输出，在额定转速以 E 为恒功率输出。

某型号交流伺服电动机参数，见表 5-15。

表 5-15　交流伺服电动机参数表

额定输出功率	200W
额定转矩	0.64N·m
瞬间最大转矩	1.91N·m
额定转速	3000r/min
最高转速	3600r/min
电机转子惯量	0.17kg·cm^2
转矩系数	0.712N·m/A
额定相电流	1.27A
瞬间最大相电流	3.69A
电枢绕组相电阻	13.0Ω
电枢绕组相电感	31.87mH
机械时间常数	1.52ms
电气时间常数	2.45ms
重量	1.0kg
编码器	2500P/R
负载惯量	负载惯量≤电机转子惯量×10(倍)
适配驱动器	GS0020A
绝缘电阻	500V DC 100MW Min
绝缘强度	1500V AC 1min
环境温度	-20℃ ~ +50℃
绝缘等级	B 级

此外，交流伺服电动机的性能指标还需通过与其配套的伺服驱动控制系统来体现，如调速范围、定位精度、稳速精度、动态响应和运行稳定性等。低档的伺服系统调速范围在1:1000以上，一般的在1:5000～1:10000之间，高性能的可以达到1:100000以上。定位精度一般都要达到±1个脉冲，稳速精度，尤其是低速下的稳速精度如给定1r/min时一般的在±0.1r/min以内，高性能的可以达到±0.01r/min以内。动态响应方面，通常衡量的指标是系统最高响应频率，即给定最高频率的正弦速度指令，系统输出速度波形的相位滞后不超过90°或者幅值不小于50%；进口伺服电动机的响应频率高达900Hz，国内主流产品的频率在200～500Hz。运行稳定性方面，主要是指系统在电压波动、负载波动、电动机参数变化、上位控制器输出特性变化、电磁干扰以及其他特殊运行条件下，维持稳定运行并保证一定的性能指标的能力，这方面国产产品和世界先进水平相比差距较大。

8. 电器

凡是能自动或手动接通和断开电路，以及对电路或非电路现象能进行切换、控制、保护、检测、变换和调节的元件统称为电器。

通常，按电器工作电压高低可分为高压电器（额定电压3kV及以上）和低压电器两大类。

常见的低压电器有：刀开关、隔离开关、组合开关、熔断器、断路器、按钮、接触器、热继电器、时间继电器等，如图5-21所示。

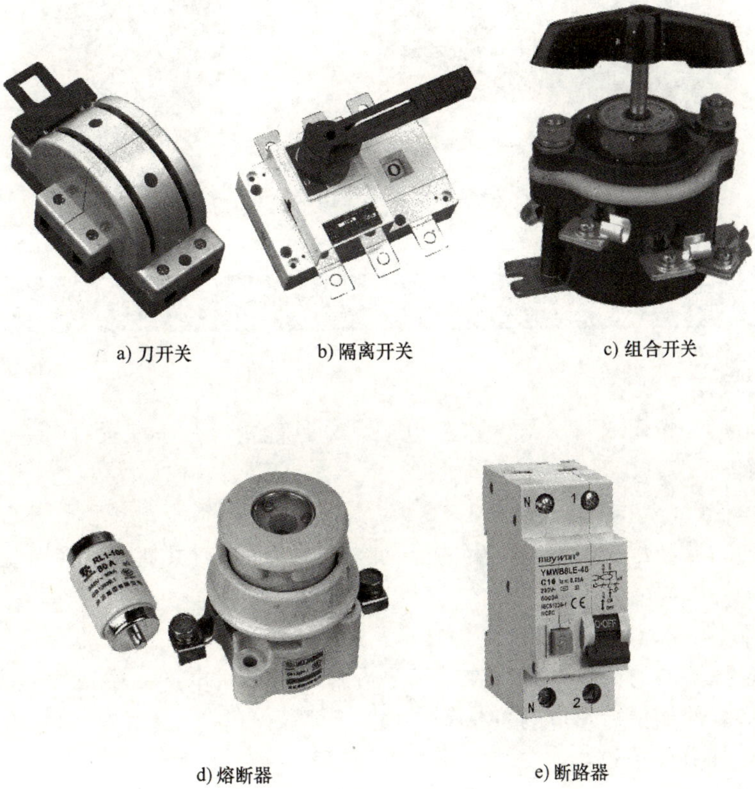

a) 刀开关　b) 隔离开关　c) 组合开关

d) 熔断器　e) 断路器

图5-21 常见低压电器

f) 按钮

g) 接触器

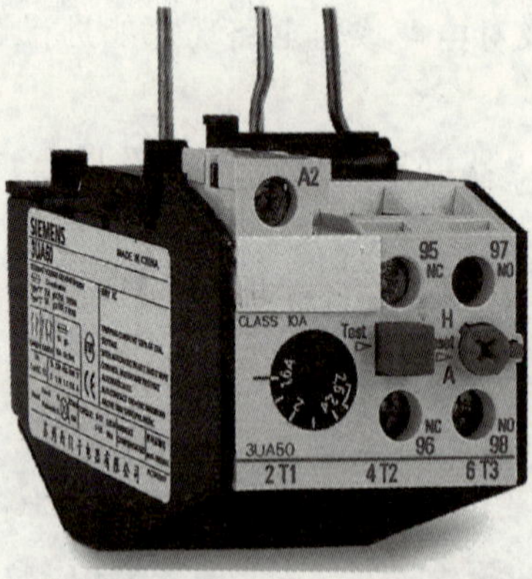

h) 热继电器

i) 时间继电器

图 5-21　常见低压电器（续）

查一查

关于机电产品的相关知识可以参考《机电设备及管理技术》，ISBN：978-7-111-53467-9。

【任务实施】

撰写《××××（机电产品）性能指标分析报告》

1. 任务组织

以小组为单位，小组规模一般为 3～5 人，每个小组选举小组长协调小组的各项工作。教师提出必要的指导和建议，组织学生进行经验交流，并针对共性问题在课堂上组织讨论和专门讲解。

2. 任务内容

每组自行选择不同的机电产品（在本任务讲解的八种机电产品中选取）；各组针对所选具体产品从规格、性能指标及市场价格等方面进行调研分析，撰写本组的《××××（机电产品）性能指标分析报告》。

3. 任务考核

每组由组长代表本组汇报任务完成情况，同学互评，教师点评，然后综合评定各组本次任务的实训成绩。

具体考核见表 5-16。

表 5-16　撰写机电产品性能指标分析报告任务考核表

考核项目	考核内容	分　数	得　分
工作态度	按时完成任务	5 分	
	格式符合要求	5 分	
任务内容	产品选型合理,在当地具有一定代表性	15 分	
	性能参数完整、正确	15 分	
	有与其他品牌的比较分析	15 分	
	结论符合实际情况	20 分	
团队合作精神	具有较强的团队意识	5 分	
	具有良好的协作精神	5 分	
	具有相互服务的意识	5 分	
团队间互评	团队较好地完成本任务	10 分	

样本：

××××（机电产品）性能指标分析报告

一、概述

1. 调查目的
2. 调查说明（时间、方式等）
3. 样本描述（被调查的具体产品）

二、本产品使用状况分析

1. 产品现状分析
2. 品牌竞争状况（各品牌市场占有率及地理分布）
3. 用户对现用产品性能指标的评价（技术规格、性能等）

三、结论

1. 产品方面
2. 品牌方面

任务二　领会机电产品的生命周期

【知识链接】

知识点一：产品生命周期的含义

产品生命周期是产品从进入市场到最终退出市场所经历的市场生命循环过程。一般以销售量和利润额的变化来区分产品生命周期的循环过程。典型的产品生命周期可分为投入期、成长期、成熟期和衰退期四个阶段，如图 5-22 所示。

产品生命周期不同阶段的划分标准一般是：投入期销售增长率很不稳定，通常在10%以下；成长期销售增长率稳定上升，在10%以上；成熟期增长率逐步减缓，在0.1%～10%；衰退期销量下降，增长率小于0。

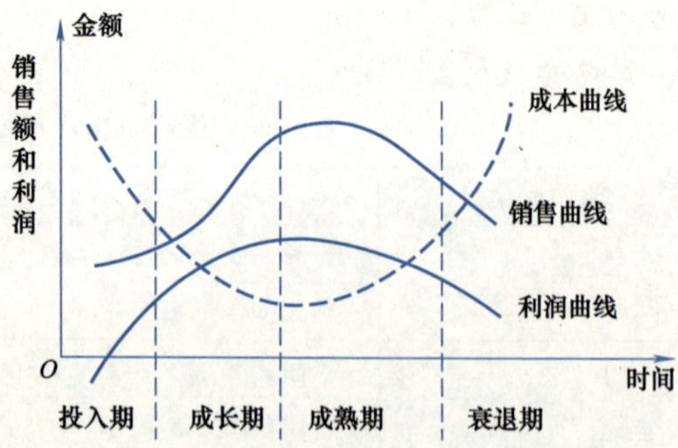

图5-22　产品生命周期

产品生命周期曲线是一条经验曲线，是人们在实践中总结各种不同产品在市场上的活动规律后概括出来的，具有典型性。但事实上，并不是所有产品的生命周期都呈现正态分布，如图5-23所示。

图中产品生命周期各种形态都是符合产品生命周期理论的，是产品生命周期曲线受产品

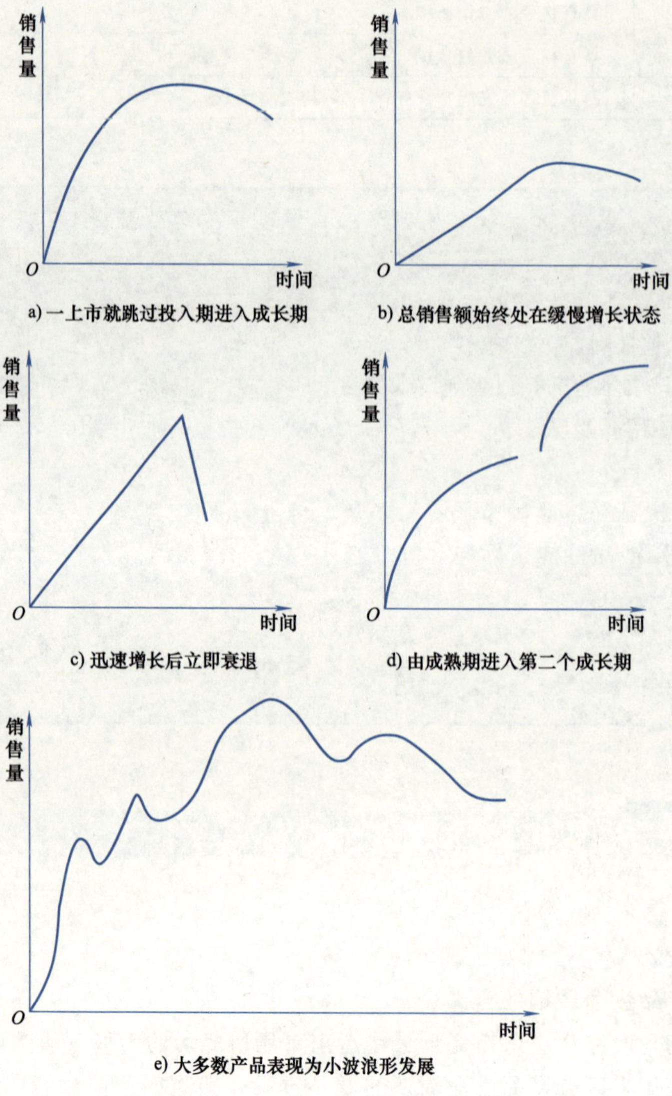

图5-23　产品生命周期各种形态

本身的特点和特殊市场环境的影响，以变异的形式出现的结果。

知识点二：产品品类、形式、品牌的生命周期

产品生命周期主要是指产品种类和产品品种的生命周期。产品品种是指具有相同功能及用途的所有产品。其生命周期比产品形式、产品品牌的生命周期长。产品品种（如电视机）的销售增长平常表现为典型的生命周期过程，其成熟期可能无限延续，如在取代电视机的产品出现之前，电视机将一直处于成熟期。

产品形式是指同一种类产品中，辅助功能、用途或实体销售有差别的不同产品。产品形式一般拥有比较典型的生命周期过程，如黑白电视机经历了投入期、成长期、成熟期，最后走向衰退期。

产品品牌是指企业生产与销售的特定产品。因受市场环境、企业营销决策、品牌知名度等影响，其生命周期一般是不规则的。品牌知名度高，产品生命周期就长，反之亦然。例如，捷达摩托已难觅踪影，而沈阳机床厂的 CA6140 卧式车床已行销 50 多年。

【任务实施】

分析某机电产品的生命周期

1. 任务组织

以小组为单位，小组规模一般为 3 ~5 人，每个小组选举小组长协调小组的各项工作。教师提出必要的指导和建议，组织学生进行经验交流，并针对共性问题在课堂上组织讨论和专门讲解。

2. 任务内容

每组针对不同的机电产品分析其生命周期特征。各组针对所选具体产品从销售现状、品牌竞争状况等方面进行调研分析，撰写本组的《××××（机电产品）生命周期特征调研报告》。（备选机电产品：①叉车；②轴承；③机床配件；④钻床；⑤加工中心；⑥机床刀具；⑦液压泵；⑧卧式铣床；⑨PLC 等。）

3. 任务考核

每组由组长代表本组汇报任务完成情况，同学互评，教师点评，然后综合评定各组本次任务的实训成绩。

具体考核见表 5-17。

表 5-17　分析机电产品生命周期任务考核表

考核项目	考核内容	分　数	得　分
工作态度	按时完成任务	5 分	
	格式符合要求	5 分	
任务内容	产品选型合理，其生命周期典型	15 分	
	生命周期各阶段分析清楚、正确	15 分	
	有与同类产品的比较分析	15 分	
	结论符合实际情况	20 分	
团队合作精神	具有较强的团队意识	5 分	
	具有良好的协作精神	5 分	
	具有相互服务的意识	5 分	
团队间互评	团队较好地完成本任务	10 分	

样本：

××××（机电产品）生命周期特征调研报告

一、概述

1. 调查目的
2. 调查说明（时间、方式等）
3. 样本描述（被调研的产品）

二、本产品销售现状

1. 产品销售现状分析（以时间为序）
2. 品牌竞争状况（各品牌市场占有率及地理分布）

三、本产品生命周期所处阶段判断

1. 目前所处生命周期阶段及依据
2. 后续阶段发展预测

任务三 分析机电产品各生命周期的营销策略

【知识链接】

典型的机电产品的生命周期中的四个阶段呈现出不同的市场特征，企业营销策略应以各阶段的特征为基点来制定和实施。

知识点一：投入期的特征和营销策略

该阶段产品市场需求量小，产品小批量生产；产品尚未定型，工艺也不成熟，产品的性能和质量不够稳定；废品率高，制造成本高，利润率低，甚至出现亏损；由于处于产品投入市场的初始阶段，竞争不激烈；由于用户不了解产品，销售渠道也不完善，投入的广告宣传费用大。

根据这一阶段特征，企业应选择适当时机进入目标市场，重点是向消费者宣传介绍产品的性能、用途、质量，使消费者尝试使用新产品；将销售力量直接投向最有可能的购买者，使市场尽快接受该产品，缩短投入期，更快地进入成长期。具体策略如下：

1. 快速掠夺（撇脂）策略

快速掠夺（撇脂）策略即以高价格和高促销水平推出新产品的策略。实行高价策略可获得高毛利，尽快收回投资；高促销水平能够快速建立知名度，加速市场渗透。企业实施这一策略必须具备以下条件：产品有较大的市场需求潜力；目标顾客求新心理强，急需购买该产品而不在意高价格；企业面临潜在竞争者的威胁，急切需要先声夺人，尽早树立品牌形象。

2. 缓慢掠夺（撇脂）策略

缓慢掠夺（撇脂）策略即以高价格和低促销水平推出新产品的策略。低促销水平可以尽可能以低的费用开支求得更多的利润。企业实施这一策略必须具备以下条件：市场规模较小；产品已有一定知名度；目标顾客愿意支付高价；潜在竞争的威胁小。

3. 快速渗透策略

快速渗透策略即以低价格和高促销水平推出新产品的策略。低价格能够以最快的速度进入市场，获得尽可能高的市场占有率，并且随着产销量的增加可以获得效益。企业实施这一策略必须具备以下条件：该产品市场容量大；产品的单位成本可随生产规模和销售量的扩大而有效降低；潜在顾客对产品不了解，但对价格十分敏感；存在潜在的竞争者。

4. 缓慢渗透策略

缓慢渗透策略即以低价格和低促销水平推出新产品的策略。这一策略可降低营销成本，增加利润。企业实施这一策略必须具备以下条件：市场容量很大；市场上该产品的知名度较高；需求的价格弹性大，促销弹性小；存在某些潜在的竞争者，但威胁不大。

知识点二：成长期的特征和营销策略

该阶段产品转入成批生产和扩大市场销售阶段。此时，顾客对产品已经熟知，消费习惯形成，老顾客重复购买并带来新顾客，市场逐步扩大，销售额和利润迅速增长；产品设计和工艺定型，产品大批量生产，生产成本相对降低；竞争者看到有利可图，纷纷进入市场参与竞争，使同类产品供给量增加，价格随之下降；同类产品、仿制产品和替代品开始出现，市场竞争日趋激烈，产品市场开始细分，分销渠道增加；企业利润增长速度逐步减慢，直到达到产品生命周期利润最高点。针对以上成长期的特征，企业为维持其市场增长率，延长获取最大利润的时间，可以采取以下几种策略：

1. 改善产品品质

企业为了不断适应市场需求，应集中必要的人、财、物资源，改进和完善生产工艺，增加花色品种，开发新用途。这样，一方面可提高产品的竞争能力，另一方面也可以满足顾客不同层次的需求。

2. 寻找新的细分市场

企业可以通过市场细分，扩大目标市场，并且根据其需要组织生产，建立高绩效的分销渠道体系。

3. 改变广告宣传的重点

企业可以把广告宣传的重心从投入期的以提高知名度为中心转为树立企业和产品形象，争创名牌，维系老顾客。

4. 适时降价

在适当的时机可以采取降价策略，以激发那些对价格比较敏感的消费者产生购买动机，同时可以打击跟进者。

5. 快速扩张

快速扩张即扩大市场占有率。

知识点三：成熟期的特征和营销策略

该阶段产品市场需求量仍然增长，但已趋于饱和状态，产品大批量生产，潜在顾客已经很少，产品的销售量和利润增长缓慢；由于生产能力过剩，市场竞争非常激烈，各种品牌、各种款式的同类产品不断出现。此时，企业宜主动出击，使成熟期延长，或使产品生命周期出现再循环，促使已经处于停滞状态的销售增长率和利润重新得以回升。为此，企业可以采取以下几种策略：

1. 市场调整

这种策略不是要调整产品本身，而是发现产品的新用途，即不改变产品质量、功能而将产品用于其他领域，从而延长产品的生命周期；或者企业将产品投入新的目标市场，对产品进行再定位。

2. 产品调整

产品调整即通过产品自身的调整来满足顾客的不同需要，从而为顾客寻求新用途，使销售量获得回升。整体产品概念的任何层次的调整都可视为产品再推出。

3. 市场营销组合调整

市场营销组合调整即通过对产品、价格、渠道、促销四个市场营销组合因素加以综合调整，刺激销售额回升。常用的方法包括降价、增加广告宣传、扩大销售渠道、提高服务质量等。

知识点四：衰退期的特征和营销策略

该阶段产品老化，新产品或新的替代产品出现，产品进入更新换代的阶段。此时，销售量和利润直线下降，企业从这种产品中获得的利润很低甚至为零；新产品进入市场，竞争突出表现为价格竞争，价格降到最低；大量的竞争者退出市场，留守企业开始减少该产品的附加产品。此时的企业通常有以下几种策略可供选择：

1. 继续策略

企业可以按照原有的细分市场，继续使用相同的分销渠道、定价及促销方式，不主动放弃产品。同时，企业可利用老产品的品牌、营销渠道等培植开发新产品，保持在市场中的地位。

2. 收缩策略

如果企业立刻放弃该产品会造成很大损失，此时可采取收缩策略，即大幅度降低促销水平，以增加目前的利润；把企业的能力和资源调整至最有利的细分市场和分销渠道上，从忠实于这种产品的顾客中得到利润。

3. 放弃策略

当产品已无潜在市场或企业已准备好替代的新产品时，应当机立断，放弃原产品的经营。企业既可采取完全放弃的形式，如把产品完全转让或调整生产线，也可采取逐步放弃的方式，即将资源逐步转向其他有发展前途的产品。但企业要处理好老产品的库存和员工重新培训等问题。

产品生命周期中的典型营销策略见表5-18。

表5-18　产品生命周期中的典型营销策略

生命周期各阶段 / 营销组合策略	投入期	成长期	成熟期	衰退期
产品策略	有限的原型数目；经常调整产品	增加原型数目；经常调整产品	原型数目很多	淘汰不赢利的原型和品牌
分销策略	分销通常受限，依赖于产品；需要很多努力和高边际利润吸引批发商和零售商	经销商的数量增加，努力与批发商和零售商建立长期合作关系	大量的经销商；边际利润下降；努力留住分销商和货架空间	逐步取消不赢利的经销网络
促销策略	提高知名度；刺激主要需求；对分销商采取高强度的人员销售；对消费者使用奖品和奖券销售	有选择性地刺激需求；积极做广告去宣传品牌	有选择性地刺激需求；积极做广告去宣传品牌；大力促销以保持住经销商和消费者的数量	逐步撤销所有促销活动
定价策略	价格通常要高到可以覆盖开发成本	迫于竞争压力，价格在快到成长阶段末期时开始下降	价格继续下降	价格停留在相对较低的水平；如果竞争压力很小，价格可能出现小范围回升

【阅读材料】

“桑塔纳”进入中国时，在世界市场是即将遭到淘汰的产品。德国大众公司在这个阶段果断放弃该车型在世界市场的销售，集中资源将该车型引入到刚刚改革开放的中国。

此时中国汽车市场巨大，竞争压力小，技术落后，正是引入“桑塔纳”的绝佳时机。

作为国内第一款合资投产的中级轿车，处于生产生命周期投入期的“桑塔纳”并没有什么重量级的竞争对手。上海大众公司首先对“桑塔纳”制定较高的销售价格，配合大量的广告宣传。早期的“桑塔纳”目标市场就是公务用车及商务用车。随着当时上海市政府购买了100辆“桑塔纳”，市场对“桑塔纳”的反应出现了空前的热情。合资厂商赚得大笔利润，并从利润中拿出钱进行扩大再生产。

1995年，汽车市场由卖方市场转向买方市场。进入到产品成长期的“桑塔纳”的目标市场除了公务、商务车之外，更是把目光投向了私人家用车市场。虽然品牌已具备很好的知名度，销量处于上升阶段，但是竞争对手明显增多，市场被多家企业瓜分。

此时上海大众公司采取的营销组合策略是：一方面，拓展分销渠道。在深入研究了美国通用、日本丰田等公司的营销网络与商家管理模式之后，很快重组了“桑塔纳”的营销网络，创建了地区分销中心，将触角伸向了各地市场。另一方面，“桑塔纳”注重提升自身产品的服务质量，拓展了服务的宽度和深度。如在营业大厅设置“儿童乐园”，为带孩子来看车的客户提供方便；将整车销售与汽车装潢美容有机地结合起来。加上“桑塔纳”大力度的广告宣传，使得其品牌形象在消费者心中印象深刻。

到20世纪末，“桑塔纳”进入到了产品生命周期的成熟期。在这个时期，“桑塔纳”遭遇了最为激烈的市场竞争。为了稳定销量，延长产品的生命周期，上海大众公司采用了产品、分销、价格、促销四要素营销组合策略。首先，对“桑塔纳”的销售市场进行了调整，在充分调研论证后开发了出租车市场。“桑塔纳”凭借其结实耐用、内部空间宽敞、维修配件廉价便捷、低油耗等特性，迅速占领了出租车市场。其次，在看准出租车市场后，上海大众公司利用其强大的销售网络，开始从北到南、从东到西向全国重点区域的出租车市场发起猛攻，并取得了巨大胜利。“桑塔纳”一度成为出租车代名词。再次，上海大众公司加大广告投入。为了抵制销售量下滑，“桑塔纳”在产品促销上的投入明显高于其他品牌。1999年，“桑塔纳”的广告投入量居全国榜首，达到563.2万元。另外，在“桑塔纳”销售的黄金十年里，虽然其外形和发动机没有什么改变，但公司在内部构造等诸多细节上进行了改进。

2004年，普桑及桑塔纳2000因其落后的发动机技术无力与新型发动机相抗衡，终于走到了生命的尽头。在衰退期，上海大众公司果断投产新型替代车型。辉煌一时的“桑塔纳”牌轿车终于退出了生产线，但它仍然成为中国消费者保有量最多的汽车。

【课堂讨论】

在桑塔纳轿车的整个生命周期过程中，上海大众公司在各阶段分别采取了哪些营销策略？

【任务实施】

撰写《××××（机电产品）生命周期各阶段营销策略调研报告》

1. 任务组织

以小组为单位，小组规模一般为3~5人，每个小组选举小组长协调小组的各项工作。

教师提出必要的指导和建议，组织学生进行经验交流，并针对共性问题在课堂上组织讨论和专门讲解。

2. 任务内容

每组针对不同的机电产品进行生命周期各阶段营销策略调研。各组针对所选具体产品从产品售价、销售额、品牌竞争、促销等方面进行调研分析，撰写本组的《××××（机电产品）生命周期各阶段营销策略调研报告》。（备选机电产品：①电器元件类；②通用零件类；③汽车配件类；④叉车类；⑤机床配件类；⑥机床刀具类；⑦液压与气动元件类；⑧控制元件类；⑨工具类等。）

3. 任务考核

每组由组长代表本组汇报任务完成情况，同学互评，教师点评，然后综合评定各组本次任务的实训成绩。

具体考核见表5-19。

表5-19 撰写机电产品各阶段营销策略调研报告任务考核表

考核项目	考核内容	分数	得分
工作态度	按时完成任务	5分	
	格式符合要求	5分	
任务内容	产品选型合理，其生命周期清楚、正确	15分	
	各阶段营销策略分析正确	15分	
	有进一步的改善建议	15分	
	结论符合实际情况	20分	
团队合作精神	具有较强的团队意识	5分	
	具有良好的协作精神	5分	
	具有相互服务的意识	5分	
团队间互评	团队较好地完成本任务	10分	

样本：

××××（机电产品）生命周期各阶段营销策略调研报告

一、概述

1. 调查目的
2. 调查说明（时间、方式等）
3. 样本描述（被调研的产品）

二、本产品销售现状

1. 产品销售现状分析（以时间为序）
2. 品牌竞争状况（各品牌市场占有率及地理分布）

三、企业在该产品生命周期不同阶段的营销策略

四、总结

找出营销策略的成功之处；找出营销策略的不足之处，并加以完善。

【职业能力训练】

一、填空题

1. 泵主要有________、________、________、________、______五个性能指标。

2. 阀主要有________、________两个性能指标。

3. 气、液压传动元件的主要参数有______、______。

4. 汽车的十个主要性能指标有______、______、______、______、______、______、______、______、______、______。

5. 电动机的八个主要性能指标有______、______、______、______、______、______、______、______。

6. 产品品种是指具有相同________的所有产品。

7. 产品形式一般拥有________生命周期过程。

8. 产品品牌是指企业生产与销售的________产品。

9. 通常，产品生命周期有________、________、________、________四个阶段。

10. 在机电产品投入期，通常可采取________、________、________、________策略。

二、简答题

1. 什么是机电产品生命周期？它有哪几个阶段？

2. 机电产品生命周期各阶段有哪些特点？

3. 机电产品生命周期各阶段适合采用哪些策略？

三、案例分析题

捷达老产品发展战略获得成功的案例

捷达A2产品在1991年由一汽大众公司引入中国市场（国内叫捷达），畅销20年之久，虽几经换型但基本上还是在A2底盘基础上进行改进。到2010年，一汽大众公司总共生产了200万辆之多，多次排在全国单一产品销量的榜首，第一个100万辆，捷达用了15年时间，第二个100万辆，捷达只用了5年。捷达在目前的市场上仍有销售，与它的后续产品（即宝来、新宝来、速腾）几代同堂。

搜集相关资料，分析捷达A2轿车给我们的启示。

项目六

制定机电产品价格

【知识目标】

1. 了解影响机电产品定价的因素。
2. 理解机电产品的定价方法。
3. 熟悉机电产品招投标文件。

【技能目标】

1. 能初步分析影响机电产品定价的因素。
2. 能根据市场选择合适的定价方法。
3. 能撰写机电产品采购投标书。

【提交成果】

1. 《××××（PLC 产品）定价因素分析报告》。
2. 《××××（机电产品）采购投标书》。

【开篇案例】

上海大众“帕萨特”的定价

2002 年秋季，汽车“价格”成了国内媒体报道的热点，这个词同时成了厂家避讳的焦点。甚至有厂家直言，媒体能否站的角度高一点儿，别一开口就逼着厂家降价。初一想，这类厂家肯定是还想偷偷摸摸地多赚点儿，怕媒体提醒了高价购入的消费者；可仔细想想，说这话的厂家也是有道理的，与其在价格上“打征服战”，不如静下心来研究有些厂家为什么坚决不降价，为什么有胆量不降价。

因为在汽车产品越来越同质化的今天，能生产汽车已不再是一个厂家的核心竞争力，而会不会卖车则成为一个厂家的核心竞争力。

上海大众是德国大众在我国与上海汽车工业集团总公司成立的合资企业，在品牌营销方向上继承和发扬了德国大众的策略。德国大众是世界知名的跨国公司，其制定出的定价策略是保证公司目标实现的重要条件。通常，这类公司的产品价格会受到三个制约因素的影响——生产成本、竞争性产品的价格和消费者的购买能力。其中，产品的生产成本决定了产品的最低定价，竞争性产品的定价和消费者的购买能力则制约着产品的最高定价。

2003 年 1 月 21 日，上海大众正式向媒体展示刚刚推出的帕萨特 2.8V6 汽车。其打出的品牌定义为“一个真正有内涵的人”。营销目标是“成为中高档轿车的领导品牌”“成为高档轿车的选择之一”。无疑上海大众希望传播这样一个目标：帕萨特是中高档轿车的首选品牌；在品牌形象方面是典范；要凌驾于竞争对手别克、雅阁和风神蓝鸟之上；缩小与高档品牌（如奥迪、宝马、奔驰）之间的差距。

上海大众在分析了自己的优劣势后进行了以下定价决策：

1）就生产成本而言，由于上海大众已在 2000 年就开始生产了该车系，而且产销量每年递增，所以生产成本自然会随着生产规模的增加而降低。

2）竞争品牌技术差异。

3）售后服务是汽车厂商们重点宣传的部分，维修站的数量则是个硬指标。上海大众建厂最早，售后服务维修站的数量自然也居于首位。在市场营销方案中，上海大众依然用图表的方式充分展示了自己在这方面的优势。

在对经销商的培训及消费者的宣传中，上海大众用了这样的语言：上海大众便捷的售后服务、价平质优的纯正配件，使帕萨特的维护费用在国产中高级轿车中最低、用户耽搁时间最短，真正实现“高兴而来，满意而归”。很明显，上海大众抓住了消费者的需求心理：高质量、低价位、短时间。

在对全员培训中，上海大众非常明确地描绘出了帕萨特的品牌定位：感性表述——帕萨特宣告了你人生的成就；理性描述——帕萨特是轿车工业的典范，“帕萨特 2.8V6 是上述品牌定位的最好例证”。

整个营销方案的最后确定了帕萨特 2.8V6 的定价：35.9 万元人民币。

案例讨论：

该公司定价时都考虑了哪些因素？

任务一　分析影响机电产品定价的因素

【知识链接】

产品的价格是产品的主要属性之一，是产品价值的有效体现，也是商品交换中的重要量度。历史上，价格是通过买卖双方的协商来确定的。价格大致可以分为商品价格和服务价格两大类。

影响产品定价的因素是多方面的，尤其对机电产品来说，如成本（包括研发成本、材料成本、生产成本、物流成本等）、定价目标、市场需求、竞争等多种因素。

知识点一：影响定价的成本因素

产品价格不能随心所欲，产品的最高价格取决于市场需求，最低价格取决于产品的生产成本。从经营的本质来看，任何产品的价格都必须高于成本费用，只有这样才能以销售收入抵偿生产成本和经营费用，否则就不存在经营。成本分为不同类型，每种成本对企业定价的影响程度各不相同。

1. 生产成本

生产成本是企业生产过程中所支出的全部生产费用，是从已经消耗的生产资料的价值和生产者所耗费的劳动价值转化而来。当企业具有适当的规模时，产品的成本最低。但不同的商品，在不同的条件下各有自己理想的批量限度，其生产超过了这个规模和限度，成本反而要增加。

2. 销售成本

销售成本是商品流通领域中的广告、推销费用。在计划经济体制下，销售成本在商品成本中所占比重很小，因而对商品价格的影响微乎其微。但在市场经济体制下，广告、推销等是商品实现其价值的重要手段，用于广告、推销的费用在商品成本中所占的比重日益增加。因此，在确定商品的价格时必须考虑销售成本这一因素。

3. 储运成本

储运成本是商品从生产者手中到消费者手中所必需的运输和储存费用。商品畅销时，储运成本较少；商品滞销时，储运成本增加。

4. 机会成本

机会成本是企业因从事某一项经营活动而放弃另一项经营活动，另一项经营活动所应取得的收益。商品的成本不是个别企业的商品成本，而是所有生产同一产品的生产部门的平均生产成本。通常情况下，机会成本对个别企业的商品成本影响比较大，对平均生产成本的影响比较小，因而对商品价格的影响也很小。

与其他影响因素相比，成本因素相对比较稳定，属于企业内部信息，比较容易预算并进行定价。

知识点二：影响定价的定价目标因素

定价目标是指企业通过价格的制定或调整所要达到的预期目的。定价目标是企业市场营销目标体系的具体目标之一。在企业制定战略的过程中，市场营销目标体系作为一种职能战略，必须有助于企业总体战略目标的实现。企业的定价目标在体现企业营销总目标的同时，还要与其他经营组合目标相协调。企业的产品与市场定位越清晰，定价目标越明确，确定定价策略越简单。一般来说，企业定价目标有以下几种：

1. 短期利润最大化目标

短期利润最大化目标即企业通过提高价格，在短期内获得最大限度的利润。这种定价目标适合于企业产品的生产能力、技术水平、质量处于领先地位，产品在行业竞争中占有绝对优势，或产品在市场上供不应求，其替代品很少，甚至没有。采用这种定价目标要注意随时根据竞争状态进行产品价格调整，否则很容易招致多方抵制与竞争。对机电产品而言，这种定价目标适合于一些中小型、产品生命周期较短、产品在市场上供不应求的企业。

2. 预期收益目标

预期收益目标也称为投资收益定价目标，是企业运营最重要的财务指标之一，直接反映企业的投资收益水平。采用这种定价目标的企业一般是根据投资额规定的收益率，计算出单位产品的利润额，加上产品成本作为销售价格。

必须注意两个问题：第一，要确定适度的投资收益率。一般来说，投资收益率应该高于同期的银行存款利息率，但不可过高，否则消费者难以接受。第二，企业生产经营的必须是畅销产品。与竞争对手相比，产品具有明显的优势。

一般来说，机电类产品的预期收益目标为20%～40%。

3. 市场占有率目标

市场占有率又称市场份额，是指企业的销售额（或某产品的销售量）占整个行业销售额（或销售量）的百分比。市场占有率是企业经营状况和产品销售状况的综合反映。在一定程度上，较高的市场占有率可以使企业产生规模效益，提高产品销量，同时为企业带来一定的品牌知名度，其低价也能有效排斥其他竞争对手，从而形成企业长期控制市场和价格的垄断能力，最终获得较高的长期利润。因此，很多企业会不惜牺牲眼前利润，以赚取更大的市场份额。

4. 维持企业生存目标

如果企业产能过剩，或面临激烈竞争，或试图改变消费者的需要，则需要把维持企业生存作为企业的主要定价目标。企业必须制定一个较低的价格，以保本甚至以亏本价格销售商品以收回资金。一般来说，只有当产能大量过剩，产品的价格处于市场敏感期时，企业才会选择这种定价目标，一旦情况稍有好转便会采用其他定价目标。

5. 产品质量领先目标

这是指部分企业的目标是以高质量的产品占领市场，这些企业在研发、生产和营销中始终以“产品质量最优”为追求目标，在此基础上制定高于竞争对手的产品价格，既弥补了前期投入的研究和开发成本，又获得了超额利润，同时还在市场上突出了企业的竞争优势。采用这种定价目标的企业，其产品在消费者心中享有一定的声誉。

机电产品生产企业追求产品质量为定价目标的很多，如苹果公司、通用公司、微软公司、思科公司、西门子公司、索尼公司等，这些公司的部分产品以高质量取得了消费者的信赖。

6. 应对竞争目标

应对竞争目标是指在激烈的市场竞争条件下，大多数企业对于竞争者的价格十分敏感，在分析企业的产品竞争能力和市场竞争位置后，常常以避免与竞争对手发生价格竞争为定价目标。这类企业一般以中小型企业为主，往往以竞争对手的价格为定价依据，制定低于、高于或等于竞争对手的产品价格。实际上，这种定价策略多由处于追随者地位的企业所采用，为了避免竞争制定略低于行业中处于主导地位企业的产品价格，为自己在市场上求得一席之地。

知识点三：影响定价的市场需求因素

企业产品定价应充分考虑市场需求状态，它决定着产品价格的最高临界点。市场需求状态由以下两方面决定：

1. 市场商品供求状况

一般情况下，商品的成本决定商品的价格，而价格影响商品的需求。经济学原理中，如果其他因素保持不变，消费者对某一商品需求量的变化与这一商品价格变化的方向相反：如果商品的价格下跌，需求量就上升；反之，需求量就相应下降，这是商品的内在规律——需求规律。需求规律反映了商品需求量变化与商品价格变化之间的一般关系，是企业决定自己的市场行为，特别是制定价格时必须考虑的一个重要因素。

2. 商品需求特性

商品的需求特性对价格的影响表现为三个方面：

1）对高度流行或品质威望具有高度要求的商品，价格属次要。例如，设计欠佳的服装不会因为价格便宜而畅销；购买机器设备首先考虑的是产品的功能和品质，价格仅在相同产品比较时作为参考因素；耐用消费品的威望直接和价格相关；某些消费品（如日用百货类、食品类）在难以与竞争对手相抗衡时，稍稍降价，销量即可增大，促销对销量的提高甚为有利。

在机电类产品中是否存在“薄利一定多销”的规律，请评价这种说法。

2）购买频率较大的日用品，有高度的存货周转率，适宜薄利多销；反之，周转率越低或易损商品，则需要较高的毛利率。

3）对无价格弹性的商品降价，于促销无益；对于需求价格弹性大的商品，价格一经变化，即会引起市场需求的变化。一般来说，一般商品的代用品多，价格弹性大；特殊商品的代用品少，价格弹性小。

知识点四：影响定价的竞争因素

市场竞争情况是影响企业定价的重要因素，企业必须考虑比竞争对手更为有利的定价策略，及时做出反应，才能应对市场的变化。在现代经济中，市场竞争一般有以下四种状况：

1. 完全竞争

在完全竞争市场状况下，市场上企业很多，买卖双方的交易份额都只占市场份额的一小部分，彼此生产或经营的产品近似或相同；企业不能用增加或者减少产量的方法来影响产品的价格；也没有一个企业可以根据自己的愿望和要求来提高价格，如服装市场、小商品市场等。

在这种情况下，企业只能接受在市场竞争中现有的价格，买卖双方都只是“价格的接受者”，而不是“价格的决定者”，价格完全由供求关系决定，各自的行为受价格因素的支配，企业无须进行市场分析、营销调研，且所有促销活动都只会增加产品的成本，也就没有必要专门策划和实施促销活动。

2. 垄断竞争

垄断竞争是指许多厂商生产和销售有差别的产品，市场中既有竞争因素又有垄断因素存在的市场结构。这种市场里存在着产品质量、销售渠道、促销活动的竞争。企业根据其“差异”优势可以部分地通过变动价格的方法来寻找比较高的市场利润，如我国彩电行业几大巨头间的竞争。

3. 寡头垄断

寡头垄断是指在行业中少数几个厂商控制着整个市场的生产和销售的市场结构。价格由它们共同控制。各个“寡头”之间相互依存、相互影响，任一“寡头”企业调整价格都会引起其他寡头企业的连锁反应。因此，寡头企业之间会互相密切注意对方战略的变化和价格的调整，如我国成品油销售中的中石油、中石化。

4. 完全垄断

完全垄断是指在一个行业中的某种产品或服务完全被一家企业所独占，没有竞争对手。通常，完全垄断有政府垄断和私人垄断之分。这种垄断一般有特定条件，如垄断企业可能拥有专利权、专营权或者特别许可权等。由于垄断企业控制了进入这个市场的种种要素，所以它可以完全控制市场价格。从理论上分析，企业有完全自由定价的可能，但在现实中价格会受到消费者情绪及政府干预等方面的限制。

机电产品的价格范围在很大程度上取决于在组织购买者眼里该产品与竞争者产品的差异

程度。机电企业可以通过以下途径获得产品差异性：产品的物理属性，企业的荣誉、资质、技术能力，供货的及时性，售后的服务等因素。

知识点五：影响定价的其他因素

在市场经济中，政府扮演着调和、干预经济的重要角色。政府可以通过行政的、法律的、经济的手段对企业定价及社会整体物价水平进行干预。

要注意的是我国加入 WTO 之后，经济逐渐和国际接轨，石油、钢铁、有色金属等产品价格逐步与国际市场靠拢，这些原材料价格的变化会直接影响相关机电产品的价格变化。另外，还需要注意汇率波动对价格的影响程度。

【任务实施】

撰写《××××（机电产品）定价因素分析报告》

1. 任务组织

以小组为单位，小组规模一般为 3 ~ 5 人，每个小组选举小组长协调小组的各项工作。教师提出必要的指导和建议，组织学生进行经验交流，并针对共性问题在课堂上组织讨论和专门讲解。

2. 任务内容

每组针对不同的机电产品积极搜集整理相关资料，从定价的各方面因素出发进行深入的调查与分析。小组进行充分讨论，根据分析结果，参照样本撰写本组的《××××（机电产品）定价因素分析报告》。(备选机电产品：①卧式车床；②轴承；③加工中心；④钻床；⑤数控车床；⑥线切割机床；⑦液压泵；⑧卧式铣床；⑨PLC 等)

3. 任务考核

每组由组长代表本组汇报任务完成情况，同学互评，教师点评，然后综合评定各组本次任务的实训成绩。

具体考核见表 6-1。

表 6-1　撰写产品定价因素分析报告任务考核表

考核项目	考核内容	分　数	得　分
工作态度	按时完成任务	5 分	
	文档格式清楚	5 分	
任务内容	产品成本分析正确	10 分	
	有企业定价目标分析	10 分	
	有市场需求分析	10 分	
	有行业竞争分析	10 分	
	有市场风险分析	10 分	
	结论符合实际情况	15 分	
团队合作精神	具有较强的凝聚力	5 分	
	具有良好的协作精神	5 分	
	具有相互服务的意识	5 分	
团队间互评	团队较好地完成本任务	10 分	

样本：

××××（机电产品）定价因素分析报告

一、概述

1. 研究目标
2. 研究方法
3. 研究对象

二、定价背景分析

1. ××（品牌）市场优势
2. 同水平产品对比
3. 主要定价因素

三、定价因素分析及结果

1. ××××（机电产品名称）定价因素
2. 其他营销行为影响

任务二 确定机电产品的定价方法

【知识链接】

定价方法是企业在特定的定价目标指导下，依据对成本、需求及竞争等状况的研究，运用价格决策理论，对产品价格进行计算的具体方法。定价方法主要包括成本导向定价法、需求导向定价法和竞争导向定价法三种类型。

知识点一：成本导向定价法

成本导向定价法是以产品成本为基础，加上目标利润来确定产品价格的定价法，是企业最常用、最基本的定价方法，主要有总成本加成定价法、目标收益定价法、边际成本定价法、盈亏平衡定价法等几种具体的定价方法。

1. 总成本加成定价法

总成本加成定价法是指按照单位成本加上一定百分比的加成来制定产品的销售价格，即把所有为生产某种产品而发生的耗费均计入成本的范围，计算单位产品的变动成本，合理分摊相应的固定成本，再按一定的目标利润率来决定价格。其计算公式为

$$单位产品价格 = 单位产品总成本 \times (1 + 目标利润率)$$

例题：某电子厂生产 1000 个小型电子设备，固定成本为 3000 元，每个设备的变动成本为 45 元，企业确定的成本为利润率为 30%，请用成本加成定价法进行定价。

解：价格 = (3000/1000 + 45) × (1 + 30%) = 62.4(元)

采用成本加成定价法，关键问题是确定合理的成本利润率。成本利润率的确定必须考虑市场环境、行业特点等多种因素。成本加成定价法被广泛使用的主要原因有：第一，成本的不确定性一般比需求小；第二，只要同一行业的所有企业都采用这种定价方法，它们的价格趋势相同，价格竞争的变数较少；第三，许多人感到成本加成定价法对买卖双方都比较公

平，尤其在买方需求强烈时。但成本加成定价法的缺点也比较明显，它忽视了市场竞争和供求状况的影响，缺乏灵活性，难以适应市场竞争的变化趋势。特别是如果目标利润率的确定仅仅从企业角度考虑，则很难准确定位市场。

2. 目标收益定价法

目标收益定价法又称投资收益率定价法，是根据企业的总成本或投资总额、预期销量和投资回收期等因素来确定价格，如图 6-1 所示。企业试图确定能带来的目标投资收益。它是根据估计的总销售收入（销售额）和估计的产量（销售量）来制定价格的一种方法。其公式为

$$单位产品价格 =(总成本+目标收益额)/预期销量$$

或

$$目标利润价格 = 单位成本 +(目标利润率\times 投资成本)/销售量$$

式中，目标利润率 =1/投资回收期。

例题：某企业预计其产品的销量为 10 万件，总成本为 740 万元，确定目标利润为 160 万元，求单位产品的价格是多少？

解：价格 =(740+160)/10=90(元)

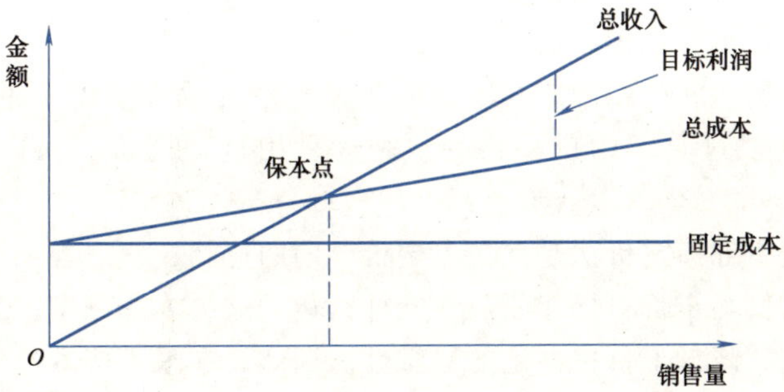

图 6-1　目标收益定价法

与成本加成定价法相类似，目标收益定价法也是一种生产者导向的产物。其缺陷表现为：很少考虑市场竞争和需求的实际情况，只是从保证生产者的利益出发制定价格；另外，先确定产品销量，再计算产品价格的做法完全颠倒了价格与销量的因果关系，把销量看成是价格的决定因素，在实际上很难行得通。尤其是对于价格弹性较大的产品，采用这种方法制定出来的价格无法保证销量的必然实现。

【经验之谈】

一般机电行业的目标收益率为 20% ~40%。

3. 边际成本定价法

边际成本是指每增加或减少单位产品所引起的总成本的变化量。边际成本定价法又称边际贡献法，其基本思想是只考虑变动成本，不考虑固定成本，以预期的边际贡献补偿固定成本并获得盈利。采用边际成本定价法时是以单位产品变动成本作为定价依据和可接受价格的最低界限。在价格高于变动成本的情况下，企业出售产品的收入除完全补偿变动成本外，尚

可用来补偿一部分固定成本，甚至可能提供利润。其公式为

单位产品价格 = 单位产品变动成本 + 单位产品边际贡献

其中，单位产品边际贡献是指企业增加一个单位的销售所获得的收入减去边际成本的数值。边际贡献 = 销售收入 − 变动成本。若边际贡献大于固定成本，企业就有盈利；若边际贡献小于固定成本，企业就会亏本；若边际贡献等于固定成本，企业盈亏平衡。只要边际贡献≥0，企业就可以考虑生产。这种定价方法适合于企业存在生产能力过剩、市场供过于求的情况。

4. 盈亏平衡定价法

盈亏平衡定价法又称收支平衡法，是利用收支平衡点来确定产品的价格，即在销量达到一定水平时，企业应如何定价才不致发生亏损；反过来说，已知价格在某一水平上，应销售多少产品才能保本。其公式为

盈亏平衡点价格 = 固定总成本 ÷ 销量 + 单位变动成本

例题：某产品生产的固定成本是150000元，单位变动成本为15元，若销量为3000件，则企业应将价格定为多少才不会亏损？若销售价格为40元，则企业必须销售多少才能保本？

解：价格 = 150000/3000 + 15 = 65（元）

销量 = 150000/(40 − 15) = 6000(件)

实际上，这种定价法的实质是确定总收入等于总支出时的价格，以盈亏平衡点确定价格只能使企业的生产耗费得以补偿，而不能得到收益。若实际价格超过收支平衡价格，企业就可盈利。科学地预测销量和已知固定成本、变动成本是盈亏平衡定价的前提。有时，为了开展价格竞争或应付供过于求的市场格局，企业采用这种定价方法以取得市场竞争的主动权。

从本质上说，成本导向定价法是生产方定价导向的产物，它忽视了市场需求、竞争和价格水平的变化，有时候与定价目标相脱节。此外，运用这一方法制定的价格均是建立在对销量主观预测的基础上，降低了价格制定的科学性。因此，在采用成本导向定价法时，还需要充分考虑需求和竞争状况，以确定最终的市场价格水平。

知识点二：需求导向定价法

需求导向定价法是根据市场需求状况和消费者对产品的感觉差异来确定价格的方法，又称“市场导向定价法”。需求导向定价法主要包括认知价值定价法、需求差别定价法。

1. 认知价值定价法

认知价值定价法是根据顾客对产品价值的认知程度，即产品在顾客心目中的价值观念为定价依据，运用各种营销策略和手段，影响顾客对产品价值的认知的定价方法。定价的关键不是卖方的成本，而是购买者对价值的认知。

采用这种方法进行产品定价，企业应该一方面进行市场调研以准确预测产品的认知价值，另一方面要善于利用营销策略中的非价格因素提升产品的认知价值。只有准确了解消费者对产品的认知价值，在区间内定价才能获得成功。

2. 需求差异定价法

需求差异定价法是指产品价格的确定以需求为依据，首先强调适应消费者需求的不同特性，而将成本补偿只放在次要的地位。这种定价方法对同一商品在同一市场上制定两个或两个以上的价格，或使不同商品价格之间的差额大于其成本之间的差额。其好处是可以使企业

定价最大限度地符合市场需求，促进商品销售，有利于企业获取最佳的经济效益。这种定价方法以不同时间、地点、产品及不同消费者的消费需求强度差异为定价的基本依据，具体有以下几种做法：

（1）因地点而异　因地点而异指同一产品因需求空间位置不同而制定不同的价格。对机电类产品和服务来说有两种情况：一种是因购买者选择不同地点的供应商而产生的物流费用对购买价格产生影响；另一种是因服务形式不同而影响购买价格，如在汽车4S店内向顾客提供的零配件价格普遍高于一般维修站点零配件的价格。

（2）因时间而异　因时间而异指因时间不同而影响产品的销售量或销售价格，如在每年7~9月份学生入学报到期间，手机和计算机的销量会出现攀升，经销商会对其产品价格进行调整。

（3）因产品差别而异　因产品差异而异指因不同式样、规格、颜色、用途等对产品进行定价。如卧式车床C6140会因为床身长度不同，如1000mm、1500mm、2000mm等，其价格也不同，不同的床身长度能满足不同工件的加工要求。

（4）因顾客而异　因顾客而异指因职业、年龄等原因，顾客对同类产品的需求强度的认知不同，在定价时可以分别给予优惠价格。在机电产品中，常见的是对新客户和老客户、长期用户和短期用户采取不同产品价格。

【经验之谈】

企业采取差别定价必须具备的条件

1）市场必须是可以细分的，而且各个细分市场表现出不同的需求程度。

2）以较低价格购买某种产品的顾客不会以较高价格把这种产品倒卖给别人。

3）竞争者不会在企业以较高价格销售产品的市场上以低价竞销。

4）细分市场和控制市场的成本费用不得超过因实行差别定价而得到的额外收入。

5）差别定价不会引起顾客反感而放弃购买，影响销售。

6）差别定价不能违法。

知识点三：竞争导向定价法

这种定价方法主要通过研究竞争对手同类产品的商品价格、生产条件、服务状况等，结合企业自身的发展需求，以竞争对手的定价为依据，而不过多地考虑成本及市场需求因素。采用竞争导向定价法的企业往往对竞争对手的价格变动较为敏感，一旦竞争对手采取降价策略，它们就会积极反击。竞争导向定价法主要包括以下几种形式：

1. 随行就市定价法

随行就市定价法又称流行水准定价法，是指在一个竞争比较激烈的行业或部门中，某个企业根据市场竞争格局跟随行业或部门中主要竞争者的价格、各企业的平均价格或市场上一般采用的价格来确定自己产品的价格的方法，即企业按照行业的平均现行价格水平来定价。

在以下情况下往往采取随行就市定价法：①难以估算成本；②主要适合同质产品市场，其目的是为了与同行业企业和平共处，避免发生激烈的竞争；③如果另行定价，很难了解购买者和竞争者对本企业的价格反应。④完全竞争与寡头竞争的条件下。值得注意的是：这种定价法以竞争对手的价格为依据，并不否认本企业商品的成本、质量等因素对价格形成的直接作用。

2. 主动竞争定价法

主动竞争定价法又称价格领袖定价法或寡头定价法，是指在某个行业或部门中，由一个或少数几个大企业首先定价，其余企业参考定价或追随定价的方法。这一个或少数几个大企业就是价格领袖，它们不追随竞争者的价格，而是根据本企业产品的实际情况以及与竞争对手产品的差异来确定产品的价格。它们的价格变动往往会引起其他企业的价格变动。

3. 密封投标定价法

密封投标定价法是指在营销活动中，企业根据招标方的条件、竞争情况，以及招标企业标底来确定价格的一种方法。这种方法主要适用于大宗商品、原材料、成套设备和建筑工程项目的买卖和承包，往往采用发包人招标、承包人投标的方式选择承包商，确定最终承包价格。

密封投标定价法在国际通行的“做低价最优”的选择机制下，企业想要中标，必须使自己的报价在不低于成本的情况下低于其他竞争对手；而我国传统的方法为“标底制”，即企业必须对由招标单位按有关规定制定的标底价格进行估计，争取与招标单位的标底相同或比竞争对手更为接近标底。总的来说，企业必须同时考虑目标利润和中标概率，以确定最佳报价。表 6-2 列举了报价与中标概率、利润之间的关系。

表 6-2 密封投标定价事例

企业报价/万元	可能利润/万元	中标概率/万元	期望利润/万元
9500	100	0.81	81
10000	600	0.36	216
10500	1100	0.09	99
11000	1600	0.01	16

【任务实施】

撰写《××××（PLC 产品）定价方法分析报告》

1. 任务组织

以小组为单位，小组规模一般为 3 ~ 5 人，每个小组选举小组长协调小组的各项工作。教师提出必要的指导和建议，组织学生进行经验交流，并针对共性问题在课堂上组织讨论和专门讲解。

2. 任务内容

各组针对不同的 PLC 产品从产品成本导向因素、需求导向因素、竞争导向因素等方面进行深入的调查与分析，小组进行充分讨论，根据分析结果，撰写本组的《××××（PLC 产品）定价方法分析报告》。（备选机电产品：①西门子 PLC；②三菱 PLC；③欧姆龙 PLC；④无锡信捷 PLC；⑤台达 PLC；⑥上海正航 PLC；⑦深圳丰菱 PLC；⑧施耐德 PLC；⑨其他品牌 PLC 等。）

3. 任务考核

每组由组长代表本组汇报任务完成情况，同学互评，教师点评，然后综合评定各组本次任务的实训成绩。

具体考核见表 6-3。

表 6-3　撰写产品定价方法分析报告任务考核表

考核项目	考核内容	分数	得分
工作态度	按时完成任务	5 分	
	格式符合要求	5 分	
任务内容	调研目的明确	5 分	
	调研方法正确	5 分	
	样本描述清晰	5 分	
	有对产品成本导向定价分析	10 分	
	有对产品需求导向定价分析	10 分	
	有对产品竞争导向定价分析	10 分	
	结论符合实际情况	10 分	
	给出定价建议	10 分	
团队合作精神	具有较强的团队意识	5 分	
	具有良好的协作精神	5 分	
	具有相互服务的意识	5 分	
团队间互评	团队较好地完成本任务	10 分	

样本：

××××（PLC 产品）定价方法分析报告

一、概述

1. 调查目的
2. 调查说明（时间、方式等）
3. 样本描述（所选品牌的类型、企业规模及发展、主要产品优势等）

二、定价方法对比分析

1. 成本导向定价分析
2. 需求导向定价分析
3. 竞争导向需求分析
4. 品牌间优势对比

三、结论

1. 产品定价
2. 市场预期及现状

任务三　领会机电产品的竞争性定价（招投标）

【知识链接】

招投标广泛应用在机电产品大宗采购中，最常见的是进口设备的采购。从 1987 年开始，我国政府提出了以下要求：凡国内建设项目需要进口的机电设备，必须先委托中国机电设备招标中心下属的招标机构在国内进行公开招标；凡国内制造企业能够中标制造供货的，不再批准进口；国内制造企业不能中标的，可以批准进口。

机电产品招投标领域建立了比较完善的制度办法。1986 年制定了《申请进口机电设备国内招标投标管理暂行办法》；1993 年发布了《机电设备招标投标指南》，明确了招标需遵循的原则、基本程序，提出了招标投标在与国际惯例相衔接中的指导意见；1996 年 11 月，原国家经济贸易委员会颁布了《机电设备招标投标管理办法》和《机电设备招标机构资格管理暂行办法》；2014 年，商务部发布了《机电产品国际招标投标实施办法（试行）》。

知识点一：招投标的概念

1. 招投标

其全称为招标投标，是一种因招标人的要约，引发投标人的承诺，经过招标人的择优选定，最终形成协议和合同关系的平等主体之间的经济活动过程。

2. 招标人

招标人也叫招标采购人，是采用招标方式进行货物、工程或服务采购的法人和其他社会经济组织。

3. 投标人

投标人是指响应招标、参加投标竞争的法人或者其他组织。其中，那些对招标公告或邀请感兴趣的可能参加投标的人称为潜在投标人，只有那些响应并参加投标的潜在投标人才能称为投标人。

4. 标的

标的是招标方与投标方交易的项目统称。招投标交易的项目分为工程类、货物类、服务类。工程类项目标的指的是项目的工程设计、土建施工、成套设备、安装调试等内容。货物类项目标的指的是拟采购商品规格、型号、性能、质量要求等。服务类项目标的指的是服务要保障的内容、范围、质量要求等。

5. 招标书

招标书即标书，是由发包单位编制或委托设计单位编制，向投标人提供对该工程的主要技术、质量、工期等进行要求的文件。

6. 投标书

投标书是指投标单位按照招标书的条件和要求，向招标单位提交报价并填具标单的文书，又称标函。它是投标单位在充分领会招标文件，进行现场实地考察和调查的基础上所编制的投标文书，是对招标公告提出的要求的响应和承诺，并通过提出具体的标价及有关事项来竞争中标。

知识点二：招投标的特征和原则

1. 招投标的特征

招标投标是一种商品交易方式，是市场经济发展的必然产物。与传统交易活动中采用供求双方“一对一”直接交易的方式相比，招标投标是相对成熟的、高级的、有组织的、规范化的交易方式，具有以下特征：

（1）竞争性　招投标的核心是竞争，按规定每次招标必须有三家以上企业投标，这就形成了投标人之间的竞争，它们以各自的实力、信誉、服务、质量、报价等优势来取胜。竞争是市场经济的本质要求，也是招标投标的根本特性。

（2）程序性 招标投标活动必须遵循严密规范的法律程序。《中华人民共和国招标投标法》及相关法律政策，对招标人从确定招标采购范围、招标方式、招标组织形式直至选择中标人并签订合同的招标投标全过程每一环节的时间、顺序都有严格、规范的限定，不能随意改变。任何违反法律程序的招标投标行为，都可能侵害其他当事人的权益，必须承担相应的法律后果。

（3）规范性 《中华人民共和国招标投标法》及相关法律政策对招标投标各个环节的工作条件、内容、范围、形式、标准以及参与主体的资格、行为和责任都做出了严格的规定。

（4）一次性 投标要约和中标承诺只有一次机会，且密封投标，双方不得在招标投标过程中就实质性内容进行协商谈判、讨价还价，这也是与询价采购、谈判采购以及拍卖竞价的主要区别。

（5）技术经济性 招标采购或出售标的都具有不同程度的技术性，包括标的使用功能和技术标准、建造、生产和服务过程的技术及管理要求等；招标投标的经济性体现为中标价格是招标人预期投资目标和投标人竞争期望值的综合平衡。

2. 招投标的基本原则

招标投标应当遵循公开、公平、公正和诚实信用的原则。

公开原则是指招标项目的要求、投标人资格条件、评标方法和标准、招标程序和时间安排等信息应当按规定公开透明。

公平原则是指每个潜在投标人都享有参与平等竞争的机会和权利，不得设置任何条件歧视、排斥或偏袒、保护潜在投标人。

公正原则是指招标人与投标人应当公正交易，且招标人对每个投标人应当公正评价。

诚实信用原则是指招标投标活动主体应当遵纪守法、诚实善意、恪守信用，严禁弄虚作假、言而无信。

知识点三：招标方式及招投标的基本程序

1. 招标方式

按照竞争开放程度，招标方式分为公开招标和邀请招标两种方式。公开招标又称无限竞争性招标，是指招标人以招标公告的方式邀请不特定的法人或者其他组织投标。邀请招标又称有限竞争性招标，是指招标人以投标邀请书的方式邀请特定的法人或其他组织投标。

招标项目应依据法律规定条件、项目的规模、技术、管理特点要求、投标人的选择空间以及实施的急迫程度等因素选择合适的招标方式。依法必须招标的项目一般应采用公开招标，如符合条件，确实需要采用邀请招标方式的，须经有关行政主管部门核准。

2. 招投标的基本程序

招投标的基本程序是文件材料准备、招标、投标、开标、评标、中标与签订书面合同。

（1）文件材料准备 在招标之前，应该进行一系列文件材料准备工作，以备招投标过程所用，主要包括招标过程中所需要的各种证明资料、技术性能资料等。由于招投标过程是以法定方式和程序进行的，要求在招标过程中所使用的文件资料准确、可靠，具有法定效力。

（2）招标 招标是指招标人按照国家有关规定履行项目审批手续、落实资金来源后，依法发布招标公告或投标邀请书，编制并发售招标文件等具体环节。一般由专业人员制定招标书内容，招标书主要内容可分为三大部分，即程序条款、技术条款、商务条款，包含下列九项主要内容：

1）招标邀请函。

2）投标人须知。

3）招标项目的技术要求及附件。

4）投标书格式。

5）投标保证文件。

6）合同条件（合同的一般条款及特殊条款）。

7）技术标准、规范。

8）投标企业资格文件。

9）合同格式。

招标书一般公布在招标平台上。招标过程可以分为招标人自行组织招标和招标人委托招标代理机构招标两种组织形式。

（3）投标　投标人按要求编制的投标文件（即投标书）应对招标文件提出的要求和条件做出实质性响应。投标文件包括商务部分、技术部分、价格部分和其他部分。在招标文件要求提交投标文件的截止时间前，将投标文件密封送达投标地点。在这一截止时间之后送达的投标文件，为无效投标文件，招标采购单位应当拒收。

投标文件内容应该涵盖下列要素：

1）投标函。

2）投标人资质。

3）资信证明文件。

4）投标项目方案及说明。

5）投标价格。

6）投标保证金或其他形式担保。

7）招标文件要求具备的其他内容。

（4）开标　开标即招标人按照招标文件确定的时间和地点，邀请所有投标人到场，当众开启投标人提交的投标文件，宣布投标人的名称、投标报价及投标文件中的其他重要内容。

开标的最基本要求和特点是公开，保障所有投标人的知情权，这也是维护各方合法权益的基本条件。

（5）评标　招标人依法组建评标委员会，依据招标文件的规定和要求，对投标文件进行审查、评审和比较，确定中标候选人。

（6）中标　中标也称为定标，即招标人从评标委员会推荐的中标候选人中确定中标人，并向中标人发出中标通知书，同时将中标结果通知所有未中标的投标人。投标人提交投标保证金的，招标人应同时退还投标保证金。中标者应符合下列条件之一：满足招标文件各项要求，并考虑各种优惠及税收等因素，在合理条件下所报投标价格最低；最大限度地满足招标文件中规定的各项综合评价标准。

（7）签订书面合同　中标通知书发出后，招标人和中标人应当按照招标文件和中标人的投标文件在规定的时间内签订书面合同，中标人按合同约定履行义务，完成中标项目。

依法必须招标的项目，招标人应当从确定中标人之日起 15 日内，向有关行政监督部门提交招标投标情况的书面报告。

【名家指点】

来自采购一线的经验之谈

1. 字斟句酌

招投标的第一个程序就是编制招标文件，在这个环节上，采购单位最重要的就是按照自己的实质性要求和条件切实编制招标文件。还有一个重要的环节就是招投标双方都要注意标书中的实质性要求和条件。一般情况下，投标人会认真研究招标文件中的技术要求，根据自己产品的情况，在技术方面较好地响应招标文件的实质性要求。

2. 内外双修

标书编制出来以后，接下来就是发布招标公告。在这个阶段，一定要修炼好“内功”和“外功”。修炼“外功”是指在信息发布和采集阶段，一定要注意外部信息来源。企业及时准确地获得信息，是企业参加投标的前提。修炼“内功”是增加企业和产品的知名度，与采购中心或采购频繁的实体建立较为密切的联系，使它们对你的产品有一定了解。

3. 后发制人

从招标文件开始发出到投标人提交招标文件之间有较长的一段时间，这段时间对于企业是非常重要的。有经验的企业会在递交投标文件的前夕，根据竞争对手和投标现场的情况，最终确定投标报价和折扣率，现场填写商务方面的文件。

4. 丢车保帅

到了开标阶段，企业虽然没有机会对投标书进行更改，但是还可以撤除某些意向，考虑丢车保帅的最后时机。

5. 精雕细刻

评标委员会评标、招标人定标是非常关键的程序。投标文件是唯一的评标依据，编制一份高质量的投标文件是企业在竞争中能否获胜的关键。要想编制一份高质量的投标文件就要精雕细刻。投标人应该根据招标的项目特点，抽调有关人员组成投标小组。在编制招标文件的时候，投标人一定要确保投标文件完全响应招标文件的所有实质性要求和条件。

6. 信誉为本

招投标的最后阶段就是用书面形式通知中标人和所有落标人，以及招标人和中标人签订合同。一般来说，公司中标在于信誉，而信誉往往体现在企业的报价、供货和售后服务等方面。报价方面主要注意不能恶性竞价；供货方面注意要求企业一定按照合同办事；售后服务更是各企业竞争的重要方面。

【任务实施】

撰写《××××（机电产品）采购投标书》

1. 任务组织

以小组为单位，小组规模一般为 3 ~ 5 人，每个小组选举小组长协调小组的各项工作。教师提出必要的指导和建议，组织学生进行经验交流，并针对共性问题在课堂上组织讨论和专门讲解。

2. 任务内容

每组针对不同的机电产品设备采购情况，进行投标书的撰写。各组从所选产品的采购需求方面进行仔细分析，撰写投标函、投标书，包含产品报价、代理人授权书、公司简介及资质证明、产品情况说明、技术文件等，依照样本撰写本组的《××××采购投标书》。（①叉车；②数控镗床；③滚齿机；④摇臂钻床；⑤数控车床；⑥平面磨床；⑦液压泵；⑧卧式铣床；⑨PLC 等。）

3. 任务考核

每组由组长代表本组汇报任务完成情况，同学互评，教师点评，然后综合评定各组本次任务的实训成绩。

具体考核见表 6-4。

表 6-4　撰写投标书任务考核表

考核项目	考核内容	分数	得分
工作态度	按时完成任务	5 分	
	资料完整，格式正确	5 分	
任务内容	各种投标资质材料完整	15 分	
	投标函无误	10 分	
	产品情况说明、技术文件无误	15 分	
	投标报价合理	15 分	
	投标书内容完整	10 分	
团队合作精神	有明确的角色分配和任务分配	5 分	
	具有良好的协作精神	5 分	
	具有相互服务的意识	5 分	
团队间互评	团队较好地完成本任务	10 分	

样本：

《××××（机电产品）采购投标书》

一、投标函
二、开标一览表（包含主要投标信息）
三、产品报价
四、委托代理授权书
五、售后服务情况
六、产品质量保证书
七、公司简介及资质证明
八、投标产品介绍
九、技术文件

【职业能力训练】

一、填空题

1. 影响定价的成本因素包括__________、__________、__________和__________。

2. 影响定价的竞争因素包括__________、__________、__________和__________。
3. 产品定价方法主要包括__________、__________、__________。
4. 需求导向定价法主要包括__________和__________。
5. 按照竞争开放程度，招标方式分为__________和__________两种方式。
6. 招投标的基本程序是文件材料准备____________、____________、____________、____________、____________与签订书面合同。

二、简答题

1. 影响机电产品定价的因素有哪些?
2. 企业定价目标一般有哪几种?
3. 与总成本加成定价法相比，目标收益定价法的缺陷有哪些?
4. 需求差异定价法包含哪些差异类型? 请举例说明。
5. 请解释招标人、投标人、标的、标书的概念。
6. 招投标的特征和基本原则有哪些?
7. 招标书和投标书应包含哪些内容?

三、案例分析题

价格屠夫——格兰仕

中国的微波炉行业兴起于20世纪90年代初，在格兰仕进入微波炉行业的1993年，整个中国的市场容量仅为20多万台。此时，龙头老大蚬华的销售规模为1万台，且大半市场集中在上海，许多其他城市居民也不知微波炉为何物，更不习惯用微波炉来烹饪。此时行业未充分发展，主要对手很弱，只要倾全力投入就很容易在规模上把对手远远甩在后面，单机成本也会随之远远低于竞争品牌。这给格兰仕迅速崛起带来了机会，1995年销量达25万台，市场占有率为25.1%，超过蚬华成为全国第一（蚬华为24.8%），到1998年总产量达315万台，销售达213万台，市场占有率为61.43%，而原来的老大蚬华销售规模已不到15万台。

格兰仕价格战的目标设计明确，即最大限度地扩大市场份额。而格兰仕价格战打得比一般企业出色，规模每上一个台阶，就下调一个幅度的价格。格兰仕当自己的规模达到125万台时，就把出厂价定在规模为80万台的企业成本以下。此时，格兰仕还有利润，而规模低于80万台的企业若也以此价格来出售产品，就会亏本，除非能形成显著的品质技术差异。当规模达到300万台时，格兰仕又把出厂价调到规模为200万台的企业的成本线以下，结果规模低于200台且技术无明显差异的企业陷入亏本的泥潭，使对手缺乏追赶上其规模的机会，在家电业创造了市场占有率达到61.43%的优势。

请分析格兰仕的定价目标是什么? 采用的定价策略是什么?

项目七

运用多种方法促销机电产品

【知识目标】

1. 理解促销与促销组合的相关概念，理解促销的实质。
2. 掌握机电产品营业推广的特点。
3. 了解机电产品常用的营业推广手段。
4. 了解常用的公关方法。

【技能目标】

1. 能够在机电产品营销的实际工作中灵活选择运用促销方法。
2. 能够分析机电产品促销实际问题，制定促销方案，实施、评估和控制促销活动。

【提交成果】

《××××（机电产品）促销组合方式分析报告》。

【开篇案例】

老李的促销故事

老李是一个卧式车床配件企业很能干的推销员，他知道车床生产厂家对车床配件供应商的选择都很慎重。他通过对车床行业中某客户进行调查研究发现，竞争对手产品中一个关键部件经常出现质量问题，而且这个配件的质量对整个车床的影响在一年内不容易发现，直到出现故障时客户才会被动地选择更换，给售后服务带来一定的影响。

在一般情况下，这一潜在问题并不直接影响客户更换供应商。发现这一问题后，老李并没有开门见山地向该车床生产厂家推销自己的产品，而是与本企业技术人员一同制定了一套针对这一问题的技术改进方案，在充分地评估研究之后给该客户提供了初步的技术解决方案。

客户看到这个分析报告后，感觉到问题的严重性，最后决定与老李进行进一步的技术交流、技术评估等。车床生产厂家在以后选择配件供应商时，虽然有多家竞争对手，但因为前期的互相交流以及对老李的解决方案的认可，使老李得到了为这家车床生产厂家做配套零件的稳定生意。

案例讨论：

老李在销售中用了哪些促销方法？

任务一　领会机电产品促销

【知识链接】

知识点一：促销与促销组合

1. 促销的含义及作用

(1) 促销的含义　促销是促进销售的简称，是企业通过人员推销或非人员推销的方式，向目标客户传递商品或劳务的信息，帮助客户认识商品或劳务所带来的利益，从而引起客户的兴趣，激发客户的购买欲望及购买行为的活动。

促销本质上是一种沟通活动，沟通者有意识地安排信息、选择渠道媒介，以便对特定沟通对象的行为与态度进行有效的影响。

(2) 促销的作用

1) 传递信息，沟通情报。企业通过调查研究，掌握市场需求的信息，通过促销将企业的信息传达给客户。促销活动可以使客户指导企业生产什么、经营什么、产品应具有什么特点，从而满足客户的需求；客户的信息反馈则可以使生产者改进产品，以满足客户的需求。

2) 引导消费，创造需求。企业通过广告宣传、人员推销、销售促进和公共关系等形式，展示、介绍有关商品并以说服和激励的方法引导需求和激发需求，从而增加产品的需求量。

3) 突出产品特点，提高竞争能力。随着市场竞争的日益激烈，各企业同类产品的差别越来越小。要想吸引客户购买自己的产品，必须利用促销先发制人，扩大品牌知名度，增强客户的购买信心和品牌忠诚度，使自己的产品处于竞争的有利地位。

4) 强化企业形象，巩固市场地位。由于市场竞争加剧，一些商品的销售会出现不稳定的波动。通过促销活动，可以树立本企业及产品形象，提高原有客户的信任感，从而培养和提高对产品的“品牌忠诚度”，还可以改变一些客户的某些顾虑和观望态度，培养其对产品的兴趣，从而稳定及扩大销售。

2. 促销组合

(1) 促销组合的含义　促销组合是指对营销沟通过程中的各个要素的选择、搭配及其运用。促销组合的主要要素包括广告宣传、人员推销和营业推广（也称销售促进或销售推广）以及公共关系。

(2) 影响促销组合的因素　每个客户都需要根据自己的具体状况来确定其使用的促销组合。影响促销组合的主要因素主要有以下几个方面：

1) 促销目标。企业在不同的营销环境下，在不同的时期所实施的特定的促销活动，都有其特定的促销目标。目标不同，促销组合也就不同。例如，针对某些产品，企业的促销目标可以是引起社会的公众注意，报道产品存在的信息；也可以是重点突出产品特点、性能，以质量吸引客户。在进行促销组合时，要根据具体而明确的营销目标对不同的促销方式进行适当选择，从而达到促销目标。

2) 产品的性质。不同性质的产品，客户购买的需求不同，需要不同的促销组合。一般来说，机电产品比消费品更多地采用人员推销，配合营业推广（促销）、公共关系和广告。

由于消费品的花色品种繁多，客户分布较为广泛，所以广告可以作为一种最佳的宣传手段，同时辅以营业推广（促销）和公共关系，人员推销相对较少。高价产品由于使用风险大，所以其推销应以公共关系和人员推销为主；低价产品的促销应以广告和营业推广为主。

各类促销工具对消费品、机电产品销售的相对重要性存在一定差异，如图 7-1 所示。

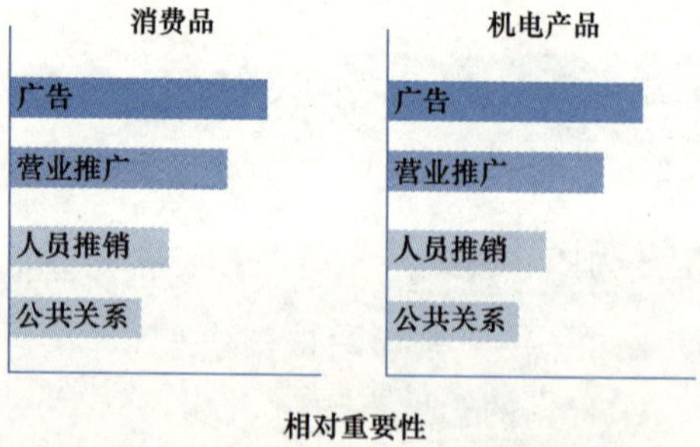

图 7-1　各类促销工具对消费品、机电产品销售的相对重要性

3）产品的生命周期。在产品生命周期的不同阶段，市场销售态势不同，销售的目标也不同，因此必须相应地选择、编配不同的促销组合。如在产品引入阶段，广告和人员推销都是重要的促销方式。通过广告，重点介绍产品的性能、特点、原理及客户可从中获得的利益。人员推销的重点是寻找、说服中间商经销产品，并直接寻找客户介绍产品，鼓励客户试用。

4）市场的特点。不同的市场需要采用不同的促销策略。不同的市场是以市场地理范围、市场类型及市场潜在客户的角度来区分的。

① 市场地理范围。市场地理范围不同，促销方式就应有所区别。小规模的本地市场应当以人员推销或商品陈列等为主，不必广泛使用广告，应以人员推销为重点；在范围广泛的市场，广告宣传、公共关系和营业推广就应成为主要选择；中等范围的市场，可以以一种促销方式为主，辅以其他方式。

② 市场类型。对于个人、家庭类型的消费市场，客户多而分散，主要应以广告、公共促销为主，辅以营业推广；对于组织用户、集团消费的生产者市场，专业性强，数量少且集中，通常应以人员推销为主，辅以公共关系和广告，或者进行专业性的展销示范，当面向客户介绍产品性能和特色；对于中间商市场，则宜以人员推销为主，并配合营业推广。

5）促销预算保障。不同的促销方式、促销组合需要投入的资金总量不同。因此，企业的财务资金实力及其对促销投资的预算安排，也影响并制约着促销方式的选择。企业要用最少的费用、最佳的促销组合，使促销费用发挥最好的效用。

6）促销管理水平。不同的促销方式、手段，其管理复杂的程度有所不同。一般来说，公共关系和营业推广的管理更为复杂，如果企业管理水平不高，则一般不愿意选择这两种方式；广告和人员推销的管理相对简单，容易被企业选择使用。

7）促销时机的选择。任何产品都会面临销售时机和非销售时机。在销售时机（如销售旺季、流行期、特别事件和节假日等）应当掀起促销高潮，一般要以广告、营业推广为重点；而在平时，则可以公共关系和人员推销为主。

8）分销渠道的类型。如果企业以间接分销渠道为主，则应以广告、公共关系为主，以为中间商创造有利的销售环境，再配合对中间商的营业推广，充分调动其积极性；如果企业以直接分销渠道为主，则应以公共关系、人员推销和营业推广为主。

9）市场营销组合与促销总策略。现代促销不是孤立存在的，它必须与其他营销策略和手段结合才能真正实现自己的价值。因此，在进行促销策划时绝对不能离开市场营销组合。促销总策略不同，促销组合策略也不一样。例如，对于推式策略而言，人员推销更重要一些，拉式策略则以广告为主要的促销策略。

3. 促销的基本策略

不同的促销组合形成不同的促销策略，如以人员推销为主的促销策略及以广告为主的促销策略。从促销活动运作的方向来划分，有推式策略和拉式策略两种。

（1）推式策略（从上而下策略）　推式策略以人员推销为主，辅以中间商销售促进，兼顾客户的销售促进。推式策略是将商品推向市场的促销策略，其目的是说服中间商与客户购买产品，并层层渗透，最后到达客户手中，如图 7-2 所示。

图 7-2　推式策略示意图

由上图可以得知，推式策略的操作程序是：生产者竭力向批发商推销，批发商竭力向零售商推销，零售商竭力向客户推销，最终达到客户购买本企业产品的目的。

（2）拉式策略（从下而上策略）　拉式策略主要是通过广告促销来吸引客户。通过创意新、高投入、大规模的广告宣传，直接诱发客户的购买欲望，由客户向零售商、零售商向批发商、批发商向制造商求购，由下而上，层层拉动购买，如图 7-3 所示。

图 7-3　拉式策略示意图

可见，拉式策略的购买过程是：广告吸引客户，客户向零售商求购，零售商向批发商求购，批发商向生产者求购。

企业采取“推”的策略，以人员促销和中间商促进为主；企业采取“拉”的策略，则以公关促销、广告促销和客户促进为主。

知识点二：人员推销

1. 人员推销的含义

人员推销是市场营销中一种古老的、富有技巧的促销方式，它在现代市场营销中起着重要的作用。企业要运用人员推销方式开展推销，必须了解人员推销的任务、形式及步骤。

人员推销是指企业通过派出推销人员与一个或一个以上可能成为购买者的人交谈，做口头陈述，以推销商品、促进和扩大销售。在人员推销活动中，推销人员、推销对象和推销品是三个基本要素，前两者是推销活动的主体，后者是推销活动的客体。不同的产品，人员推销的方法不相同。人员推销的基本形式主要包括三种：上门推销、柜台推销、会议推销。

2. 人员推销的特点

（1）信息的双向沟通　在人员促销过程中，推销人员一方面把企业信息及时、准确地传递给目标客户，有效激发客户的购买兴趣，并促使其立即采取购买行为；另一方面可以把市场信息及客户的要求、意见、建议反馈给企业，为企业调整营销方针和政策提供依据。

（2）推销方式灵活多样　在推销活动开始之前，推销人员应该选择具有较大购买可能的客户进行推销，避免盲目、泛泛地进行推销。推销人员可以对未来可能购买产品的客户进行研究和选择，通过电话或传真方式预约并确定推销对象，以便实地推销时目标明确，容易获得推销成果，同时也可将不必要的经费和时间浪费降到最低。

（3）推销任务双重性　推销人员的工作任务并非是单一地推销产品，而是具有双重性。除了寻求机会、创造需求、担任产品（服务）的推销工作外，还可以兼做信息咨询服务，搜集情报，反馈信息，以及开展全方位的售前、售中与售后服务。

（4）关注人际关系　人员推销可以将企业与客户的关系从纯粹的买卖关系培养成朋友关系，使彼此建立友谊，相互信任、理解，比非人员推销更富有人情味，这种感情有助于工作的开展，实际上起到与公共关系相同的作用。

3. 人员推销的类型

（1）推销人员推销　在人员推销的基本形式中，销售人员起着总体协调和沟通的作用。在机电产品市场营销过程中，“消费引导”的作用比消费品更重要、更突出，这是由机电产品的技术性和应用的限制性决定的。销售人员应该设计人性化、生动化的销售工具，辅助产品推广，创造良好的沟通、谈判氛围，促成成交，帮助客户降低对技术型产品的认识壁垒。

（2）服务人员推销　在机电产品，特别是在复杂设备的销售中，客户对企业的依赖性很强，如数控加工中心的使用往往需要供应商对客户的操作人员进行一定的培训。服务人员接触的是产品的使用者，当交易完成后对产品好坏进行评价的主要是使用者，这对其下次购买是否选择企业的产品起着关键作用。因此，服务人员要在送货、安装、用户培训、咨询服务、维修等方面突出企业与竞争对手的不同和优势，树立企业的良好形象，与使用者建立良好关系，以促进其重复购买。

（3）技术人员推销　客户中的技术人员是购买决策的重要影响者。在某些大型设备、仪器的购买过程中，有时技术人员就是真正的决策者。因此，在推销时，如何赢得技术人员的支持是获得订单的关键。技术人员和技术人员最有共同语言，因此企业的技术人员在必要时也要站在推销的第一线。

（4）企业高层人员推销　国外知名企业的总裁经常定期拜访客户，甚至对一些小客户也进行接待，以对外传达它是一家真正重视客户、真正以客户为中心的企业。另外，企业领导与客户领导一般更容易交流，通过高层接触有利于加强双方的信任，有利于交易的成交和客户忠诚度的提高。

4. 人员推销的流程

（1）人员推销的步骤　寻找线索→事先调查→接触访问→介绍与展示→排除异议→完成交易→后续工作。

1）寻找线索：寻找具有潜在购买力的客户。

2）事先调查：在接触客户之前，从各种渠道对客户进行深入了解，并确定最佳的接洽方式。

3）接触访问：确定与客户的会面，通过寒暄表达善意，吸引客户的注意力和兴趣。

4）介绍与展示：向客户讲述和展示推销产品能为客户带来的价值和具有吸引力的特性。

5）排除异议：发现客户存在的异议并进行解释，积极让客户产生购买意向。

6）完成交易：抓住恰当时机，完成交易。

7）后续工作：提供回访、售后服务、产品保证等内容，确保客户满意，并能产生二次购买的想法。

【阅读材料】

汽车销售员的推销技术

美国一位企业总裁打算购买一辆不太昂贵的汽车送给儿子作为高中毕业礼物。“萨布”牌轿车的广告曾给他留下印象，于是他到一家专门销售这种汽车的商店去看实体车。销售人员在介绍过程中总是强调“萨布”车比“菲亚特”和“大众”强。这位总裁发现，在这位推销人员的心目中后两种汽车是最厉害的竞争对手。尽管这位总裁过去没有听说过那两种汽车，但还是决定先亲自看一看再说，最后他买了一辆“菲亚特”汽车。在推销产品时，销售人员面临来自顾客和来自竞争对手的双重挑战，如何对付竞争对手成为推销人员必须掌握的一种技术。

5. 人员推销方法

机电产品常见的人员推销方法有实地推销和零售促推两种。

1）实地推销。一般而言，小件机电产品的推销，经常是由推销人员带着样品或者运用多媒体信息技术平台（便携式计算机）上门进行实地推销，全方位推示、介绍产品。

2）零售促销。一般情况下，大件机电产品的推销常使用零售推销方式，通过向客户赠送产品说明书，展示产品的使用功能，引起客户关注，并最终达成交易。

6. 人员推销技巧

（1）试探性技巧　推销人员在不了解客户需求的情况下，可以事先准备好能激发客户兴趣、刺激客户购买欲望的推销内容，与客户进行渗透性交谈，密切关注对方的反应，然后根据反应采取相应的推销措施，如重点提示机电产品的特色及优点，进行示范操作的视频演示，出示产品图片资料，赠送说明书或提供产品试用等，观察客户的反应，诱发客户购买动机，引导其产生购买行为。

（2）针对性技巧　推销人员已基本掌握客户的某些方面的需要，然后根据客户的需要做好与其接触前的充分准备。例如，收集大量有针对性的材料、信息，熟悉满足客户需要的机电产品性能等。推销人员在推销洽谈过程中，要努力为客户解决在机电产品技术难题、价格、售后服务等方面的顾虑，让其亲身感受到推销人员的专业素质，并产生强烈的信任感，进而促成交易。

（3）诱导性技巧　如果客户对机电产品没有现实需求，推销人员应尝试运用刺激需求的说服方法和手段来诱导其潜在需求。推销人员要不失时机地宣传介绍和推荐所推销的机电产品的优越性，围绕提高生产效率、降低生产成本、性价比高等产品优点诱导客户将潜在需求转化为现实需求。

7. 人员推销管理

（1）推销人员应具备的素质

1）品质素质。推销人员对客户要诚恳、谦恭有礼，要具备全心全意为客户服务的精神，要有高度的责任感，一言一行都必须为企业负责，绝对不能有损害企业形象的行为发生。推销人员要遵纪守法，不假公济私，不铺张浪费。

2）心理素质。一个优秀的推销人员必须具备良好的心理素质，主要包括性格外向、善于容忍、有坚强的毅力和上进心、富有幽默感。

3）业务素质。推销人员必须熟悉公司发展史，对公司历年财务、人员状况、领导状况及技术设备了如指掌；推销人员应该是产品专家，应全面了解从产品设计到生产的全过程，还应全面掌握产品种类、设备状况、服务项目、定价原则、交货方式、付款方式、库存、运输条件等；推销人员应了解客户的购买决策依据，了解客户的购买条件、方式和时间，深入分析不同客户的心理、习惯、爱好和要求；推销人员还应具备相应的法律素质，讲究必要的推销礼仪。

4）身体素质。推销人员必须具备健壮的体格和健全、灵活的大脑，从而保持旺盛的精力。

（2）推销人员的组织结构形式

1）地区结构式，即每个（组）推销人员负责一定地区的推销业务。

2）产品结构式，即每个（组）推销人员负责一种或几种产品的推销业务。

3）客户结构式，即根据客户的行业、规模、分销渠道的不同而分别配备不同的推销人员。

4）综合结构式，即以上三种结构的综合组织结构方式。

（3）推销人员的业绩评估　对推销人员的业绩评估主要考核以下指标：

1）销售数量指标。

2）访问客户的次数。

3）新客户的增加数量（或市场占有率的提高）。

4）销售完成率＝实际销售额/计划销售额。

5）销售费用率＝推销费用/总销售收入。

知识点三：广告宣传

1. 广告的含义及构成要素

（1）广告的含义　广告有狭义和广义之分。营销学中的广告是狭义的广告，指法人、公民和其他经济组织为推销商品、服务或观念，通过某种媒介向公众发布有关信息的活动。它是企业在促销中应用最广的方式。

（2）广告的构成要素　广告要成功地运行离不开五个要素，即广告主、广告代理公司、广告媒体、广告受众和广告信息。

1）广告主。广告主是为推销产品或服务，自行或委托他人设计、制作、发布广告的法人、其他经济组织或个人。广告主是整个广告活动的发起者，是广告信息的发布者和最终付费者，是广告活动的法律责任的承担者。

2）广告代理公司。广告代理公司简称广告公司，是受广告主的委托提供广告设计、制作代理服务的法人。在广告代理制下，广告公司的主要职能是为客户提供以策划为主导、市场调查为基础、创意为中心、媒体选择为实施手段的全方位、立体化服务。

3）广告媒体。广告媒体是指为广告主或广告主委托的广告代理公司发布广告的法人或其他经济组织。广告媒体是沟通广告主和广告受众的桥梁，是广告信息的载体。

4）广告受众。广告受众又称广告诉求对象（或广告对象）。广告受众是广告信息的接受者和反馈者。广告受众从广告传播层面上讲，是广告传播活动的终端和目的地，是整个广告运作的客体；从营销的层面上讲，广告受众是产品或服务的目标客户。

5）广告信息。广告信息是广告传播的主要内容，包括产品信息、服务信息和观念信息。产品信息主要包括产品的供销、性能、质量、用途、价格、销售时间和地点等；服务信息主要指广告主提供的各种服务；观念信息主要是指广告主通过广告的表现，在受众心中建立起的一种有利于推广产品或服务的消费观念。

2. 广告的分类

企业需要明确进行广告宣传所需要达到的目标，这是广告开发的基础。通常，企业会采用所追求的经济效益和社会效益作为广告的任务目标。广告以任务目标来划分可以分为告知型、说服型和提醒型三种类型。

（1）告知型广告　告知型广告，顾名思义就是直接向客户传播某种信息的广告。告知型广告可以是介绍产品的具体信息、价格、使用说明等，也可以是针对市场上的假冒产品进行纠正和辩白。例如，企业将有一种新产品上市，通过广告的方式向公众介绍新产品的用途或使用方法。告知型广告的宗旨是建立客户信息、打消客户疑虑，进而建立企业的正面形象。

（2）说服型广告　说服型广告也被称为诱导型广告，是企业希望借由广告改变客户对企业的看法和态度，进而促使客户建立品牌偏好。例如：企业通过推销访问方式，劝说并诱导客户接受本企业的产品，放弃竞争企业的产品。说服型广告的宗旨是通过劝说、诱导、说服、品牌对比等手段，让客户在具有选择性需求时更倾向于本企业的产品，以获得产品的竞争优势，实现品牌的优越性宣传。

（3）提醒型广告　提醒型广告是企业通过提醒、提示的方式，让顾客产生购买某种商品的欲望。提醒型广告既可以应用于产品上市，提醒客户可以去哪里购买，也可以用于正处于成熟期的产品。例如：企业会在产品销售淡季进行广告宣传，以提醒客户不要忘记该产品。提醒型广告的宗旨是不断加强客户的产品认知，让客户确信他们的选择是正确的。

3. 广告媒体的种类及影响选择因素

（1）广告媒体的种类　企业的广告作品最终要通过一定的媒体传达给客户，可供企业选择媒体种类日益增多，主要有以下几种媒体形式。

1）电视：电视是信息高度集中、高度浓缩的媒体。电视广告兼有报纸、广播和电影的视听特色，以声、像、色兼备，听、视、读并举，生动活泼的特点成为最现代化也最引人注目的广告形式。电视广告覆盖率高，但不易针对目标受众进行宣传。电视是瞬时媒体，受众对电视广告所持的是“爱理不理，可有可无”的态度，要使电视广告成为面对面的销售方式，就要在创意方面加倍努力，以独特的技巧和富有吸引力的手法传达广告信息。

通常，大型机电企业通过电视宣传自己的企业文化，但考虑电视观众一般不具备专业素养，一般不对某一机电产品做电视广告。

2）报纸：报纸长期居于广告媒体的首位，具有发行普遍、及时，发行地点明显，便于选择等优点。报纸的读者广泛，分层面，适应性强，时效性强，并且报纸广告没有阅读时间限制，可以保存。但是报纸印刷粗糙，无法充分表达有些产品的特点，如打印机逼真的打印效果是报纸很难展示出来的。

机电企业基本上选择在专业性比较强的行业报纸上做广告，一般不在普通报纸上进行广告宣传。

3）杂志：杂志有效时间长，印刷精美，广告编排紧凑整齐，篇幅无限制，还可以保存，受众相对比较集中。尤其是专业杂志，如《机床与液压》、《现代制造技术》、《机电一体化技术》，读者都是机电类专业人士，广告效果比较好，但是杂志广告不灵活，企业需要提前一个多月与杂志社预定版面。

4）广播：广播是通过电台播音员向客户介绍产品特点的一种媒体。其优点是传播速度快，空间范围大，而且受众比较集中，制作简便，成本较低；缺点是信息无法保存，传播及记忆效果较差。因为机电产品的营销特点，一般不在广播上做广告。

5）网络媒体：网络媒体是20世纪人类发明的具有价值的传播媒体之一。网络广告实现了广告主与广告受众之间的双向沟通，它利用最先进的虚拟显示界面来使客户达到身临其境的感觉，并给其带来全新的体验。与传统广告媒体相比，网络广告的发布费用较低，且能获得同等的广告效应。但是由于目前网络广告在定价标准、效果测评、规范监督等方面尚没有统一，使得虚假、欺诈性广告信息损害了公众利益，导致网络广告信息的可信度较低。

6）户外媒体：户外媒体的优点主要有形态多样、适应性强、制作费低、持续性强、主题醒目、色彩鲜艳、文字简明、易于记忆、随意欣赏、美化环境；其缺点是受场地限制、缺乏机动性、影响范围小、观众选择性差等。随着经济的发展，户外广告的形式也在不断增加。例如公交广告，它与其他户外广告不同：公交车为广告客户提供了流动媒体，使广告信息有着终年稳定的影响面。公交广告包括车身广告、车内展示广告和拉手广告。

【课堂讨论】

机电企业更适合于采用什么类型的广告媒体进行产品宣传？

【阅读材料】

通用电气的智能电网宣传

通用公司开发了一项智能电网服务项目，期望通过该项目对美国国内的旧电网进行整体维修，改善其工作效率，确保能够持续地向全国输送风能、太阳能等可再生资源，该项目被认为非常具有现实意义。

通用公司为了让更多的民众能够了解并支持项目内容，开展了一系列强有力的宣传工作。除了印刷宣传单、在电视和互联网上进行广告宣传等传统的营销传播方式外，公司还专门针对该项目制作了一个宣传视频。

视频具有独特的创意，而且技术先进。在视频中，《绿野仙踪》里面的稻草人来到了输电塔顶，在塔顶一边跳一边唱：“如果我有智慧。”同时，利用视频的旁白将项目的理念宣传给大家，那就是：“智能电网令我们分配电力的方式更智能，更有效率。”

（2）影响企业选择广告媒体的因素　企业在选择广告媒体时应考虑以下因素：

1）产品因素。如果是技术性复杂的机电产品，宜采用样本广告，它可以较详细地说明产品性能，或采用实物表演，增加客户实际感受。一般消费品可采用视听广告媒体。

2）目标客户的媒体接触习惯。企业选择广告媒体时要充分考虑诉求对象的媒体接触习惯，将广告信息有效地传达给目标受众。例如，针对工程技术人员的广告，应选择专业杂志为媒体；推销玩具和化妆品等最好选择电视作为媒体。

3）媒体的传播范围和影响力。广告宣传所选择的媒体范围要和商品推销的范围一致。同时，要考虑媒体的发行量、信誉、频率等。

4）广告预算。广告主投入广告活动的资金费用使用计划中，媒体费用占很大的比例。一个广告主能承担的全部广告费用的多少，对广告媒体的选择有直接的影响。

4. 广告效果的评估

广告效果是指广告信息通过媒体传播后所产生的社会效应。这种效应包含两个方面：一是对企业产品销售的效应，称为销售效果；二是企业与社会公众的有效沟通效应，称为传播效果。

广告效果的评估方法最常用的有以下几种：

(1) 模拟销售检验　模拟销售检验是指通过人为的办法“选”一个销售环境，以此检验广告的促销功能。例如，“盲目销售检验”就是将包装好的产品上的商标拿掉，摆在货柜上，每种商品后面有说明卡片，上面分别有一则不同的广告，最后哪种商品销量大就说明哪种卡片上的广告促销功能强。

(2) 客户试用　将一组同类产品放在客户面前，客户可以是企业内部的员工，也可以是部分有兴趣的客户。产品均配以不同的广告，然后检验客户对广告的反应、对相应产品的购买意向和购买结果。这类方法的优点是速度快，检验的是真正的客户，费用也不高。其缺点是客户不是主动地选购，而是被动地回答，购买行为不自然，而且由于客户表达能力的不同，有些意见和想法难以准确表达。

(3) 售后检验　这是最直接也是最有效的一种方法：对广告发布前后的销售额进行比较，从中得出广告的促销功能。这种方法的优点是简便易行，立竿见影，直接和企业销售量挂钩。不足之处是无法将广告促销的效果和同时作用的其他促销方法（如人员促销、公共关系）的效果区分开来。

(4) 调查检验　调查检验指调查客户对广告的看法。可以将同一则广告发布在不同的媒体上（如电视、报纸、广播等），询问哪一种效果好；也可以准备两则广告发布在同一份报纸上，今天刊登一则广告，明天刊登一则广告，然后询问哪一种广告效果较好，再决定取舍。

【阅读材料】

广告的5M要素

由于广告费用高，广告策划部是用钱部门，国内一些企业的员工便认定在广告部任职是美差，因为广告投入无明确的效益评价指标。目前，大部分企业对广告的监控主要表现为对广告的计时而忽略或缺乏对质的监控，从而造成广告投入的失控，对企业盈利构成了极大的威胁。因此，利用现代化的信息技术，应用现代营销理论，实现广告功能成本比值最大的目标已迫在眉睫。企业如何制定更高效的广告方案呢？广告方案的制定通常需要进行五项基本决策，即5M要素。

1）任务（Mission）：广告的目标是什么？

2）资金（Money）：要花多少钱？

3）信息（Message）：要传送什么信息？

4）媒体（Media）：使用什么媒体？

5）衡量（Measurement）：如何评价结果？

【任务实施】

撰写《××××（机电产品）促销组合方式分析报告》

1. 任务组织

以小组为单位，小组规模一般为3～5人，每个小组选举小组长协调小组的各项工作。教师提出必要的指导和建议，组织学生进行经验交流，并针对共性问题在课堂上组织讨论和专门讲解。

2. 任务内容

每组针对不同类型的机电产品进行促销组合方式分析。各组从促销目标、产品性质、产品生命周期、市场特点、促销预算保障、促销管理水平、促销时机的选择等方面进行深入的调查与分析，小组进行充分讨论，根据分析结果，撰写本组的《××××（机电产品）促销方式分析报告》。（备选机电产品：①电器元件类；②通用零件类；③汽车配件类；④叉车类；⑤机床配件类；⑥机床刀具类；⑦液压与气动元件类；⑧控制元件类；⑨工具类等。）

3. 任务考核

每组由组长代表本组汇报任务完成情况，同学互评，教师点评，然后综合评定各组本次任务的实训成绩。

具体考核见表7-1。

表7-1　撰写机电产品促销方式分析报告任务考核表

考核项目	考核内容	分数	得分
工作态度	按时完成任务	5分	
	格式符合要求	5分	
任务内容	促销目标分析正确	10分	
	产品性质分析准确、清晰	5分	
	产品生命周期分析准确	10分	
	市场特点分析正确	5分	
	促销预算分析恰当	5分	
	促销管理水平分析准确	5分	
	促销时机的选择恰当	5分	
	结论符合实际情况	20分	
团队合作精神	具有较强的团队意识	5分	
	具有良好的协作精神	5分	
	具有相互服务的意识	5分	
团队间互评	团队较好地完成本任务	10分	

样本：

××××（机电产品）促销组合方式分析报告

一、概述

1. 调查目的
2. 调查说明（时间、方式等）
3. 样本描述（被调查产品的类型）

二、情况分析

1. 促销目标分析
2. 产品分析（产品性质、产品生命周期等）
3. 市场分析
4. 促销预算分析
5. 促销管理水平分析
6. 促销时机分析

三、结论

促销组合方式选择

任务二　运用常用的营业推广方法促进机电产品的销售

【知识链接】

知识点一：营业推广概述

1. 营业推广的含义

营业推广又称销售促进、销售推广，是指以人员或非人员的方式传递商品信息，激发客户的购买欲望，诱导客户采取购买行动的一切活动。其目的是激发客户购买和促进经销商的销售率。其方式有陈列、展出、展览表演和许多非常规、非经常性的销售尝试。

2. 营业推广的类型

(1) 针对客户的营业推广　其目的是鼓励老客户继续使用，促进新客户选用，动员客户购买新产品或更新设备；引导客户改变购买习惯，或培养客户对本企业的偏爱行为等。其方式有许多种，主要有：向客户赠送样品或试用样品、现场示范、组织展销。

(2) 针对中间商的营业推广　其目的是鼓励批发商大量购买，吸引零售商扩大经营，动员有关中间商积极购存或推销某些产品。其方式主要有：批发回扣、推广津贴、销售竞赛、交易会或博览会、工商联营等。

【经验之谈】

中间商包括销售批发商、代理商、寄售商、经纪商和零售商等。零售商又可分为专业商店、百货公司、超级市场、方便商店（便利店）等。促销策划中的中间商营业推广，是指对上述各种类型的中间商展开的一系列营业推广活动。中间商营业推广的目标对象是本品牌产品的各种销售者。其焦点在于提高中间商的进货意愿。如果中间商没有本品牌的产品，企业的业绩就无从提升，更谈不上利润。

（3）针对销售人员的营业推广　其目的是鼓励他们热情推销产品或处理某些老产品，或促使他们积极开拓市场。其方式主要有：销售竞赛（如有奖销售、比例分成等）、免费提供人员培训（如技术指导等）。

知识点二：营业推广的特点

1. 直观的表现形式

许多营业推广手段具有吸引注意力的作用，可以打动客户使其立即购买本企业的产品，促使一些品牌转换者最终成为本企业的品牌忠实者。

2. 灵活多样，适应性强

可根据客户心理和市场营销环境等因素，采取针对性很强的营业推广方法，如赠送优惠券、价格减让、赠送奖品、免费使用等引起客户的注意，促使其立即购买，在较大范围内收到立竿见影的功效。

3. 有一定的局限性和副作用

有些营业推广方法显现出卖方急于出售的意图，容易造成客户的逆反心理。如果使用营业推广方法过多或使用不当，客户会怀疑此产品的品质及产品的品牌。

知识点三：机电产品的营业推广

1. 机电产品常用的营业推广手段

由于机电产品市场取决于生产工艺与实际需求等特点，所以其营业推广与普通消费品有所不同。机电产品的主要营业推广手段有以下几种。

（1）针对机电产品客户的营业推广方法

1）赠送。向机电产品的客户赠送样品或试用样品，主要针对有潜在需求的客户，这是介绍机电产品最有效的方法，但费用较高。

2）试用。无条件试用比较适合机电产品的营业推广。机电企业可以通过免费试用的方式吸引客户，可以同意客户免费试用3个月，如果试用后客户满意就购买，不满意则运回企业。

3）产品保证。在客户对机电产品质量存在担忧，或者在几家竞争者的选择中举棋不定时，企业可以提供比竞争对手更长的质保期，以吸引客户。

4）租赁。当企业对某一机电设备只是临时需要或者暂时无能力购买时，机电企业可以采取租赁的方式进行促销。

5）以旧换新。可以通过以旧换新促进机电产品客户对机电产品产生更新换代的决心，同时确保老客户的忠诚度。

6）现场展示。企业通过现场展示和演示，可以使客户了解机电产品的优势和特点，将一些技术性较强的产品的使用方法介绍给客户。

7）信用赊销。机电企业对信用可靠的企业可以采取赊销的方式来促进销售。对不同信誉程度的企业，可以采取不同的比例赊销，采取赊销时要慎之又慎。

8）互购互惠。互购互惠即买卖双方互购产品，如汽车制造厂家从机床制造公司购买机床，机床制造公司从汽车制造厂家购进汽车。

9）人员培训。当客户对新推出的机电产品或新技术不了解、不熟悉时，机电企业可以通过办培训班的方法进行促销。

(2) 针对中间商的营业推广方法

1) 推广津贴。机电企业为促使中间商销售本企业产品并帮助推销产品，支付给中间商一定的推广津贴。

2) 销售竞赛。机电企业可根据中间商销售本企业产品的实绩分别给予不同的奖励，如现金奖、实物奖、度假奖等。

3) 销售回扣。机电企业为争取批发商或零售商多购进自己的产品，在某一时期内可给予中间商一定的销售回扣。

(3) 针对销售人员的营业推广方法

1) 销售竞赛。为鼓励销售人员积极开拓新市场，可采取有奖销售、比例分成等方式。

2) 人员培训。为了保证营业推广顺利实施，机电企业可以进行销售人员培训，提供技术指导。

【阅读材料】

一些大型企业为了宣传产品，曾租用直升飞机投放奖品、宣传品以扩大声势，造成轰动效应，吸引客户，其结果虽然制造了新闻，但只是在一定程度上提高了企业和产品的知名度。这种营业推广形式有一定的效果，但不可能长期使用。此外，若方法运用不当，还可能造成极大的负面影响。例如，一些企业为推销新产品而采用免费赠送样品的方法，时间一长，客户习惯于免费使用，就不再有花钱购买的欲望了。因此，选择正确的营业推广方式十分重要。

2. 机电产品的营业推广流程

在进行机电产品营业推广时，必须明确营业推广的目标，选择营业推广手段，制定营业推广方案及效果评估。

(1) 确定营业推广目标　对于机电产品的客户而言，营业推广目标包括鼓励客户更多地使用机电产品和促进大量购买；争取未使用者使用，吸引更多的潜在客户。就零售商而言，营业推广的目标包括吸引零售商经营新的机电产品品种和维持合理的存货，抵消各种竞争性的促销影响，建立零售商的品牌忠诚，获得进入新的零售网点的机会。就销售队伍而言，营业推广的目标包括鼓励他们支持一种新机电产品或新型号的商品，激励他们寻找更多的潜在客户。

(2) 选择营业推广手段　机电企业营销人员必须考虑下列因素来确定机电产品营业推广手段的选用：一是具体目标，二是目标对象的特点，三是产品的特点，四是销售渠道的特点，五是法律的约束，六是竞争环境。例如，小件机电产品可以适当采用免费赠送或买一送一手段，大件机电产品则更适合采用打折与提高售后服务的营业推广手段。

(3) 制定营业推广方案　营业推广方案应该包括的因素：一是费用。营销人员必须决定准备投入多少费用进行营业推广。二是对象。产品可以提供给任何人或选择出来的一部分人。三是营业推广措施的分配。营销人员必须确定怎样进行营业推广和如何分配营业推广渠道及采取何种营业推广措施。四是营业推广时间。调查结果表明，最佳的频率是每季度进行三周的营业推广活动，最佳持续时间是产品平均购买周期的长度。五是营业推广的总预算。

(4) 效果评估　在对某机电产品进行营业推广后要对效果进行评估，评估的标准主要是在某一时间内销售额与营业推广前的对比。通过效果分析，便于今后对产品采取最经济有效的营业推广方案。

【任务实施】

汇报交流机电产品营业推广实施方案

1. 任务组织

以小组为单位，小组规模一般为3~5人，每个小组选举小组长协调小组的各项工作。教师提出必要的指导和建议，组织学生进行经验交流，并针对共性问题在课堂上组织讨论和专门讲解。

2. 任务内容

每组针对不同类型的机电产品进行产品促销实施分析实训。（备选机电产品：①电器元件类；②通用零件类；③汽车配件类；④叉车类；⑤机床配件类；⑥机床刀具类；⑦液压与气动元件类；⑧控制元件类；⑨工具类等。）

各组针对所选产品的可选营业推广手段、营业推广实施过程进行充分讨论，根据讨论结果，选派代表汇报产品营业推广实施方案。

3. 任务考核

每组由组长代表本组汇报任务完成情况，同学互评，教师点评，然后综合评定各组本次任务的实训成绩。

具体考核见表7-2。

表7-2 机电产品营业推广实施方案任务考核表

考核项目	考核内容	分数	得分
工作态度	按时完成任务	5分	
	汇报准备充分	5分	
	汇报效果理想	10分	
任务内容	产品特点分析正确	10分	
	市场分析准确	5分	
	客户特点分析恰当	5分	
	营业推广目标分析准确	5分	
	营业推广手段分析、选择恰当	10分	
	营业推广方案完整	20分	
团队合作精神	具有较强的凝聚力	5分	
	具有良好的协作精神	5分	
	具有相互服务的意识	5分	
团队间互评	团队较好地完成本任务	10分	

任务三 运用常用公关方法促进机电产品的销售

【知识链接】

知识点一：公共关系概述

1. 公共关系的含义

公共关系（Public Relation）是指某一组织为改善与社会公众的关系，促进公众对组织的认识、理解及支持，达到树立良好组织形象、促进商品销售的目的的一系列促销活动。

2. 公共关系的特点

公共关系是生产力发展与社会组织分化的产物，在客观环境的各个领域发挥着社会“保健”作用，并影响着人类社会的政治、经济和人文环境，具有多面性、互利性、程度性目的性、时代性、连贯性、逆转性等特点。

（1）多面性　多面性指公共关系的建立不是个人、社会组织或团体的单边行为，它总会牵涉两个或多个有关联的第三者，是相互影响、相互作用的特性联系。不过，各关联间相互影响、相互作用的程度不同。

（2）互利性　任何个人、社会组织或团体之间发生的连带关系总是会涉及双方的利益，公共关系依靠沟通、交流、协作等手段，创造和谐、互惠的氛围，能对社会活动中各主体利益产生调和作用，这不仅仅能让公共关系主体受益，而且能让客体（公众）受益。

（3）程度性　公共关系随主体与客体相互间情感、利益的紧密关系，呈现出“疏松、普通、至交、亲密”四个关联程度。信息传播到位、沟通融洽、利益一致，则公共关系紧密的程度就高。反之，其紧密的程度就低。

（4）目的性　社会是靠利益结成关联的有机整体，建立公共关系必然会直接或间接地带有某种目的性（或是情感需求，或是利益需求），反映某种价值取向。只有目的明确，公共关系选择的客体才有针对性，采用的沟通、交流、传播、协作手段才能直接、有效，并使公共关系的建立和维护具有价值和意义。

（5）时代性　社会随时代进步，公共关系以时代为背景，融入社会的大环境中。不同时期、不同经济发展水平、不同人文特点，都会产生不同的公共管理理论、方法和形式，只有适应了时代的公共关系才能符合社会发展的需要。

（6）连贯性　公共关系的建立和发展是一项长期、系统、烦琐的工程。根据公共关系的目的，关系主体需要经过深入调研、周密策划，有效选择有共同利益的客体建立公共关系。同时，需要根据关系双方的利益变化，依托传播、沟通、协调等手段，对公共关系进行维护、促进，使公共关系持续得以发展。

（7）逆转性　逆转性是针对公共关系主体与客体的位置而言的。因价值需求，公共关系的一方会主动搭建关系桥梁。主动搭建关系桥梁的一方属于公共关系主体，接纳公共关系的一方属于公共关系客体。但随着价值需求程度的转变，一旦客体对公共关系的依赖性增强，便会积极与主体进行角色转换，如主动沟通、交流等。当客体的主动性超越主体时，客体自然就转变成了主体。

知识点二：公共关系的职能

公共关系以建立对社会组织的良好形象为目标，围绕这一目标所开展的具体工作形成其职能范围。在现代社会中，公共关系之所以能迅速地发展起来，其根本的原因在于公共关系自身的职能对组织的生存、发展有着不可代替的重要作用。公共关系的职能广泛而复杂，国内外学者对它的看法和概括也不尽一致，国内外公共关系职能部门的职责范围也有很大差别。一般来说，公共关系应该具有采集信息、咨询建议、信息沟通等职能。

1. 采集信息

（1）组织的内部信息

1）组织形象信息，包括公众对于社会组织领导机构的评价；公众对于社会组织管理水平的评价；公众对于组织内部一般工作人员的评价。

2）产品形象信息，包括名称、商标、性能、特征、质量、价格、优缺点、款式、包装、售后服务等。

（2）组织的外部环境信息　外部环境信息包括经济环境、整治环境、社会环境、科技环境、竞争环境。

（3）组织的公众信息　公众信息包括公众构成、公众需求、公众态度、意见领袖。

（4）组织的整体形象信息　整体形象信息包括组织自我期望形象、组织实际社会形象差距比较、组织形象要素的分析。

【经验之谈】

组织形象的要素包括知名度、美誉度。知名度指一个组织被公众知晓、了解的程度，是评价组织名气大小的客观尺度，侧重于“量”的评价，即组织对社会公众影响的广度和深度。美誉度指一个组织获得公众欢迎、接纳、信任的程度，是评价组织声誉好坏的社会指标，侧重于“质”的评价，即组织社会影响的美丑、好坏。

2. 咨询建议

咨询建议的内容涉及本企业知名度和可信度的评估和咨询，公众心理的分析预测和咨询，评议本企业的方针、政策、计划。

3. 信息沟通

在企业创建时期，信息沟通的主要任务是争取建立公众对于本企业的良好印象，能够招揽人才，争取投资来源，建立自己的独特风格，如企业产品的命名、商标和广告的制作、代表色的选择、门面的装修。在企业遇到风险时，要弄清事情的原因，区别对待；对公众的误解或他人的陷害，要进行必要的解释，将本企业采取的预防措施向公众宣布；对因企业自身过失危害公众利益的行为，公共关系人员应实事求是，使恶劣影响减少到最低限度。

知识点三：机电企业营销公关

公关是指企业为提高或保护公司形象、产品而设计的各种促销方案。机电企业营销公关包括以下几方面内容。

1. 企业公关的目的

1）密切与新闻界的关系，吸引公众对某人、某产品或某服务的注意。

2）进行产品宣传报道。

3）开展企业联谊活动。

4）咨询协商。

5）公众舆论调查：实现了了解产品使用者、工程师、采购代理商等对购买产品有影响力的人的态度。

6）信息反馈。

7）安排特别活动。

8）支持相关团体，赞助相关的活动，如与体育运动相关的健力宝饮料。

9）处理客户抱怨。

2. 机电企业公关的常用方法

（1）新闻发布会　当企业有重大技术突破或有新产品问世等重大事件时，可以通过新闻发布会的形式，将企业想传达出去的信息传达给外界。企业采用这种形式不仅费用低，而且有说服力。

（2）技术论坛　机电企业可以在本行业，特别是在本企业具有的优势技术或新技术领域召开同行技术论坛，通过技术探讨传播技术信息，提升企业的技术先锋形象，获得技术改进的建议，达到在同行业专家中树立本企业机电产品技术领先、质量可靠的形象目的。技术论坛有时可以在大学相关专业或院系举办，给将来可能进入同行业相关岗位的“未来购买建议者或决策者”留下印象。

（3）研讨会与交流会　机电企业可以将客户请来召开与自己企业产品有关的研讨会或交流会，如以某设备在某行业的应用为题的研讨会。通过研讨会可以传递企业的信息，加强客户与企业的联系，帮助客户更好地使用设备。

（4）展览会　展览会是机电企业最常采取的方式，如机械工业协会的制造业装备展览会，机电企业可以利用产品展览、展销、订货会议等多种形式来陈列其产品并进行示范操作。机电企业的推销人员可以在会上与有购买能力的客户代表以至高层决策者进行直接沟通，接受询价，引导其进一步的购买行为。

（5）顾问客户　机电企业可以聘请对本企业发展有影响力的大客户作为自己的顾问，借以树立以客户为中心的企业形象，拉近与客户的距离，同时得到必要的支持。

此外，机电企业常采取的公关活动还包括举办企业峰会、发起行业宣言、进行服务巡礼、进行百年活动等。

3. 企业形象设计

企业形象设计即企业识别系统（Corporation Identification System，CIS），是企业或公司用以区别于竞争对手甚至其他企业、团体、机关的各种形象、文字、风格等的综合体，其目的是展露产品特色，突出企业风格、宣传企业文化。它不仅是短期的促销工具，而且是企业营销发展战略的长远工具。

企业形象设计具体内容包括三个方面，是由低向高三个层次的综合。

（1）视觉识别（Visual Identification，VI）　其目的在于从视觉上使本企业的产品、服务、形象区别于其他竞争者。其方法很多，包括设计独特的产品商标、颜色、款式、包装、企业的厂牌、厂名、员工的着装及佩戴的厂徽等。例如，由可口可乐联想到活力奔放的大红色。

（2）行为识别（Behavior Identification，BI）　其目的在于从行为举止、行为方式上使本企业员工、服务方式区别于其他竞争者，如饮食过程中从点菜到上菜时间的规定、迎宾员鞠躬度数的规定等。又如，海尔集团规定：凡购海尔空调者，购买后24小时内由公司派员上门安装，安装1个月内电话查询使用情况，这种独特的时间规定就是海尔行为识别设计的一部分。

（3）理念识别（Mind Identification，MI）　其目的在于从理想信念、企业文化、价值观念等思想上、精神上使本企业区别于其他竞争者。相对而言，视觉识别设计轻而易举，行为识别设计也可以模仿，理念识别设计最为困难，它包括建立独特的企业文化、企业价值观、企业信仰理念，其外在可表现为广告词：如四川长虹“以产业报国、民族昌盛为己任”就反映了民族产业的企业文化；广东健力宝的“运动饮料健力宝”就反映了体育产品的企业文化，还可以表现为企业的厂训、厂歌、特定仪式，如亚细亚集团的升旗仪式。

【经验之谈】

公关策略

公关策略是指组织根据环境的状况及组织自身的变化所采取的公共关系行为方式。具体而言，公关策略包括以下几种：

1. 建设型公关

建设型公关是指组织在初创时期或某一产品、服务刚刚问世时，以提高知名度为主要目标的公关活动。这时组织的形象尚不确定，产品的形象也没有在公众的头脑中留下什么印象。此时的公关策略应以正面传播为主，争取以较大的气势形成良好的“第一印象”。从公众心理学的角度而言，就是争取一个好的“首因效应”。其常用的手段包括：开业庆典、剪彩活动、落成仪式、新产品发布、演示、试用、派送等。

2. 维系型公关

维系型公关是指社会组织在稳定、顺利发展时期，维系组织已享有的声誉，稳定已建立的关系的一种策略。其特点是采取较低姿态，持续不断地向公众传递信息，在潜移默化中维持与公众的良好关系，使组织的良好形象长期保存在公众的记忆中。

3. 防御型公关

防御型公关是指社会组织公共关系可能出现不协调或者已经出现了不协调，为了防患于未然，组织提前采取或及时采取的以防为主的措施。

4. 进攻型公关

进攻型公关是指社会组织与环境发生某种冲突、摩擦的时候，为了摆脱被动局面，开创新的局面，采取的出奇制胜、以攻为守的策略。组织要抓住有利时机和有利条件，迅速调整组织自身的政策和行为，改变对原环境的过分依赖，以便争取主动，力争创造一种新的环境，使组织不致受到损害。

5. 矫正型公关

矫正型公关是指社会组织公共关系状态严重失调，组织形象受到严重损害时所进行的一系列活动。社会组织要及时进行调查研究，查明原因，采取措施，做好善后工作，平息风波，以求逐步稳定舆论，挽回影响，重塑组织形象。矫正型公关属于危机公关的组成部分，如组织发生各种危机后采用的赔偿、致歉、改组等活动。

【任务实施】

汇报交流机电产品公关策划方案

1. 任务组织

以小组为单位，小组规模一般为 3 ~5 人，每个小组选举小组长协调小组的各项工作。教师提出必要的指导和建议，组织学生进行经验交流，并针对共性问题在课堂上组织讨论和专门讲解。

2. 任务内容

每组针对不同类型的机电产品进行产品公关策划实训。各组从公关方法、企业形角设计方面进行充分讨论，根据讨论结果，选派代表汇报机电产品公关策划方案。（备选机电产品：①电器元件类；②通用零件类；③汽车配件类；④叉车类；⑤机床配件类；⑥机床刀具类；⑦液压与气动元件类；⑧控制元件类；⑨工具类等。）

3. 任务考核

每组由组长代表本组汇报任务完成情况，同学互评，教师点评，然后综合评定各组本次任务的实训成绩。

具体考核见表7-3。

表7-3 机电产品公关策划方案任务考核表

考核项目	考核内容	分数	得分
工作态度	按时完成任务	5分	
	格式符合要求	5分	
任务内容	企业、产品现状分析正确	5分	
	客户公关现状分析准确	10分	
	影响公关的因素分析完整、准确	10分	
	公关方法选择恰当	20分	
	结论符合实际情况	20分	
团队合作精神	具有较强的团队意识	5分	
	具有良好的协作精神	5分	
	具有相互服务的意识	5分	
团队间互评	团队较好地完成本任务	10分	

样本：

××××（机电产品）促销策划方案

一、概述

1. 策划活动背景
2. 指导思想
3. 策划依据

二、情况分析

1. 企业现状分析
2. 产品现状分析（技术规格、性能、购买渠道、服务等）
3. 客户现状分析
4. 竞争者状况分析
5. 市场需求状况分析
6. 其他状况分析

三、策划目标

对策划期望的效果分析

四、实施过程

1. 实施地点
2. 实施时间
3. 采用媒体

五、费用预算

六、结论

1. 产品方面
2. 企业方面
3. 客户方面

【职业能力训练】

一、填空题

1. 促销组合要素主要有__________、__________、__________和__________四种。

2. 促销的基本策略有__________和__________。

3. 针对中间商的营业推广主要方式有__________、__________、__________、__________、__________等。

4. 公共关系的职能包括__________、__________、__________。

5. 企业形象设计的具体内容包括__________、__________、__________。

二、简答题

1. 影响企业促销组合的因素有哪些?
2. 人员推销的任务有哪些?
3. 影响广告媒体选择的因素有哪些?
4. 机电企业公关的常用方法有哪些?
5. 机电产品的营业推广流程是什么?

三、案例分析题

一次有目的的客户拜访

广东伟嘉公司精细机械部的销售经理James刚刚被派到通用机械部任职，此前通用机械部已经在一年内更换过三任销售经理，皆因销售不力。不力的原因大多为：竞争对手获得了已在两年前到期的伟嘉专利技术，产能上升；相对于伟嘉这样的外资企业，民营企业在生产与研发成本上具有明显的优势，价格极低；伟嘉产品只有S150、S110和S100三个规格，无法跟进对手的价格战；越是价格高的设备，客户对维修、零件供应、培训和调试等售后服务要求越高，所以这个行业的客户一般会要求赊款5%作为提供服务的保证金，而伟嘉不接受服务保证金，订单流失得越来越快。

James对产品的性能了解得很彻底，他不明白为什么通用机械部的业绩会这么差劲。伟嘉除了价格高以外，在产品性能上优势还是很大的：产能是主要对手的1.5倍左右；耗电节省25%（同比1.5倍产能，只有1.2倍的耗电量）；使用伟嘉设备生产的产品光滑度和强度优于对手。

销售代表王浩刚好要去拜访浙江的几个潜在客户，这是最近可能拿到订单的地区，James决定随行观察王浩的表现，同时也争取让王浩拿到1~2张单，树立自己的威信。

请分析销售经理James应采用怎样的营销策略和推销方式才能更好地在这次客户拜访中将产品推销出去?

项目八

构建机电产品的分销渠道

【知识目标】

1. 掌握建设机电产品市场分销渠道的意义，熟悉分销渠道的类型。
2. 了解中间商的作用与分类，明确中间商选择的因素。
3. 熟悉分销渠道管理的内容。

【技能目标】

1. 掌握为企业产品设计分销渠道的方法。
2. 能够利用各种激励手段为中间商进行激励和管理，解决渠道冲突。

【提交成果】

1. 《××××（机电产品）分销渠道设计分析报告》。
2. 《××××企业网络营销策划方案》。

【开篇案例】

Snap-on 工具公司的分销模式

对于靠维修汽车过活的汽车技师来说，来自 Snap-on 工具公司经销商每周一次的拜访是绝对不能错过的。每周大约有 6000 个公司授权的经销商会驱车穿梭于一个个车库、轿车代理商、服务站。他们与众不同的白色卡车是 Snap-on 工具公司提供的各式各样工具和检测设备的陈列室。每辆卡车储备有价值 10 万美元的各种货品。每个经销商都有属于自己独占的经营区域，客户与经销商商定拜访的时间。汽车技师由于不能离开他们的岗位去购买工具，因此，他们非常感谢 Snap-on 工具公司直接分销渠道带来的便利，并心甘情愿为送到家门口的高质量产品支付一定的溢价。

今天，对于工具爱好者来说，Snap-on 品牌如同“奔驰”汽车对汽车狂人一样承载着相同的威望。Snap-on 工具公司授权的经销商与客户之间不断发展的个人关系也促成了信誉卓著的服务。

Snap-on 工具公司实际上发明了为汽车行业销售高质量工具和设备的分销渠道。它越过了传统的中间商和零售商。渠道管理是 Snap-on 工具公司战略的中心，他们通过信息流、物流和价值增值服务获得对渠道的掌控力。

如今，Snap-on 工具公司的授权经销商访问的汽车技师和商店为全球40%的机动车辆服务，年销售额超过20亿美元。最近，Snap-on 工具公司又开发出一套基于互联网的分销渠道，使其获得了更多的客户，现在消费者可以一周7天、一天24小时通过在线服务订购产品。

案例讨论：

该公司的分销渠道是如何构建的？

任务一　选择机电产品的分销渠道

【知识链接】

知识点一：机电产品分销渠道概述

1. 建设机电产品市场分销渠道的意义

企业生产出来的产品，只有通过一定的市场分销渠道，经过物流过程，才能在适当的时间、地点，以合适的价格供应给客户，从而实现盈利目标。任何产品的成功，在某种程度上取决于适当的分销渠道。

（1）中国制造的崛起对机电产品分销有新的需求　随着中国逐渐成为世界的制造中心，中国将不仅仅是各种消费品的生产制造基地，而且将逐渐成为世界重要的机电产品供应基地。但与这种强大的制造能力和供应能力不相匹配的是中国的分销体系与物流体系的落后，它成为中国由“制造业大国”变成“制造业强国”的障碍。

（2）经济全球化要求机电产品市场空间的全球化　经济全球化的发展导致的重要结果是机电产品生产贸易的全球化，以及形成了国际分工协作与全球统一平台的采购网络。中国机电企业管理者不但要关注国内市场，为国内企业做配套供应，还要走出国门，融入全球采购网络。例如，万向集团通过收购、兼并等手段，积极拓展海外市场，2001 年 8 月收购了美国的 VAI 公司，获得了大量汽车零部件产品订单，已成为中国最大的汽车零部件集团，为中国制造企业实施“走出去”战略树立了榜样。

（3）现有的分销体系不适应新经济变革发展的要求　20 世纪中后期，以信息技术的广泛运用为载体，以美国为代表的新经济体在世界范围内逐步兴起，快速发展的中国也加入了这一浪潮。2009 年，中国提出了物联网理念，使信息技术从信息获取、渠道建设、资金划转等方面深刻影响着传统的机电产品分销体系。但是我国机电产品领域的分销体系滞后于消费品，落后的分销体系会导致企业拿不到订单，找不到需求市场，这就必然制约企业的发展，甚至威胁企业的生存。

2. 分销渠道的含义及类型

（1）分销渠道的含义　分销渠道是指产品或服务从生产领域到消费领域的通路，由一系列执行中介职能的相互依存的企业或个人组成。这一概念包含下列含义：

1）分销渠道上的企业和个人是指生产者、批发商、零售商等不同类型的企业和个人，他们被称为“渠道成员”。

2）分销渠道是指一种产品的流通过程。起点是该产品的生产者，重点是该产品的消费者和用户。

3）渠道成员相互联系、相互制约，各自承担营销职能，起着便利交换、提高营销效率的作用。

4）分销渠道的起点是制造商（生产者），终点是消费者或用户，中间环节包括商人中间商和代理中间商。分销渠道不包含铁路、银行和其他服务性组织，因为它们在商品流通过程中仅起服务和促进作用，不直接从事商品交易。

（2）分销渠道的类型　分销渠道的实体形式和数量不同，其类型也就各有所异。企业要想选择合适的分销渠道，首先应该了解有哪些类型的分销渠道可供选择。分销渠道的类型归纳起来主要有以下几种。

1）长渠道和短渠道。分销渠道的长度是指制造商向最终用户（或消费者）提供产品的过程中所经过的“流转环节”或“中间层次”的多少。显然，产品所经过的环节、层次越多，渠道就越长；反之，渠道就越短。产品在从生产者流向最终用户（或消费者）的过程中，每经过一个产品拥有所有权或富有销售责任的机构，就称为一级。通常用级数来表示渠道的长度。由于产品的消费目的和购买特点等具有差异性，因而形成了消费品市场和产业市场的不同级数的分销渠道，如图 8-1 所示。

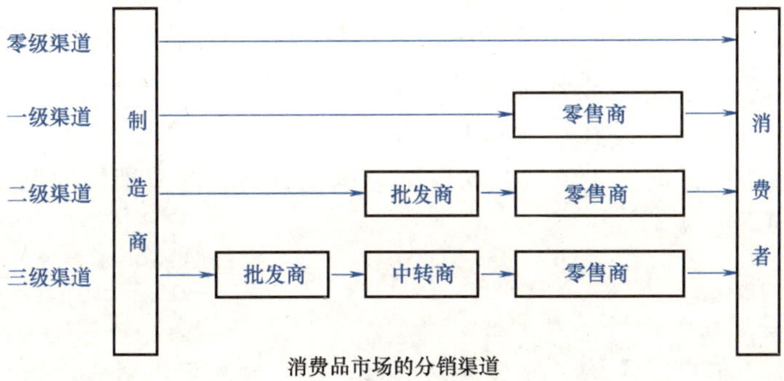

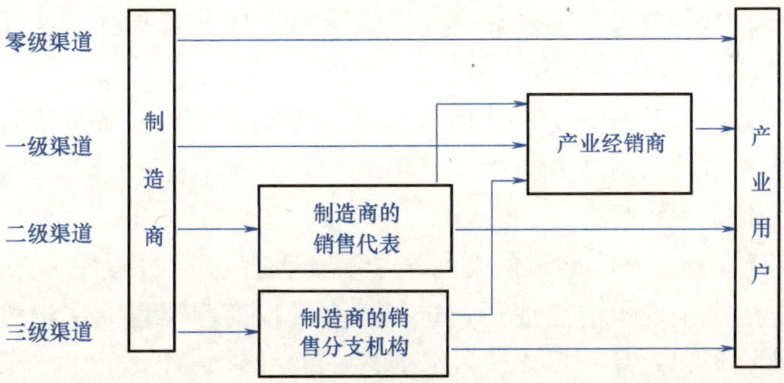

图 8-1　不同级数的分销渠道

① 零级渠道。零级渠道通常称为直接市场分销渠道或直接渠道。零级渠道多用于分销大型复杂的机电产品，因为这些机电产品有高度的技术性，生产者要派遣专家去指导用户安装、操作、维护设备。当然，一些消费品也可通过零级渠道销售。零级渠道分销的主要方式有上门推销、邮购、电子通信营销、电视直销和生产者自设商店等。

② 一级渠道。一级渠道是指产品从制造商向最终用户（或消费者）转移的过程中只经

过一个层次的中间环节的分销渠道。在消费品市场上，这个中间环节通常是零售商，即由制造商直接向零售商供货，零售商再将产品转卖给消费者。一级渠道模式的特点是中间环节少，渠道短，而且能充分利用零售商的力量，促进产品的销售。

③ 二级渠道。二级渠道是指产品从制造商向最终用户（或消费者）转移的过程中经过两个层次的中间环节的分销渠道。二级渠道包括两种情况：一种是制造商选择代理商，由其负责全部或在某一目标市场的销售业务，通过它们将产品转卖给零售商，出售给最终用户（或消费者）；另一种是制造商先将产品卖给批发商，再由批发商转卖给零售商，最后由零售商将产品卖给最终用户（或消费者）。

二级渠道是我国消费品市场分销渠道模式中最典型、最常见的形式。这种渠道通常表现为小零售商无力支付大量的订购款，只得从批发商那里进少量的货再进行零售。它通常应用在低成本、中小型的机电产品销售过程中。

④ 三级渠道。三级渠道是指产品从制造商向最终用户（或消费者）转移的过程中经过三个层次的中间环节的分销渠道，如代理商、批发商、零售商。当机电产品的市场容量大、销售手续复杂、一次购买量少、单价低、产品小时，常选用这种销售渠道。

分销渠道也可概括为直接渠道和间接渠道（后三种）两大类。直接渠道即前面介绍的零级渠道，即产品从制造商流向最终用户（或消费者）的过程中不经过任何中间环节的分销渠道；间接渠道是指产品从制造商流向最终用户（或消费者）的过程中经过一层或一层以上的中间环节的分销渠道。在产业市场上，许多生产设备和原材料的企业都采用直接渠道。消费品市场多数采用间接渠道。当然，随着电视直销、网上销售的发展，直接渠道在消费品市场上也有很大发展。

【名家指点】

一般来讲，以下机电产品适合采用直接渠道：①市场集中，销售范围小；②产品的技术性高或制造成本大，产品为定制品等；③企业自身有市场营销技术，管理能力强，或者需要高度控制产品的营销。

一般来讲，以下机电产品适合采用间接渠道：①市场分散，销售范围广，如机电零部件等；②产品的非技术性高或制造成本低，产品是标准件等；③企业自身没有市场营销技术，财力、管理能力较弱。

2）宽渠道和窄渠道。分销渠道的宽与窄取决于商品流通过程中每一层次选用中间商数目的多少。例如，生产洗发水的企业通常选择较多批发商和零售商来组成分销网络，以便分散的客户都能方便地买到商品；反之，经营钢琴的企业在一个城市也许仅选择一家特许店，因为其目标客户不在乎购买是否方便。前者称为宽渠道，因为每一层次有众多的同类中间商；后者称为窄渠道，因为每一层次中间商的数目很少。

【名家指点】

常用的机电产品（如电动机、冲击钻）通常适合采用宽渠道销售，客户购买频率不高的机电产品（如叉车、机床等）更适合采用窄渠道销售。

3）单渠道和多渠道。分销渠道的广度是宽度的一种扩展和延伸，是指制造商选择一条还是几条分销渠道进行分销活动。如果在一定的时空条件下，只选择一种模式的分销渠道，则称该渠道为单渠道；如果同时选择两个或两个以上模式的分销渠道，则称该渠道为多渠道。

通过多渠道分销比通过单渠道分销更能实现市场渗透目的。但由于多渠道构成复杂，需要高效率的协调管理，所以一个企业在采用多渠道时一定要考虑产品的特性、客户的偏好和购买心理以及本企业的管理水平。

【名家指点】

管理水平较高、产品类型多样化、目标客户分散的大型机电企业适合采用多渠道销售；管理水平不高、产品类型单一、目标客户相对集中的中小型企业适合采用单渠道销售。

【阅读材料】

飞利浦的多渠道营销

1891 年成立于荷兰的飞利浦公司，是欧洲最大的电子公司，也是世界上最大的电子公司之一。飞利浦公司主要生产照明、家庭电器和医疗系统，拥有 8 万多项生产专利，在全球 28 个国家设有生产基地，在 150 个国家设有销售机构，2009 年的销售额超过 660 亿美元。

飞利浦公司生产的产品从低端到高端，从低价到高价，种类和数量都远超同类企业。面对广阔的市场，飞利浦公司建立了一套多样化的分销系统，包括各种零售商和专卖店，并且为了更好地管理分销渠道，飞利浦公司还组建了一个由顶级专业的客户经理组成的营销团队，负责和家乐福、百思买、特易购这些大型零售商接触并洽谈合作事宜。

飞利浦照明设备在 1992 年就已经开始进入中国市场。为了尽快打开市场，飞利浦公司亲自培养经销商，在北京、上海和广州找到 5 家经销商，并花费大量的人力和资源培养他们，使之在短短几年的时间内迅速成长起来。飞利浦照明设备的销售额也从原来的 100 多万，增长为一个多亿，并迅速延伸了二、三级经销商，销售网络遍布全国。

除此之外，飞利浦公司在中国市场的销售还借助了 TCL 的分销渠道，飞利浦公司拥有 TCL 的少量股权，TCL 是飞利浦半导体在中国最大的采购商，同时也是飞利浦最大的代工生产商。

总而言之，飞利浦公司利用多渠道综合性的营销网络，将自己的产品销售给全球的消费者，让企业一直屹立在电子行业的顶端。

4）传统渠道和现代渠道。传统渠道是由独立的生产者、批发商和零售商组成的松散型网络。渠道成员在保持距离的情况下相互讨价还价，谈判销售条件，并且在其他方面各主其事，各自追求利润的最大化，而不顾整体利益。传统渠道是高度分散的销售组织网络。现代渠道是渠道成员实行纵向、横向联合或利用多渠道达到同一目标市场，以取得规模经济效益的销售组织网络。它有以下几种类型：

① 纵向渠道系统也称为垂直渠道系统，是指制造商与中间商组成统一系统，由具有相当实力的制造商充当领导者。这种纵向渠道系统有其总营销目标，各成员又有自己的营销目标，总目标与成员各自的目标之间相互制约。

② 横向渠道系统是指同一层次的两个或两个以上的企业联合起来，利用各自在资金、技术、运力、线路资源等方面的优势，共同开发和利用市场机会。

【名家指点】

大型机电企业为了控制和占领市场，实现集中和垄断，或广大中小中间商为了在激烈的竞争中求得生存和发展，可考虑采用纵向渠道系统。

中小型机电企业发现有新市场机会，但是一个企业单独经营，风险太大，于是联合一个或一个以上不同层次的企业进行短期的或长期的联合经营，或者联合起来建立一个新的经营单位，即应用横向渠道系统的例证。

知识点二：机电产品分销渠道中的中间商

1. 机电产品市场的渠道成员

机电产品市场营销渠道的主要成员（即中间商）有经销商、代理商和其他中间商，如图 8-2 所示。

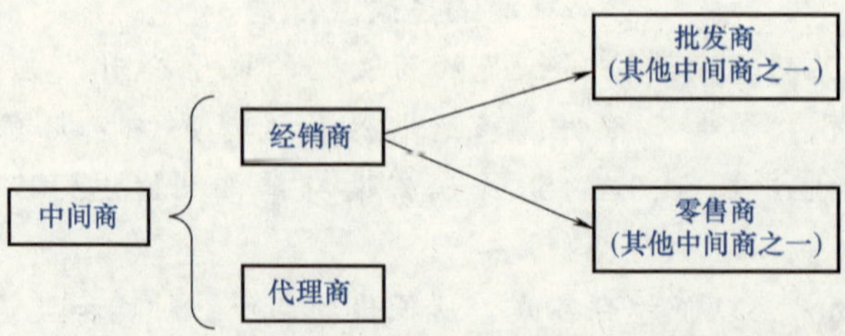

图 8-2　机电产品市场渠道成员的类型

（1）经销商　经销商是指从事产品交易业务，在产品买卖过程中拥有产品所有权的中间商。也正因为它们拥有产品所有权，所以在买卖过程中要承担经营风险。经销商又可分为批发商和零售商。

经销商是提供服务的中间人，它在制造商和产品最终用户之间的很大范围内发挥着市场销售渠道的功能，包括提供市场信息、提供区域性市场覆盖、进行市场销售、仓储管理、处理订单、为客户提供咨询和技术帮助等。经销商有以下几种类型：①机电产品超级市场，如机电设备公司；②专门公司，如无锡协易机床城有限公司只经销各种机床；③联合公司，从事其他形式的商品批发。

（2）代理商　代理商是指接受制造商委托从事销售业务，专门经营某类产品或专门为某类客户服务，赚取企业代理佣金的商业单位。与经销商不同的是，它们不拥有产品所有权。按照代理商与生产企业业务联系的特点，代理商又分为以下几种：

1）佣金商。佣金商又称佣金行，是对产品实体具有控制力并参与产品销售协商的代理商。佣金商为委托人储存、报关货物，并且为委托人发展潜在客户，为买卖双方牵线搭桥，协助双方进行谈判，成交后向雇佣方收取一定的费用。佣金商一般拥有自己的摊位、店铺和仓库。

2）制造商代理商。制造商代理商比其他代理商人数更多。制造商代理商代表两个或若干个互补的产品线的制造商，分别和每个制造商签订有关定价政策、销售区域、订单处理程序、送货服务、各种保证及佣金比例等方面的正式书面合同。它们了解每个制造商的产品线，并利用其广泛的关系来销售制造商的产品。通常，制造商只委托制造商代理商代理部分产品，制造商代理商无权选定交易条件和价格，而且被限制在固定区域内。

3）销售代理商。销售代理商是在签订合同的基础上，为委托人销售某些特定产品或全部产品，对价格条款及其他条件可全权处理的代理商。

销售代理商与制造商代理商的区别在于：第一，每一个制造商只能使用一个销售代理商，而且将其全部销售工作委托给某一个销售代理商，以后不得再委托其他代理商代销产品，也不得再雇用推销员去推销产品；而每一个制造商可以同时使用几个制造商代理商，制造商还可以设置自己的推销机构。第二，销售代理商通常替委托人代销全部产品，没有销售地区的限定，在规定销售价格和其他销售条件方面有较大的权利；而制造商代理商要按照委托人规定的销售价格或其他销售条件，在一定地区内替委托人代销一部分或全部产品。因此，销售代理商实际上就是委托人的独家全权销售代理人。

4）采购代理商。采购代理商根据协议为客户进行采购、收获、验货、储存和送货活动。

5）进出口代理商。进出口代理商专门为委托人从国外获得来源或向国外销售产品。这种形式的服务随着我国机电企业的全球化经营会越来越多。

（3）其他中间商　在机电产品市场中，还有批发商、零售商等起着补充作用，它们只是营销次渠道，在高价值的大件机电产品营销中甚至不需要零售商。

2. 中间商的选择

通常，对中间商的选择要考虑其知名度、信用、协作性、偿付能力、经营品种、以往的销售业绩、员工素质、从事本行业的时间、所处的地理位置等因素。其中，主要考虑：

1）中间商经营此类产品的能力。

2）中间商的市场范围是否与本企业产品销售范围相符。

3）中间商能为消费者提供服务的程度。

4）双方相互合作、相互信赖的可能性。

5）中间商自身的管理水平。

6）中间商的财力和信用。

知识点三：分销渠道的管理

分销渠道建立后，企业要决策如何管理渠道。一般来说，机电产品制造企业不可能直接、完全控制中间商的产品、定价和促销活动，因为中间商是独立的经营者，它们有自身的利益要追求，有权在无利可图或不满意时撤出。因此，企业要加强渠道内部各成员之间的协调与合作。渠道管理包括解决分销渠道冲突，激励渠道成员，对它们的推销活动进行评估，在必要时对渠道成员进行调整。

1. 解决分销渠道冲突

在分销渠道中，将渠道成员之间利益的暂时性矛盾称为冲突。一般而言，冲突主要有垂直渠道冲突、水平渠道冲突和多渠道冲突三种类型。

（1）垂直渠道冲突　垂直渠道冲突是指同一营销系统内不同营销渠道层次的各企业之间的利益冲突，又称纵向冲突。它表现为渠道成员同时销售了竞争者的同类产品而引发的冲突。

（2）水平渠道冲突　水平渠道冲突是指同一营销系统内同一渠道层次的各企业之间的冲突，又称横向冲突。如果在同一层次上选择众多中间商分销，则可能出现渠道成员之间相互抢生意的情况。

(3) 多渠道冲突　多渠道冲突是指企业建立网络化渠道后，不同渠道服务于同一目标市场时所产生的冲突。

解决冲突的办法多种多样，如建立高级目标，调整营销渠道，开展协商谈判、仲裁与法律诉讼等。一般来说，在渠道中解决问题的方法或多或少地依赖于领导权。

【经验之谈】

渠道冲突的具体原因

1）价格原因：渠道各层级的价格定位是引发渠道冲突的最主要因素。

2）存货数量：制造商和中间商都希望保持低水平的存货。

3）客户关系：制造商和最终客户建立销售联系，影响中间商的经济效益。

4）资金问题：制造商希望中间商能先付款再发货，而中间商更倾向先发货再付款。

5）售后问题：中间商无法提供同制造商一样的良好技术咨询和服务。

6）竞争问题：制造商不希望中间商同时销售其竞争品牌产品。

2. 激励渠道成员

制造商选定合适的渠道成员后，鼓励渠道成员最大限度地发挥销售积极性是管理分销渠道的重要一环。

(1) 建立良好的协作关系　协作关系是指制造商与渠道成员在诚信合作、沟通交流的过程中形成的情感关系。由于渠道成员与制造商所处的地位不同，考虑问题的角度不同，所以彼此之间常常会产生矛盾，制造商要善于从对方的角度考虑问题，加强情感关系的培养，提高分销渠道运作的效率和效益。

(2) 对渠道成员的激励　激励渠道成员努力工作，首先要求制造商了解各渠道成员的需要和愿望，然后对之采取有效的鼓励措施，如给渠道成员较高的折扣率、奖金、合作广告津贴、产品陈列津贴等。

(3) 建立相互培训机制　相互培训机制是密切渠道成员关系、提高分销效率的重要举措。制造商培训终端销售人员，可以提高他们顾问式销售的能力；渠道成员给企业营销、技术人员提供培训，可以提高他们的市场适应能力。制造商对经营效果较好的渠道成员应争取建立长期的战略合作伙伴关系，在市场份额、库存水平、市场开发、寻找客户、技术建议与支持、市场信息等诸多方面都需要渠道成员的合作。

【经验之谈】

团队激励体系

可以从5个方面构建适应团队的激励体系：

1）物质激励：除了高薪和高福利外，还可通过股票期权、股票授予等方式，提高成员的工作积极性。

2）提供适当的学习机会：给员工提供专门技能的培训和学习，为员工将来做打算也是一种很好的激励手段。

3）工作设计：通过工作扩大化、工作丰富化、提供富有挑战性的工作使成员体会工作的意义。

4）目标激励：设置适当的目标，引导个人目标与其相符，从而调动人的积极性。

5）允许失败的激励：团队鼓励创新，创新过程中必然伴随着失败，所以允许失败本身也是一种激励。

3. 评估渠道成员

制造商要定期评估渠道成员的工作业绩是否达到某些标准。每隔一段时间，制造商就必须考查和评估中间商的销售定额完成情况、平均库存水平、装运时间、对受损货物的处理、促销方面的合作，以及为客户提供服务的情况。在以上标准中，一定时期各经销商所达到的销售额是一项重要的评估指标。

制造商可以将中间商的销售业绩排名，目的是促进落后者力争上游，排名领先者努力保持绩效。对渠道成员的销售业绩可以采用科学方法进行客观评价，主要有两种比较方法：一是将中间商的销售业绩与前期比较，并以整个群体的升降百分比作为评估标准，对低于该群体平均水平的中间商必须加强批评与激励措施；二是根据每一中间商所处的市场环境和其销售实力分别订出其可能实现的销售定额，再将其销售额与定额进行比较。

4. 调整分销渠道

在渠道管理过程中，由于市场环境的变化，有时需要增加或减少渠道成员，局部修正某些渠道或全面修正分销渠道系统。促使制造商调整分销渠道的主要因素，包括消费者购买方式的变化、市场扩大或缩小、产品生命周期的更替、新的竞争者兴起和创新的出现等。

（1）增减渠道成员　增减渠道成员是指在某一分销渠道模式里增减个别中间商。制造商决定增减个别中间商时，需要做经济效益分析。要考虑增减某个中间商对企业的盈利是否有影响，是否会引起渠道其他成员的反应，其他成员的销售是否会受影响等。

（2）增减渠道　增减渠道是指增减某一渠道模式。当制造商利用某一分销渠道销售产品不理想时，或者市场需求扩大而原有的渠道不能满足需求时，或者一方面生产者所利用的分销渠道销售量低下，另一方面市场的需求又未得到满足时，制造商就要考虑增加或减少渠道，或者在减少某种渠道的同时增加某种渠道。增加或减少渠道，制造商都要考虑其带来的经济效果，对其他渠道的反应等做出预防措施。

（3）调整全部渠道　调整全部渠道是指制造商对所利用的全部渠道进行调整，如直接渠道改为间接渠道，单一渠道改为多渠道等。这种调整是最困难的，它不仅使全部销售渠道改观，而且还会涉及营销组合因素的相应调整和营销策略的改变。作为制造商，对调整全部渠道要特别谨慎，要进行系统分析，以防考虑不周影响企业的全局销售。

【阅读材料】

戴尔公司的“黄金三原则”

戴尔公司于1984年由迈克尔·戴尔创立。戴尔公司目前已成为全球领先的计算机系统直销商，跻身业内主要制造商之列。在美国，戴尔公司是商业用户、政府部门、教育机构和消费者市场名列第一的主要个人计算机供应商。

戴尔公司利用互联网进一步推广其直线订购模式，使其处于业内领先地位。戴尔曾不止一次地宣称过他的“黄金三原则”：即“坚持直销”、“摒弃库存”、“与客户结盟”。

1. 坚持直销

戴尔公司的模式被称为直销，在美国一般称为“直接商业模式”（Direct Business Model）。所谓戴尔直销方式，就是由戴尔公司建立一套与客户联系的渠道，由客户直接向戴尔公司发订单，订单中可以详细列出所需的配置，然后由戴尔公司“按单生产”。戴尔公司所称的“直销模式”实质上就是简化、消灭中间商。

2. 摒弃库存

摒弃库存即“以信息代替存货”。戴尔公司与供应商协调的重点是精准迅速的信息。直销的精髓在于速度，其优势体现在库存成本方面，按单生产可以使戴尔公司基本实现“零库存”的目标。

3. 与客户（包括客户和供应商）结盟

“与客户结盟”是直销模式的最大优势之处。戴尔公司对客户和竞争对手的看法是：“想着客户，不要总顾着竞争。”戴尔公司把“随订随组”的作业效率发挥到供应体系之中。戴尔公司与供应商原料进货的连接是其成功的关键。这个连接越紧密有效，对公司的反应能力越有好处。戴尔公司的需求量由客户的需求而定，前置期通常在5天之内。而其手边的原料只有几天的库存，通过网络技术与供应商之间保持的完善沟通，戴尔公司始终指导库存情况与补货需求。

对于渠道的发展趋势，戴尔公司认为，经销商将不得不转变经营模式，变成纯粹的服务提供者。戴尔公司的渠道叫作“VAR“（增值服务渠道），主要为戴尔公司做服务和增值工作。

知识点四：机电产品分销的创新渠道模式

1. “第三渠道”的兴起

近年来，“第三渠道”被越来越多的企业重视。“第三渠道”的实质是企业用市场功能来统领渠道销售，以实现在代理基础上直销、在直销基础上代理。其对外的集中优势表现为直销，对内的风险按代理结算收益分担。“第三渠道”的主要内容是生产厂商对销售渠道进行重新筛选和整编，如原来是直销的渠道，对原来的直销人员进行能力评估并按一定的方法转化为销售费用自理的代理商。

2. 机电产品分销模式的创新趋势

（1）专业化服务　总的来讲，机电产品领域的专业化服务是指从事机电产品分销的中间商向产品用户提供专门服务、专业知识及某一狭窄产品线上的众多品牌的产品或同一品牌的众多产品，或者不提供实体产品仅提供信息服务等。中间商不但要对用户负责，也要对制造商负责，其服务是联系双方的纽带。

（2）信息化支撑　信息化支撑是指机电企业、中间商需要加强信息技术的应用，保持企业在获取市场资源等方面的竞争优势，借以培育在市场中的核心竞争力。信息化能实现有效的分销渠道管理、客户关系管理和供应链管理，它是在知识经济条件下取得竞争优势的先决条件，是提升机电产品分销产业价值链、协调竞争优势的基础。例如，使用客户关系管理软件、专业的财务管理软件以及实施企业资源计划等。

（3）品牌化运作　虽然机电产品不像消费品品牌竞争那么激烈，但机电产品领域的品牌之争近年来也呈现升温趋势。不论是机电产品制造商还是中间商，创新性地进行品牌运作、突出企业的“品牌知名度”将成为分销模式创新发展的重要趋势和未来争夺市场的重要因素。机电产品品牌包括信誉品牌和服务品牌。对于一些设备和系统，如数控加工中心，用户更是要求制造商和中间商有良好的售后服务，且更多地体现在技术支持、设备维修等方面。

（4）国际化经营　在 WTO 框架下，国内贸易与国际贸易一体化，我国的机电产品分销服务业最终将完全开放。如日本的综合商社一样，以全球为市场目标，通过国际化经营获得竞争优势，这也是分销模式的创新发展趋势之一。企业国际化经营的主要内容是经营理念的国际化、经营战略的国际化、经营方式的国际化、经营收益的国际化。

【任务实施】

撰写《××××（机电产品）分销渠道设计分析报告》

根据影响分销渠道选择的因素，请以小组为单位，从提供的产品中选择一种来设计分销渠道，并撰写《××××（机电产品）分销渠道设计分析报告》。

1. 任务组织

以小组为单位，小组规模一般为 3～5 人，每个小组选举小组长协调小组的各项工作。教师提出必要的指导和建议，组织学生进行经验交流，并针对共性问题在课堂上组织讨论和专门讲解。

2. 任务内容

每组针对不同的产品设计分销渠道。各组进行深入的调查与分析，小组进行充分讨论，根据分析结果，为某产品设计分销渠道。（备选产品：①齿轮；②轴承；③减速箱；④电气开关；⑤继电器；⑥可编程控制器；⑦普通机床；⑧数控机床；⑨液压阀。）

3. 任务考核

每组由组长代表本组汇报任务完成情况，同学互评，教师点评，然后综合评定各组本次任务的实训成绩。

具体考核见表 8-1。

表 8-1　撰写分销渠道设计分析报告任务考核表

考核项目	考核内容	分数	得分
工作态度	按时完成任务	5 分	
	格式符合要求	5 分	
任务内容	分销渠道设计的目标分析明确	10 分	
	影响分销渠道选择的因素分析准确	10 分	
	分销渠道模式选择恰当	10 分	
	中间商数量、类型选择恰当	10 分	
	渠道成员的权利和责任明确	5 分	
	结论符合实际情况	20 分	
团队合作精神	具有较强的团队意识	5 分	
	具有良好的协作精神	5 分	
	具有相互服务的意识	5 分	
团队间互评	团队较好地完成本任务	10 分	

样本：

××××（机电产品）分销渠道设计分析报告

一、概述

1. 调查目的

2. 调查说明（时间、方式等）

二、情况分析

1. 设计目标分析

2. 影响分销渠道选择的因素分析（产品因素、市场因素、客户因素、企业因素、环境因素、中间商因素）

三、分销渠道设计

1. 分销渠道模式选择

2. 渠道成员选择（类型、数量）

3. 渠道成员的权利与责任

四、结论

任务二 利用网络进行营销

【知识链接】

知识点一：网络营销

网络营销作为适应电子商务时代的网络虚拟市场的新营销理论，是市场营销理论在新时期的发展与应用。对于企业来说，如何在电子商务时代有效地开展网络营销活动，寻找新的商机，已成为一个迫切需要解决的问题。网络营销已经在改变着企业的经营方式，同时也在改变着消费者的消费方式。

1. 网络营销的定义

网络营销以互联网络为媒体，以新的方式、方法和理念实施营销活动，通过对市场的循环营销传播，达到满足消费者需求和商家诉求的过程，可以更有效地促进个人和组织交易活动的实现。

2. 网络营销的功能

网络营销作为新生事物，在市场营销过程中发挥了很多传统营销不具备的作用，并且越来越受到人们的关注。网络营销的功能主要有以下几个方面：

1）实现个性化营销。

2）提供一个真正意义上的世界市场。

3）有利于企业减少库存、缩短生产周期。

4）改变企业的竞争方式、竞争基础和竞争形象。

5）给企业的内部结构和行业结构带来变革。

6）创造无国界的国际性经营活动。

3. 网络营销与传统营销的比较

（1）网络营销与传统营销的区别

1）在观念上。网络超越时空的双向互动特性，使得网路营销能与客户进行一对一的充分沟通，从而真正了解客户的需求和欲望。此外，客户利用网络可以参与产品的设计，获得贴近自己兴趣的、高度满意的个性化的产品和服务。

2）在产品上。在互联网上进行市场营销的产品可以是任何产品或服务项目，而在传统营销领域很难做到。

3）在价格上。企业以客户为中心定价，必须测定市场中客户的需求及对价格认同的标准，传统营销难以做到这一点，在网络上则很容易实现。客户通过网络提出接受的成本，企业根据客户的成本提供柔性的产品设计和生产方案供选择，直到客户认同并确认后再组织生产和销售。

4）在销售上。网络营销具有“距离为零”和“时差为零”的优势，改变了传统的迂回模式，可以采用直接的销售模式，实现零库存、无分销商的高效运作。典型的网络营销通路是生产者→网站→物流系统→用户。由此，生产者不仅大大缩短了分销过程，节约了大量的分销成本，而且将命运掌握在了自己的手里；同时，由于减少了大量的交易环节，所以大大降低了交易成本。

5）在促销上。网络营销方式具有更丰富的内涵和更多的实现方式。

【阅读材料】

戴尔的网络营销

戴尔公司在1995年还是亏损的，但在1996年，它通过网络来销售计算机，在美国国内的销售额比1995年度激增71%，一举扭亏为盈，当年的盈利高达5.18亿美元。它的做法是：客户通过网络，在公司设计的主页上选择和组合计算机，公司的生产部门马上根据客户的要求组织生产，并通过邮政公司寄送，因此公司可以实现零库存生产。零库存不但可以降低存库成本，还可以避免因高价进货带来的损失，这样一来，戴尔计算机的价格要比竞争对手低出10%到15%。个性化的产品和低廉的价格为戴尔公司赢得了辉煌的销售业绩。1997年年初，其每天的销售额高达100万美元。1997年年底，其每天的销售额达到300万美元，远远超过其他更大的计算机公司。

（2）网络营销与传统营销的联系

1）两者都需要符合企业的既定目标，都是使客户的需要和欲望得到满足，只不过借助于网络，更容易、也能更好地实现营销的这一目标。

2）两者都将满足客户需求作为一切活动的出发点，对客户需求的满足不仅停留在现实需求上，而且还包括潜在需求。

3）两者营销的基本要素依然是产品、价格、促销和分销渠道，尽管这四个要素的内容有较大的变化。

4）两者相互配合，网络营销手段可为传统商务服务，传统营销手段也可为电子商务服务。

4. 机电企业网络营销的特点

机电企业采用网络营销方式，通过网络方式间接与客户打交道，进行网上技术交流，解决疑难问题，介绍本行业新技术，推广新产品等。这一营销方式的改变导致了传统营销方式其他方面相应的变化。

（1）流通渠道的缩短　对机电产品的生产商来说，通过网上交易，由于减少了中间人或中间商环节，即减少了经销代理，缩短了渠道。业务人员和直销人员的减少，不但可以节省不必要的人事管理费用的支出，而且营销渠道的缩短使厂商组织结构扁平化，使厂商以薄利多销的方式刺激业务的增长，赚取更多的盈利。

（2）营销时空的拓展　网络服务可以每天24小时、一年365天不间断运行。选择在网上营销，通过虚拟的网络市场，机电产品的推销和技术的推广完全不受工作时间的限制。如果有一项新技术诞生或新的机电产品要推出，在网络上只需要花几个小时就可以将有关技术或产品的资料和影像放入网页。世界上任何一个地方上网的浏览者都可以通过该网页了解该项技术或产品，网络营销方式有效克服了机电产品技术推广难、产品推销难的问题。

（3）发挥网络互动式优势　由于机电产品的技术性较高、专业性较强，有时需要专业人员进行上门推销或面对面介绍产品使用和维护的方法，这样的方式往往耗时耗力，效率不高。在网络营销方式下，客户通过计算机进入互联网中的虚拟购物商场，便可以尽情地选购所需产品，也可通过与厂商的网络在线沟通，了解机电产品的使用方法或解决疑难问题。

【阅读材料】

传统机电产品营销创新的突破口

河南黎明重工的网络营销实践可以给人们提供有益的启示。这家矿山机械设备企业经过4年的百度搜索推广，使由网络营销带来的业务占公司总业务量的20%。

2004年，黎明重工决定将搜索引擎营销作为网络营销的突破口，开始尝试百度搜索推广。使用百度推广后，黎明重工体验到“足不出户，客户主动找上门”的推广效果，企业网站访问量和对电话咨询、上门拜访的客户统计证实，其中绝大部分来自百度推广，看到这样的效果后，黎明重工专门成立了网络推广部，其网络营销团队逐步扩充到60多人，百度搜索推广也成为其网络营销的主要工具。

知识点二：机电产品的网络营销策略

1. 机电产品网络营销的经营策略

机电产品网络营销的经营策略即在以客户为中心的导向下，将机电产品营销理论的产品、价格、地点、促销与客户、成本、方便、沟通进行充分结合。

（1）产品/服务　一般而言，适合在互联网上销售的产品通常具有以下特性中的一项或几项：属于高科技或与计算机有关；以网络群族为目标市场；不太容易设店售卖的特殊商品；市场需要覆盖较大的地理范围；客户可经由网上信息立刻做出购买决策的产品。对于机电产品而言，通用件如齿轮、轴承等易于为喜欢网络群族的年轻客户这一目标市场所接受；其他机电产品主要是经由网络提供信息，除了将产品的性能、特点、品质以及服务等内容充分加以显示外，更重要的是能以人性化与客户导向的方式，针对客户个别需求进行一对一的营销服务。有关功能包括：

1）利用电子布告栏或电子邮件提供线上售后服务或与客户进行双向沟通，为客户提供与产品有关的专业知识，如汽车商提供汽车保养常识，此举不但可以增加产品的价值，同时可以提升企业的形象。

2）提供客户与客户、客户与公司在网上的共同讨论区，一方面可以借此了解客户的需求、市场趋势等，为公司改进产品、开发新产品提供参考；另一方面可以对客户进行意见调查，借此了解客户对产品的意见，协助对产品的研究与改进。

3）提供线上自动服务系统，可根据客户的需求自动地在适当的时机通过网络提供有关产品与服务信息，如机床销售商在网络上提醒客户有关定期保养的通知等。

4）利用客户在网络上设计的产品需求，提供个性化的产品与服务，如客户可以在网上选择加工中心的不同数控系统与刀库的组合。

（2）促销　网上推销与促销具有一对一和消费需求导向的特色，在网络上做广告除了具有许多优点以外，同时也是挖掘潜在客户的最佳渠道。但是因为网上促销基本上是被动的，同时网络营销面对的是全球客户。因此，机电企业应针对不同的国家、地区采取不同的促销方式，吸引客户上网，并且提供具有价值诱因的各种机电产品。

（3）价格　网络交易消除了中间人，从而使交易成本较为低廉。但是因为网络交易形式的多种多样，机电产品的需求具有一定的价格弹性，因此，企业应充分检视所有营销渠道的价格结构后再设计合理的网上交易价格。

（4）地点/渠道　通过网络营销的方式，理论上可以在世界的任何地方实现购物与售卖。通过互联网可直通客户，剔除了中介人，产品直接展示在客户面前，企业可以及时而专业地回答客户的技术问题，并接受客户的订单。这种直接互动与超越时空的电子购物，无疑使营销渠道做出深刻的变化。

2. 机电产品网络营销的竞争策略

网络营销的优势在于能将产品说明、客户意见调查、广告、公关、客户服务等各种营销活动整合在一起，进行一对一的专业沟通，从而以最新、最快、最详尽的方式获取客户的信息，再通过网上的互动资料修订与智慧型的统计分析功能获取大量的主要客户与潜在客户的完整资料。因此，机电产品网络营销的竞争策略就是如何利用这一优势，扩大主要客户与潜在客户的购买规模。

（1）产品策略　随着市场需求日益显现个性化的特点，机电企业不应急于制定产品策略，而应通过互联网实现客户和生产厂家的直接对话，重视客户的个性需求，根据不同客户的要求进行产品生产和服务，以满足不同的需求。

（2）价格策略　在传统的市场营销活动中，由于信息不对称，企业往往对不同地区、不同层次的客户采取不同的价格，或是根据客户的消费心理，采取各种心理定价策略，以获取最大利润。企业需要在考虑客户信用、产品质量的基础上，根据客户对产品服务的不同要求协商制定相应的价格，或是通过互联网向客户提供产品定价信息，如产品的生产成本、销售成本等，建立价格解释体系，使消费者认同价格，还可利用网上价格查询功能，公开市场相关产品的价格，并将本企业产品性能价格指数与其同类产品做网上比较，促使消费者做出购买决策。

（3）服务策略　企业提供满意的售后服务，加强与客户的双向互动，经由客户资料的运用与分析，设法掌握更多的机电产品客户特性，进而开发出更多满足客户需求的产品，为客户提供在线自动服务，在适当的时机提供有关产品与服务的信息，为客户提供与产品相关的专业知识，进一步为客户服务，提高售后服务的质量。

（4）渠道策略　这种策略将传统营销渠道与包括网络在内新型的渠道进行紧密结合，

以扩大与客户的接触。

（5）促销策略　传统营销是一种强式营销。传统广告企图用一种信息灌输的方式，在客户心中留下深刻的印象，而不考虑客户需要与否；网络营销是一种软营销，通过加强与客户的联系与交流来达到营销目的。如何争取客户，与客户建立紧密关系，从而了解更多的客户需求，是网络营销最重要的。

知识点三：机电产品的网络营销方法

1. 技术营销

通过对产品质量的精益求精、产品技术的不断创新来告诉客户自己是权威的，是能给客户创造更高效益的，是高品质的，是可信赖的。例如，在"人无我有，人有我精，人精我专"这方面，华为做得非常出色，它不惜花费巨资并且不间断地展开技术攻关和技术创新。销售有技术来承载、支持，技术有销售来营销、体验，这就是"华为模式"。今天，华为作为中国的民族品牌享誉全球，这是技术的价值，也是品牌的力量。

2. 合作营销

机电产品中的"中间品"、"消耗品"生产企业必须与下游中间件应用厂商进行联合营销。例如，微软的 Windows 系统一直与硬件厂商进行无缝联合。此外，杜邦公司在推出"莱卡"时采用了对面料生产商认证的策略，使得上下游企业结合构成整体营销，最终使莱卡的品牌识别"舒适、服帖、时尚、潮流"深入人心。现今，机电产品市场中"强强联手"、"关联与共"、"合作共赢"的竞标手段、公关手段层出不穷，机电产品领域品牌的合作还有更广阔的空间。

3. 专业营销

机电产品的特殊性决定其在网络营销方法上应采用专业营销方法。

（1）展会营销　对机电产品来说，展会是一个非常好的传播方式。展会一方面可以向市场展示自身企业的技术实力和品牌形象，另一方面可以与目标人群建立初步的业务联系。

（2）专业观点传播　作为行业领袖，都有一个共同点，那就是不断地有最新的观点和理念推动行业的发展。机电产品品牌同样需要不失时机地发出自己的声音，建立权威地位。

（3）公关营销　公关一直被誉为"四两拨千斤"的营销方法，对提高品牌的美誉度非常有效。公关在这里是指为提高或保护公司的形象或产品而设计的各种方案，如与行业协会、相关的政府官员、行业媒体和记者、业内权威专家维持良好的关系等；参加业内颇有影响力的行业展会，企业峰会，创造新闻，进行服务巡礼、拜年活动等，让客户进行口碑宣传，让产品和品牌走出去，即使"核心设备"无法直接面对同行或客户，但品牌塑造同样可以缔造企业的核心竞争力。

（4）人际关系营销　机电产品品牌传播非常重要的是人际关系的口碑传播，因为有研究表明，行业专家、技术精英总是在行业内的不同岗位穿梭。对于口碑传播有一个普遍的共同观点：它是一个非常有效且容易让人信服的传播方式。

【阅读材料】

机电企业的网络营销策略

机电企业的网络营销策略主要是由电子商务、搜索引擎营销、社会化网络营销、事件营销和网络公关营销组成。

1. 电子商务

电子商务是网络技术应用的全新发展方向，也是机电企业实现扁平化销售的核心渠道方式。电子商务本身所具有的开放性、全球性、低成本、高效率等内在特征，使得电子商务的价值远远超越了一种新的贸易形式，它不仅会改变机电企业本身的生产、经营和管理活动，而且将影响到整个产业的沟通方式和合作模式。

电子商务分为 B2B、B2C、C2C、B2M 四种常见类型，以及 B2A、C2A 两种非常见类型。对于机电企业来说，B2B、B2M 以及 B2C 应用较多。B2B 就是企业对企业的电子商务，在 ERP 管理系统日渐普及的机电产品行业，B2B 业务的开展极大地提高了产业链上下游企业、内部关联企业、相关合作者单位的沟通、交易、结算和客情关系维护效率，阿里巴巴、慧聪网、中国制造网、环球资源内贸网是目前 B2B 电子商务平台的领先者。B2M 针对的客户群是代理人，非最终消费者。企业通过网络平台发布该企业的产品和服务信息，代理人通过网络获取信息后，为该企业销售产品或提供服务。B2M 兼具网上沟通的便利性和网下人脉的扩张性。B2C 和 C2C 最为常见，当当网和淘宝网就是其中的佼佼者。

2. 搜索引擎营销

搜索引擎营销是一种成本较低、效果易于评估的营销手段。搜索引擎已经成为网民寻找精准信息的主要工具，只要在相关页面获得较好的关键词排名，客户点击的机会就会大增。搜索引擎营销相对轻松地解决了传统营销中遇到的推广对象无法锁定的难题，把有特色的产品推广给最有可能购买的人群，并让他们轻松找到你的产品和联系方式。它所带来的精准传播、互动沟通、在线交易，是每个机电企业梦寐以求的营销新境界。

搜索引擎营销主要有三种主要方式：付费排名、关键字广告、SEO 搜索引擎优化。机电企业最常用的是付费排名和关键字广告，常忽略掉搜索引擎优化。搜索引擎优化最明显的效果是让企业网站在不付费的情况下，“自然而然”地在搜索引擎中获取好的排名，其口碑化效应要比纯商业推广高出很多。

3. 社会化网络营销

社会化网络营销使企业能够通过在线社会渠道来推广网站、产品或服务，使企业能够与更大的社区交流并融入其中，这个社区可能是通过传统的广告渠道无法接触的。社会化网络营销有四大明确价值：为站点带来流量、建立更多指向你站点的链接、让消费者认识你的品牌、增加客户数量并促进传播到达率。微信、微博、播客和交友网是机电企业当前较为适合的社会化网络营销方式。

人际关系是机电企业销售的重要渠道，在人和网等国内企业常用的商务交友网平台中，销售经理可以找到目标客户并建立持久联系，这种虚拟的网络关系与实际拜访结合起来就可以编制一张复杂且实用的关系网。

随着微信营销的不断升温，机电行业也纷纷走进了微信营销时代。许多机电企业都已经注册了自己的微信公众平台，更加方便、快捷地帮助客户解决施工中的难题，为客户提供更加便捷的服务。微信高到达率、高曝光率、高精准性、高接受率、高便利性等特性，成为机械行业品牌塑造和资讯推送的良好平台。

4. 事件营销

事件营销，即企业利用社会关注的焦点，把自己和事件进行某种关联和捆绑，从而在媒体报道与消费者参与事件的时候，达到提升企业形象以及销售产品的目的。蒙牛的超级女声、神五赞助可谓是传统媒体事件营销的典范。

事件营销作为四两拨千斤的品牌营销利器，其适用对象既可以是实力有限的中小企业，也可以是实力雄厚的大企业。事件营销的终极传播方式是将各种焦点事件进行有效整合传播，通过各种借势与造势手段，让品牌长时间内处于高关注度和高美誉度。

5. 网络公关营销

网络公关又叫线上公关或e公关，是企业在网络上发布各种形式的信息，通过目标群体感兴趣的主题而采取具有针对性的活动方式，让公众主动增进了解并保持良好的沟通关系，以此来加强品牌或产品的影响力，达成互动式市场推广。网络公关是一个系统工程，其基本操作步骤分为三步：第一步，操纵利用非主流媒体，对某个产品或者新闻点进行预热；第二步，通过网络推手，以网络为主阵地进行深度传播，突出客户关注点、兴趣点和利益点；第三步，整合各种网络媒体，集中力量烘托出最终主题，把前期的舆论力转化为品牌的吸引力和购买力。

知识点四：网络营销的实施

1. 网络营销调查

网络营销调查的四大要素，即产品特性、行业竞争状况、财务状况和人力资源。

（1）产品特性　是否需要在网上开展营销活动，在很大程度上取决于行业特点和产品特性，网络营销是为顺应营销手段的发展而不是为了赶时髦，如果一个行业的特点决定了利用传统方法更加有效，那么可以暂时不必考虑网络营销。如果网络营销不能在短期内带来切实的收益，则应该量力而行，根据本企业的特点慎重决定。

（2）行业竞争状况　互联网的发展为行业竞争状况分析提供了方便，同行业企业由于生产类似的产品或服务，往往被收录在搜索引擎或分类目录的相同类别中，要了解竞争者或其他同行是否进行网络营销，只需到一些相关网站查询一下，并对竞争者的网站进行一番分析，对行业的竞争状况就会有大致的了解。如果竞争者尤其实力比较接近的竞争者已经开始了网络营销，甚至已经取得了明显收益，这时，你的企业就需要认真考虑自己的网络营销战略了。

（3）财务状况　由于网络营销的支出不是消费，而是一项投资，而且是长期投资，有时还需要不断地投入资金，网络营销不一定能取得立竿见影的成效。决策人员应该根据企业的财务状况制定适合自身条件的网络营销战略，如网站的功能和构建方式、网络营销组织结构、推广力度等。

（4）人力资源　网络营销与传统营销相比有其自身的特殊性，如互联网本身的互动性、信息发布的及时性以及网络营销的基本手段——网站建设和推广等，这就要求网络营销人员既有营销方面的知识，又有一定的互联网技术基础，这种复合型人才目前比较短缺，企业是否拥有高水平的网络营销人才对网络营销的效果有直接影响。

2. 开展网络营销的主要步骤

（1）产品选择　并不是所有产品都适合通过网络营销实现最终销售，所以网络营销的基础是选择产品线，以及不同的产品线推广目标的确立。

（2）目标客户人群圈定　根据选择的产品不同划定目标客户人群，如根据职业、收入、年龄、层级、消费习惯、商务人士、大学生等确定目标客户人群。

（3）制定目标　从覆盖人群、信息收集、销售额等方面根据不同活动来制定相应的目标。

（4）推广方式选择　网络营销有许多具体的推广方式，根据不同活动目标可以选择合适的推广方式，如门户网站、垂直网站广告、文字链接，搜索引擎关键字，购买网站联盟，基于数据库的邮件营销，电子直邮，短信群发广告等。

3. 设计网络营销实施过程

（1）市场调查　通过市场调查，对市场进行了解，主要是了解客户群体，以及客户群体的日常行为和思维方式。知道了自己的客户是谁、客户在哪、客户的需求量等情况，才可能真正利用网络资源成交业务。

（2）市场定位　市场定位就是根据市场调查进行判断，是否能通过网络进行营销，网络空间虽然很大，但是并不是所有企业都适合通过网络来成交业务，所以一定要根据自身的情况去考虑。

（3）方案形成　根据市场定位找到目标客户群在网上的主要集中地，有些客户群主要通过搜索的方式，有些客户主要集中在行业网，有些也会在论坛。然后就是怎样一步步去推进，怎样把自己的商品传递给客户等。

（4）方案执行　根据以上制定的方案，逐渐推进完成，把客户最想要的以客户最希望的方式展示给他们，并且保证联系方便。

（5）效果评估及策略调整　对方案执行情况进行一个科学的定位，以及时调整方案，主要评估标准是客户关注度和客户咨询量、客户咨询量和客户成交量的对比，从而找出网络营销中提升的方法并进行实施。

4. 网络营销方案制定的思路

（1）网络营销战略规划　网络营销战略规划包括本企业的总体营销目标与营销战略方案。

（2）网络营销计划

1）网络营销目标。

2）企业实施网络营销的内容与方式。

3）企业网页设计框架。

4）网络营销实施方案。

5）网络营销应注意的问题。

【阅读材料】

海默数控的网络营销

海默数控磨床产品平均价格皆在几十万元、数百万元，有购买意向及购买能力的客户非常难以挖掘。海默数控发现，只靠传统模式的线下营销，依靠有限的销售人员跑市场来开发客户效率极低，且成本高昂。海默数控深刻地认识到了必须要彻底改变公司营销策略的方向，尽早进行网络营销，非常有利于企业拓展销售渠道，帮助企业发展得更好。

海默数控看到了网络所隐藏的巨大潜力，在仔细考察对比后，海默数控找到了小坛子网络营销公司，小坛子为海默数控制定了专属于自己企业的网络营销策略，帮助海默数控组建了自己企业的网络营销团队，将传统模式的线下营销与线上网络营销完美结合，很好地打开了网络营销渠道，每个月的咨询客户非常多，成交率也非常不错。海默数控正继续加强与小坛子的合作，把自己公司的网络营销推上一个新高度。

【任务实施】

撰写网络营销策划方案

1. 任务组织

以小组为单位，小组规模一般为 3 ~ 5 人，每个小组选举小组长协调小组的各项工作。教师提出必要的指导和建议，组织学生进行经验交流，并针对共性问题在课堂上组织讨论和专门讲解。

2. 任务内容

各组上网搜索“易趣”、“驿路”电子商务网站，浏览这两个商务网站的内容，并总结两个商务网站的网络营销特点及各自存在的问题。

小组进行充分讨论，根据分析结果选取机电企业为其设计网络营销策划方案。(备选机电产品：①齿轮；②轴承；③减速箱；④电气开关；⑤继电器；⑥可编程控制器；⑦普通机床；⑧数控机床；⑨液压阀。)

3. 任务考核

每组由组长代表本组汇报任务完成情况，同学互评，教师点评，然后综合评定各组本次任务的实训成绩。

具体考核见表 8-2。

表 8-2 撰写网络营销策划方案任务考核表

考核项目	考核内容	分数	得分
工作态度	按时完成任务	5 分	
	格式符合要求	5 分	
任务内容	“易趣”、“8848”电子商务网站网络营销特点分析正确	10 分	
	网络营销目标明确	5 分	
	网络营销影响因素分析准确	15 分	
	网络营销手段运用得当	15 分	
	网络营销呈现形式准确、恰当	20 分	
团队合作精神	具有较强的团队意识	5 分	
	具有良好的协作精神	5 分	
	具有相互服务的意识	5 分	
团队间互评	团队较好地完成本任务	10 分	

样本：

××××企业网络营销策划方案

一、概述

1. 策划目的

2. 策划说明（时间、方式等）

3. 样本描述（企业类型、规模、主要产品）

二、情况分析

1. 市场概述

2. 企业简介

3. 目标客户分析

4. 企业网络营销的目标分析

三、策划方案

1. 企业网络营销策略设计（产品策略、价格策略、促销策略、服务策略、个性化营销策略、跨部门合作策略等）

2. 网站规划和建设（页面布局、网站栏目内容、实现功能、营销功能等）

3. 企业网络营销费用预算

【职业能力训练】

一、填空题

1. 根据分销渠道长度划分，分销渠道可分为______、______、______和______四种。

2. 分销渠道冲突有________、________和________三种类型 。

3. 中间商的类型主要有________、________、________。

4. 代理商包括________、________、________、________和________。

5. 机电产品网络营销的经营策略包括________、________、________和________。

二、简答题

1. 简述机电产品市场渠道成员的作用。

2. 简述机电产品分销模式的趋势。

3. 网络营销与传统营销的区别有哪些？

4. 机电产品网络营销竞争策略有哪些类型？

三、案例分析题

海尔集团的网站建设

海尔集团于1996年底在国内企业中率先申请域名，建立海尔网站，开始利用互联网对外宣传企业。网站上设立了中英文两个版本，以利于国内外访问者的阅读。网站开辟了十几个栏目，如“关于海尔”、“海尔新闻”、“产品信息”、“用户反馈”、“组织结构”等栏目，为国内外客商了解产品信息、洽谈交易、订购产品、进行咨询和售后服务提供了极大的便利。

1999年，海尔集团的网站改版，网站包括6个主要栏目，分别是：海尔网上商场、海尔新闻中心、海尔办公大楼、海尔销售服务、海尔科技馆、海尔网上乐园。从栏目设置上，可看出海尔强烈的品牌建立意识——几乎每层每页都围绕“海尔”展开，意在向世人全方位介绍其企业与产品。作为一个迅速发展并致力于全球化的企业，这种做法是正确的。同时，作为一个企业站点，有6个主要栏目和32个分栏，内容丰富，涉猎面相当广。2000年4月，海尔集团网站又一次改版，并正式开通了网上商城。在海尔网上商城购物，客户不但可以享受优惠的网上购物价格，享受星级服务，而且可以享受海尔在网上提供的许多个性化的超值服务；客户可以定制适合自己特殊需求的产品，也可以直接参与产品的设计，真正成为海尔产品的主人。

根据以上资料分析：海尔集团网站栏目安排的主要特色有哪些？它采取了什么样的网络营销策略？

项目九

机电产品的营销礼仪及沟通技巧

【知识目标】

1. 认识营销过程中礼仪的重要性。
2. 熟悉营销人员仪容仪态礼仪。
3. 掌握商务交往中相见礼仪“五要素”。
4. 领会商务交往中沟通及聆听的技巧。

【技能目标】

1. 能从仪容仪表、仪态方面运用合适的礼仪规范。
2. 能运用一般礼仪知识进行商务交往。
3. 能运用营销礼仪知识恰当地与人交谈。

【提交成果】

1. 总结商务场合与不同的人会晤的基本礼仪。
2. 总结机电产品营销沟通过程心得。

【开篇案例】

王军和邵秉是机电一体化专业同班同学，他俩还是舍友。毕业生招聘会来临，王军特意理了发，刮了胡子，邵秉见室友焕然一新便调侃道：“王军，出门之前再化个妆吧。”二人一同到了招聘会现场，都看好一家大型机械车床公司的营销岗位，并且都投了简历并被通知参加面试。邵秉平时喜欢打篮球，在校园里总是穿着一身运动装，面试那天他挑了一套平时最喜欢的运动装。王军则穿了一身西装，黑色的皮鞋使他显得格外具有职业素养。面试结束，二人都觉得自己对各个环节应对自如，但是最后王军如愿以偿进入了机械车床公司，邵秉没有被录用。

当结果公布后，邵秉觉得自己各项成绩和能力都比王军强，王军被录用了，自己却没有进入该公司，感到很不服气，于是找到了人事经理一问究竟。当被告知自己不符合岗位要求时，他还不以为然地说：“无所谓，是你们没眼光。不是伯乐，也认不出千里马来。”

王军来到销售部工作后，和同事们相处融洽，一切逐渐步入正轨。有一天，销售经理叫王军去接怀化运输公司来谈合作项目的几位代表。到了公司后，王军引领几位代表见到销售经理，说："这是'怀运'公司的人，我给您接来了。"引得众人想笑却又不敢笑，怀化运输公司代表的表情很尴尬。

案例讨论：

请同学们指出案例中有哪些不恰当的做法。

任务一　领会机电产品营销礼仪

【知识链接】

随着市场经济的迅速发展，企业间的竞争力度不断加大，企业对机电产品市场营销人员的岗位要求越来越高。随着企业对营销岗位人员专业知识与技能的重视程度不断加大，职业素养也被提升到基本素质与核心能力的战略高度。因此，机电产品营销人员必须加强个人礼仪修养，运用礼仪使工作团队合作更加紧密，工作环境更为融洽，商务交往气氛更加协调。

知识点一：营销礼仪的重要性

中国自古是礼仪之邦，在任何人际交往活动中，人们都秉承着互相尊重的基本原则。尊重是人际交往的核心。营销礼仪是产品营销人员在营销活动中向客户表示尊敬、善意、友好等惯用的方式，也是更好地为客户服务、加深与客户合作程度的铺路金石。

1. 营销礼仪有助于塑造良好的企业形象

礼仪可以塑造营销人员的完美形象，给客户留下最好的第一印象。营销人员学习礼仪，运用礼仪，无疑将有益于营销人员更好地、更规范地设计个人形象、维护个人形象，更好地、更充分地展示营销人员的良好教养与优雅的风度，让营销人员在销售开始之前就赢得客户的好感。礼仪贯穿在销售的每个程序之中，它可以使营销人员赢得客户的理解、好感和信任。良好的个人形象树立的同时，光辉的企业形象也被树立起来了。

2. 营销礼仪有助于提高企业的经济效益

随着科技的进步与发展，企业技术、生产产品、营销策略等很容易被竞争对手模仿，而代表公司形象和服务意识、由每位公司员工所表现出来的思想和行为是不可模仿的。特别是营销人员作为企业与外界联系的纽带，其营销素养是能创造价值的销售利器。在营销人员运用营销礼仪打开市场的同时，企业的经济效益也会随之产生明显的变化。

3. 营销礼仪有助于促进营销人员的社会交往

人在社会生活中，需要在不同场合运用不同的礼仪规范。营销礼仪不仅可以使营销人员在交际活动中充满自信，处变不惊，还能够帮助于营销人员规范彼此的交际活动，更好地向交往对象表达自己对其的尊重，增进交往双方或多方之间的了解与信任。

【名师名言】

恻隐之心，仁之端也；
羞恶之心，义之端也；
辞让之心，礼之端也；
是非之心，智之端也。

——孟子

知识点二：营销中的个人形象

企业形象的树立是企业每一位员工的责任和义务，企业营销人员的个人素质和职业素养最能直接反映企业的形象。同时，企业的相关理念和企业文化最突出地体现在产品营销人员身上，因此产品营销人员是企业形象和产品质量的活的宣传片。

1. 营销人员的仪容仪表

(1) 修饰从头开始　美好的一天，从“头”开始。一位训练有素的营销人员，应当时刻注意自己头部的修饰，在工作岗位上时刻注意保持头发纹丝不乱，以显示自己的职业素养。

1）发型。男士在商务场合的头发要求：前发不覆额，侧发不掩耳，后发不及领（衬衫领），长不过七（最长的头发不超过7cm）。女士在商务场合的头发要求：前发不挡眉，短发不及肩，长发要束起。忌讳：男士不能留光头、留长发梳辫子、染黑色以外的其他颜色；女士不能披头散发、染黑色以外的其他颜色。

作为一名初入职场的机电产品营销人员，低调永远是保险的选择。慎重地选择发型，保持自己庄重自尊的整体风格会使客户对营销人员产生踏实稳重、值得信赖的良好印象。

2）头发的护理。无论发质油亮光滑还是柔软毛糙，都应该保持头发清洁、无头屑。合理的洗护发能够使发丝持健康亮泽的状态，给人以清爽干净的阳光印象。

商务人士应1个月左右修剪1次头发，以便保持发型，同时避免头发分叉、发梢毛糙等现象。

注意烫染过的头发和干性发质头发应每周做1次发部营养护理，补充头发的水分和油分，同时应该每天用梳子梳理头皮，促进血液循环，使头发看起来健康、有光泽。

【课堂讨论】

作为一名机电产品营销人员，图9-1中哪些发型更适合商务场合呢？

图9-1　发型

(2) 面部是仪容的核心

要求：妆成有似无、轻松明快、清爽自然。

1）嘴唇应无死皮，干燥季节应涂润唇膏保养，女士化唇妆应避免过于油腻、夸张。

2）鼻子和前额。油性皮肤的人 T 字区易泛油光，男士应当常备吸油纸及时吸取油分，保持面容清爽；女士可用吸油纸，也可以用粉扑轻按面部，使妆容保持清新淡雅

3）鼻端、眼角。应当剪除长出鼻孔外的鼻毛；鼻端和眼角易产生积垢，应随时关注清洁。对于男性营销人员来说，剃须、洁面是每天必做的事情；女性产品营销人员应当化淡妆修容。在产品营销的过程中，严格按照商务礼仪规范要求对面容进行修饰打扮，用整洁、淡雅、自然、健康的容颜向客户展示个人形象。

2. 营销人员的仪态

仪态，指的是人的姿势、举止和动作，包括站姿、坐姿、走姿、蹲姿及手臂的姿势。不同国家、不同民族以及不同的社会历史背景，对不同阶层、不同特殊群体的仪态都有不同标准或不同要求。但共同点是：仪态是一个人精神风貌的直接体现，优雅得体的姿势是营销人员具有良好职业素养的标志。

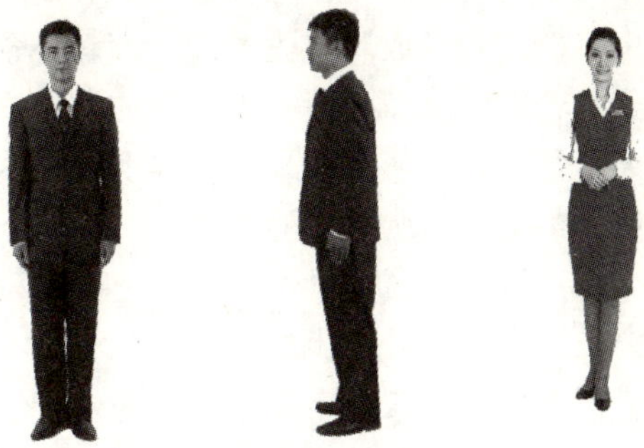

图 9-2　标准站姿

（1）站姿　站立时头要正，两眼正视，表情自然，下颌微收，两肩展开放松，两臂自然下垂，人体有向上的感觉，收腹，立腰，提臀两腿并拢，膝盖挺直，小腿向后发力，人体重心在前脚掌，两脚跟并拢，两脚尖张开 60°呈 V 字形，手中指贴裤缝，以显得庄重挺拔、精神饱满，如图 9-2 所示。

为了维持较长时间的站立姿态或稍事休息时，标准站姿的脚姿可做变化，如：两脚分开，两脚外沿宽度以不超过两肩宽度为宜；也可以呈“丁”字形，即以一只脚为重心支撑站立，另一只脚休息，然后轮换。

几种不良的站姿：驼背弯腰、驼背弓腰、袖手抱肩、身体松垮歪斜、趴伏倚靠、双手叉腰、小动作不断、将手插在口袋里等。

图 9-3　标准坐姿

（2）坐姿　入座时应当轻而稳，走到座位前，拉开座椅，轻稳地坐下。正确的坐姿能够给人安详端庄的印象，如图 9-3 所示。不良的坐姿不仅会影响身体的健康，让人看起来没有精气神，而且会让人感觉不尊重对方，给人留下粗鲁无礼的印象。总体要求：面带笑容，双目平视，嘴唇微闭，微收下颌，双肩平正放松，坐椅子的1/3～2/3。男士坐姿：双腿并拢，上身挺直坐正，两脚略向前伸，两手分别放在双膝上。女士坐姿：坐正，上身挺直，两腿并拢，两脚同时向左或向右放，两手叠放，置于左腿或右腿上；长时间就座时可变换腿部姿势，双脚可正放或侧放、并拢或交叠。

注意就座时腿部不能抖动摇晃、叉开双腿、

翘“二郎腿”、双脚直伸出去等。

【阅读材料】

从秦朝到唐朝前期，古人席地而坐，隋唐之际才逐渐如今人这般垂足而坐。席地而坐所用的家具为几筵，筵席铺于地上，上置低矮的几案，人跽坐在筵席上。你如果从一个体面人家的厅堂窗口望进去，多半会看到这家的主人正凭几而坐，这就如同今天望进谁家客厅的窗口，多半会看到一家人坐在沙发上一样，是日常可见的生活状态。几案的高度适宜人们用其进餐、进行读书写字等一些伏案活动。今天的日本、中东、中国西部一些地区仍有席地而坐的习惯。席地而坐可分为跽坐和盘坐。

(3) 走姿　以站姿为基础，面带微笑，目光平视，双肩平稳，双臂自然且有节奏地前后摆动，双肩、双臂都应大方自然，重心稍前倾，步幅适中；跨出步子时脚跟先着地，膝盖不能弯曲，脚外和膝盖要灵活，富于弹性；走路时应有一定的节奏感，应匀速、舒缓，走出步韵来；方向明确，身体协调，自然稳健，如图 9-4 所示。

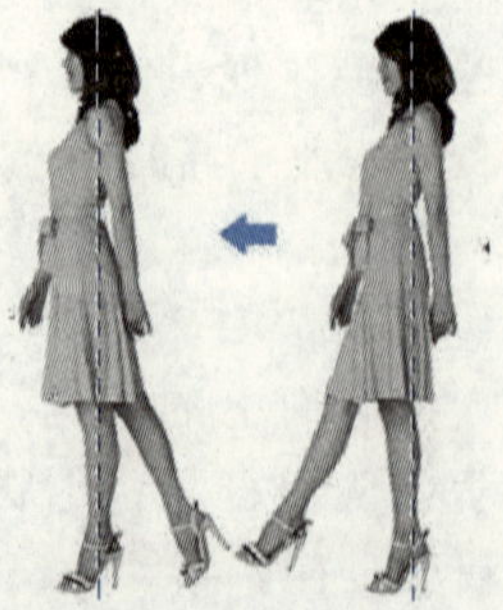

图 9-4　标准走姿

在后退时（如送别对方），先后退两三步，然后转身离去，头随身转且步幅要小。

注意避免不良的走姿，如内外八字、弯腰驼背、双臂摆幅过大、摇头晃肩、扭腰摆臀、手插口袋、进食吸烟、左顾右盼、突然转身往回走等。

(4) 蹲姿　作为一名机电产品营销人员，在日常的商务交往中难免有整理工作环境、拾捡掉落在地上的文件、整理自己鞋袜等比较特殊的情况出现。因此，蹲姿是商务礼仪中在特殊情况下采用的一种暂时性体态。当弯腰超过 45°时，要做下蹲的动作，应当迅速、美观、大方。

下蹲时右脚在前，左脚稍后，两腿靠紧向下蹲；右脚全脚着地，小腿基本垂直于地面，左脚脚跟提起，脚掌着地，左膝低于右膝，左膝内侧靠于右小腿内侧，重心全部落在左脚脚掌上；上身应稍微前倾，形成右膝高、左膝低的姿态，臀部向下，如图 9-5 所示。女性蹲下时需要并紧双腿，注意裙角的处理以防止走光，要轻蹲轻起，直蹲直起；男士双腿则可适度分开。

图 9-5　标准蹲姿

下蹲时要注意避免两腿叉开、臀部向后撅起、注意内衣“不可以露，不可以透”，不要突然下蹲，不要蹲下时正面或背部对着他人。

(5) 手臂姿势　手臂姿势是利用手臂、手肘、掌心和手指的活动向对方示意的行为。手作为人的第二张脸，是传情达意的重要手段和工具，在日常的商务交往中，手势使用的频率高、范围广。合理规范地使用手势，能够增强感情的表达。

介绍某人或给对方指示方向时，应掌心向上，四指并拢、拇指张开，手臂自下而上从体侧自然抬起，手肘微屈，胳膊略向外伸，手臂与身体呈 50°～60°，目光应配合手势所指示的目标方向，头部和上身稍向伸出手的一侧倾斜，另一只手放于腹部、自然下垂或背于身后，如图9-6所示。

图9-6　标准引导、介绍手臂姿势

使用手势时，注意不要过多，应注意手势的力度和幅度以及手势的保持时间，切不可用手指点他人等。

【阅读材料】

营销人员慎用的手势

1. 大拇指向上手势

这是中国人最常用的手势，表示夸奖和赞许，意味着“好”、“不得了”、“第一”。在尼日利亚，宾客来临，要伸出大拇指表示对来自远方的友人的问候。在日本，这一手势表示“男人”、“您的父亲”。在美国、印度、法国拦路搭车时横向伸出大拇指表示要搭车。在澳大利亚，竖大拇指则是一个粗野的动作。

2. “OK”手势

在中国表示数字“0”或“3”，随着外来文化的影响，现在也用来表示“好的”或“WC”；在日本、朝鲜、缅甸表示“金钱”；在印度尼西亚表示“什么也干不了”、“什么也没有”以及“不成功”；在英美等国，一般用来征求对方意见或回答对方征求意见的回话，表示“同意”、“顺利”，一般相当于英语中的“OK”；在巴西则被认为是侮辱性的手势。

3. “V”形手势

在中国，“V”形手势表示数目“2”、“第二”或“剪刀”。在非洲国家，“V”形手势一般表示两件事或两个东西。在绝大多数欧洲国家，“V”形手势表示“胜利”（“V”是英语单词Victory（胜利）的第一个字母）。不过，做这一手势时务必记住把手心朝外、手背朝内，因为在欧洲大多数国家，做手背朝外、手心朝内的“V”形手势是表示让人“走开”的意思。

【课堂讨论】

亚茹抱着一摞文件准备分发给各个部门，转弯处不小心和王军撞了一下，有份文件落在了地上。此时身着套裙的亚茹该用什么姿势拾起落在地上的文件呢？

知识点三：商务交往礼仪

在人际交往中，懂得礼仪才能将事情办好。特别是作为一名市场营销人员，在商务交往中知方圆才能彬彬有礼、不卑不亢。相见礼仪“五要素”的构成，如图9-7所示。

1. 营销中的称呼礼仪

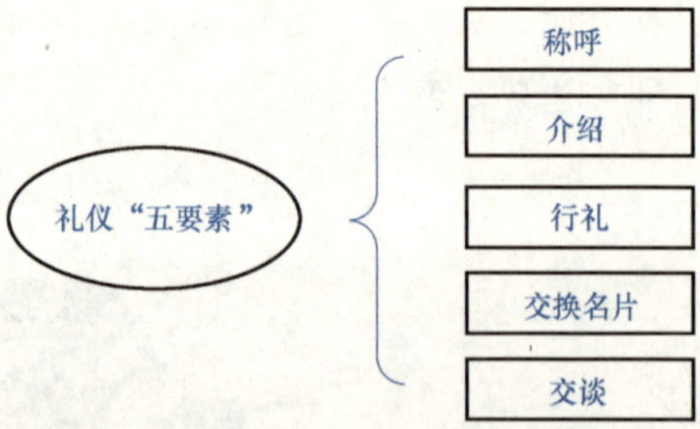

图9-7 相见礼仪“五要素”的构成

交际自称呼而始，选择称呼要合乎常规且庄重正式。

（1）职务性称呼 在产品营销过程中，以交往对象的职务来互相称呼，以示身份有别、敬意有加，这是一种最常见的称呼方式。职务性称呼有三种情况：

1）称职务（适用于只清楚对方职务尚不清晰对方姓名时），如“部长”、“主任”等。

2）职务前加上姓氏，如“陈部长”、“林主任”、“唐处长”等。

3）职务前加上姓名（适用于极其正式的场合）如“陈明处长”、“林可主任”等。

（2）职称性称呼 对于具有职称者，尤其是具有高级、中级职称者，在工作中直接以其职称相称，如“于工程师”、“蒋教授”、“张主任医师”等。

（3）行业性称呼 对于从事某些特定行业的人，可直接称呼对方的职业，如“老师”、“医生”、“会计”、“律师”等，也可以在职业前加上姓氏、姓名。

（4）性别称呼 一般约定俗成地按性别的不同分别称呼“小姐”、“女士”或“先生”。

【经验之谈】

当一人兼有多个职务时，称呼对方应“就高不就低”。

称呼前辈和师长时要使用敬语“您”而不用“你”。

首次见面交情未深时要使用敬语“您”而不用“你”。

不了解对方婚姻状况时，避免称呼对方“夫人”。

2. 营销中的介绍礼仪

根据介绍者，即何人做介绍的不同，介绍可以分为自我介绍、他人介绍、集体介绍三种基本类型。

（1）介绍自己 在商务场合与人初次见面，初次前往他人居所、办公室拜访或前往陌生单位进行业务联系时，由自己担任介绍的主角，将自己介绍给其他人，以使对方认识自己。介绍内容应包括本人姓名、所属单位及部门、担任职务及从事的具体工作等。

（2）介绍他人 介绍他人，即为彼此不相识的双方引见、介绍。作为介绍人，在介绍任何一方时都应正确使用手臂姿势，态度热情友好，语言清晰明快。在商务交往中，地位高者有优先知情权。因此，在介绍过程中，应先将地位低者介绍给地位高者；先将晚辈介绍给长辈。“尊者居后”以示对尊者的敬重之意。

（3）介绍集体 集体介绍，是指介绍者在为他人介绍时，被介绍者其中一方或者双方不止一人，如举行会议或接待客户访问团体时进行的介绍。

人数多者有优先知情权，当被介绍双方身份、地位大致相当时，应当将较少人员的一方先介绍给较多人员的一方认识。但如果被介绍双方地位具有明显差异，即便地位、身份较高的一方人数少，甚至仅为一人，也应当享有优先知情权，要将人多的一方先介绍给地位高者，对地位高者最后加以介绍。

3. 营销中的握手、行礼致意礼仪

图 9-8　标准的握手姿势

（1）握手　初次见面，在介绍之后双方伸出右手轻轻相握，握 3 秒钟左右即可，左手可轻托右手腕部，但不可两只手与人相握，如图 9-8 所示。握手的过程中必须要有眼神交流、自然的微笑、得体贴切的寒暄。

握手时要注意：

1）握手应由主人、年长者、身份高者、妇女先伸手；客人、年轻者、身份低者见面时先问候，待对方伸手后再伸手相握。

2）多人同时握手时，注意不要交叉，等别人握完再伸手。

3）握手前，应先脱下手套、摘下帽子，女士礼服手套除外。

4）紧握住对方的手，但切不可太用力。

5）女士与人握手，切不可只伸出指尖与人相握。

6）握手时要确保手掌干燥清爽。

7）握手时要与对方有表情和言语上的沟通，避免东张西望或与其他人打招呼。

（2）行礼致意

1）点头致意。如在集体介绍中自己处于被介绍的情况，自己所处位置与对方有一段距离，且自己与对方地位、身份相当或高于对方时，应当采用点头致意方式问好，应面带微笑，目光投向对方，头部纵方向略微向下，幅度不必太大，注意不要伸颈，也不必反复点头。

2）欠身致意。

① 站姿欠身：身体稍微前倾，可视情况选择低头与否，如不低头，眼睛仍应直视对方。

② 坐姿欠身：作为被介绍一方，自己正坐在椅子上时使用欠身致意，即抬一下身子，做出要站起的姿势，身体稍微向上移动，但不需要真的起身。

【阅读材料】

握手的由来

有一种普遍的说法：握手最早发生在人类“刀耕火种”的年代，人们手上经常拿着石块或棍棒等武器。遇到陌生人时，如果大家都无恶意，就要放下手中的武器，并伸开手掌，让对方抚摸手掌心，表示手中没有藏武器。这种习惯逐渐演变成今天的握手礼。

还有一种普遍的说法：中世纪战争期间，骑士们都穿盔甲，除两只眼睛外，全身都包裹在铁甲里，随时准备冲向敌人。如果表示友好，互相走近时就脱去右手的甲胄，伸出右手，表示没有武器，互相握手言好。后来，这种友好的表示方式就成了握手礼。当今行握手礼也都不允许戴手套，朋友或互不相识的人初识、再见时，先脱去手套，才能施握手礼，以示对对方尊重。

4. 营销中的交换名片礼仪

使用名片是现代人交际的重要手段。一个不随身携带名片的人，是没有交往意识的人。初次见面时，赠送名片可使自我介绍更加方便，同时表明自己有与对方保持联络的意向。当产品营销活动开始时，营销人员应当与客户互相交换名片，表明业务往来已经开始。

使用名片时，应注意尺寸与材质，通用规格为 9cm × 5.5cm，采用白纸板或布纹纸材料为佳，不宜奢华浪费或采用特异材质，色调以朴实庄重为佳。

(1) 内容　作为一名机电产品的营销人员，应该备好两种名片，即公务名片和社交名片。

1）公务名片用于正式的公务或业务联系，应包括单位名称、所在部门、个人姓名、担任职务、单位地址、办公电话、传真号码和邮政编码等内容。正面可印有组织标识图样，背面可印有业务种类的广告。

2）社交名片用于交际、礼节性拜访或祝贺场合，应包括本人姓名、通信地址、手机号码、电子邮箱等内容。如在祝贺场合使用时，可在背面写上祝福和问候的话，有助于交往双方感情的沟通。

(2) 正确使用名片

1）名片的接收。接收他人递过来的名片时，应面含微笑，站起身来注视对方，双手捧接，如图 9-9 所示。接过后认真默读对方名片，对名片上的重要内容要读出声来，以表示对对方的尊重。读完后，应郑重地将对方的名片放在名片夹中，如需放在桌面上也应郑重地摆好，避免在名片上放置物品。

图 9-9　递接名片

2）名片的递交。将名片递交给他人时，应面带微笑，起身站立并上前，距离对方 1 米左右将名片正面朝上双手递向对方。递交名片的同时，应说“很高兴认识您，请多关照”、“这是我的名片，希望可以经常联系”等。

3）名片的交换。当收到他人名片时应当随即回递一张自己的名片，如果没有随身携带，应向对方讲明原因并表达歉意。多人交换名片时应当遵循“由近而远”或“由尊而卑”的顺序进行。

【课堂讨论】

这是某机电公司经理的名片，上面只有姓名“宋晓”两个字和简单的单位职务，如此设计名片合适吗？请同学们讨论。

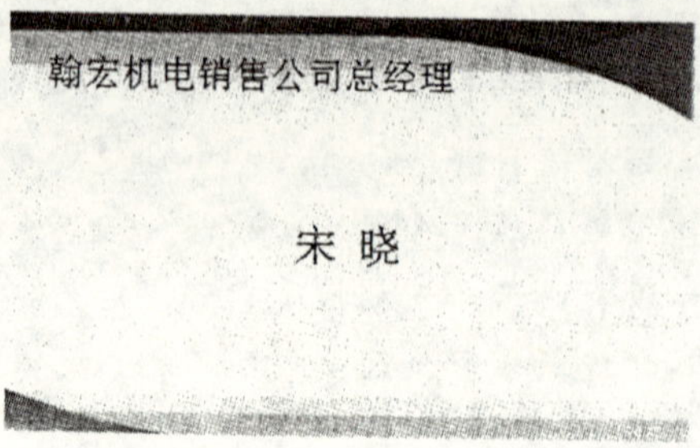

5. 营销中的交谈礼仪

在营销活动中，应刻意寻求与交往对象进行交流与沟通，可谈论自己的姓名、工作、籍贯、兴趣及与交往对象共有的熟人关系等，旨在加深对方对自己印象。

【经验之谈】

动作一步到位：干净利落，动作不宜过多。

有始有终：如果把门打开了，记得把门关上。

热情交流：微笑、自信、先问好。

一以贯之：在谈合同、解决问题时保证情绪态度始终如一。

【任务实施】

模拟表演商务场合与客户会晤

1. 任务组织

以小组为单位，小组规模一般为7~10人，每个小组选举小组长协调小组的各项工作。教师提出必要的指导和建议，组织学生进行经验交流，并针对共性问题在课堂上组织讨论和专门讲解。

2. 任务内容

王军和亚茹作为公司代表要参加一次由政府主管部门组织的大型行业会议，与会人员有市领导、行业专家、同行、客户等。他们需要进行自我介绍和介绍他人，并能够遵守相见的各种礼仪规范，如握手、互换名片礼仪等。

小组成员分别扮演王军、亚茹、与会领导、专家、同行和客户。按照模拟场景表演会场可能发生的各种情况，如初识、问好、文件掉落等内容，角色相互轮换进行。

记录并讨论本组的表演细节：不同角色间见面时是如何问好的，怎样介绍自己能够给对方留下深刻印象，介绍他人的先后顺序是怎样的，握手的方式对不对，交换名片时应当注意哪些问题，以及在此过程中的仪容仪表、姿态礼仪是否符合规范。

3. 任务考核

每组由组长代表本组汇报任务完成情况，同学互评，教师点评，然后综合评定各组本次任务的实训成绩。

具体考核见表9-1。

表9-1　模拟表演商务场合与客人会晤考核表

考核项目	考核内容	分　数	得　分
工作态度	按时完成任务	5分	
	记录格式符合要求	5分	
任务内容	角色分配合理	10分	
	各角色职责清晰	10分	
	整个过程符合营销礼仪规范	10分	
	相见“五要素”使用合理	15分	
	策划本组所表演的会场突发问题	10分	
	策划突发问题合理且处理得当	10分	
团队合作精神	具有较强的凝聚力	5分	
	具有良好的协作精神	5分	
	具有相互服务的意识	5分	
团队间互评	团队较好地完成本任务	10分	

任务二　在机电产品营销中运用沟通技巧

【知识链接】

沟通是人与人之间、人与群体之间思想与感情的传递和反馈过程，以求思想达成一致和情感的通畅。沟通不仅能够传递和获得信息，有效的沟通还能够赢得和谐的人际关系。在机电产品营销过程中，交谈的目的往往是使对方迅速了解、认识并接纳自己，理解自己的合作愿望。因此，如何在接近对方的过程中将所要表达的内容有效地表达出来，同时能够倾听并准确了解对方的意愿，是营销人员应当仔细钻研的学问。

知识点一：沟通技巧概述

营销人员是企业形象的直接体现者，在进行产品营销过程中必须善于察言观色，同时能够准确地使用语言来传情达意，做到开口说话就让人觉得诚恳、大方、可亲近，从而使客户乐意同我们进行深度的交往与合作。

1. 营销中的交谈技巧

（1）礼貌用语与专业术语相结合　在谈话过程中，礼貌用语的使用能够显示自身涵养，表达对对方的尊重，使用专业术语可以彰显职业素养和专业程度。下面主要介绍礼貌用语的使用。

1）客套用语，如“贵姓”、“贵庚”、“幸会”、“久违”、“劳驾”、“拜托”、“失陪”、“笑纳”、“伉俪”、“千金”等。

2）敬语谦辞，如“您好”、“很荣幸见到您”、“慢走”、“您不用客气”、“劳您费心”、“谢谢您”、“让您久等了”、“承蒙关照”、“请多包涵”等。

（2）自然地掌控交谈进度　一般情况下，商务交往的目的非常明确，但营销人员与客户见面不宜开门见山。在对方还没有进入谈话氛围时就单刀直入难免会产生尴尬的局面，使沟通陷入困境。谈话内容过于广泛而不言商，会浪费时间，影响双方的工作效率和效益。妥当的做法是应当事先思考谈话纲要，见面营造轻松的氛围，时机成熟后再切入正题。

1）做好准备。在谈话进行前，应当在脑海中设想谈话场景，对自己应该怎样表达想法和意见，客户代表可能会怎样作答应事先做到心中有数，对对方的思维走向和自己的应对方式要尽量设想全面。如果与对方打过交道，则应当细心考虑对方的性格特点、表述方式等，为控制交谈方向做好准备。如果是特别重要的大客户，在谈话之前最好团队成员之间进行演练，模拟场景和突发情况的处理，以求做到万无一失。

2）寒暄打开局面。寒暄能在营销人员与客户之间搭起一座友谊的桥梁。寒暄可以表明自己见到对方的喜悦，同时也表明自己的友好态度，以联络感情、保持友好的关系。寒暄时的称呼语应当有所考究，如考虑地域特点、民族特征、对方个人喜好等，应当尽力满足对方的心理需求。

营销人员与客户初次见面，寒暄可渗透在自我介绍和互递名片的过程中。如果是已经有过业务往来的客户，寒暄时可以讲一些自己闹过的无伤大雅的笑话，开自己的玩笑，除了能够博人一笑之外，还会使人觉得你为人很随和，容易相处。除此之外，寒暄时还可以谈论天气、运动、娱乐、新闻等。

在体育比赛之前，运动员都要做一些热身运动。寒暄就是交谈的热身运动，它能够营造一种有利于交谈的氛围。所以在和他人谈话中，切不可轻视寒暄的作用。

3）适时切入正题。营销过程中的沟通是具有明确目的性的，即成功推销机电产品。成功的营销人员总是善于从寒暄中找到契机，因势利导，言归正传。

（3）向沟通方式要结果　与人沟通时态度要诚恳大方，表情要自然，举止要得体，声音应轻松明快、柔和、清晰，音调要适中，音量不能过大也不能过小。通过谈话有效地表达自己的目的需求是营销人员的基本职业要求。

1）由衷赞美营造轻松氛围。营销人员应当拥有敏锐的洞察力和良好的判断力，能够迅速发现交往对象身上令其自豪的优点，并用诚挚的语言加上适度的夸张对对方予以肯定和赞扬。适当的赞美可以拉近人与人之间的距离，使双方关系更加顺畅密切。在双方关系和谐的氛围下，即使营销过程中出现了暂时性的问题，合作双方人员关注的只是问题本身，并会迅速找到解决问题的途径，让合作继续进行，而不是怀疑立场问题，使合作停滞不前或终止。

2）委婉含蓄地进行沟通。委婉含蓄的沟通是指借用其他事物的特征或使用曲折含蓄的语言来描述事物的本质状况。在提意见的过程中，委婉的表达是指从侧面渗透自己的思想，让听者与你谈话的同时感受到自己被尊重，且能从你的话语中揣摩真正的含义。因此，委婉含蓄的表达方式在语言环境中起到缓冲的作用，让听者在舒适的环境中领会本意。例如：你想善意地提醒客户他的着装不适合参加晚宴，可以将“我认为这套衣服参加晚宴不合适”表达为“我觉得这套衣服不能很好地彰显您的个人魅力”，不仅表达了同样的意思，而且使对方保留颜面，心理上更易接受。

3）直言不讳彰显诚恳态度。由于人们生活经验的不同，看问题的角度不同，有些话虽然正确但有时碍于情面使人难以接受，因此在使用直言不讳的表述方式时应当格外谨慎、仔细斟酌。例如对合作多年的客户，双方信任彼此、关系密切，直面陈言能够触动对方的心弦。又如客户性格非常爽快，如果自己还隐晦含蓄地表达，对方会觉得自己狡猾奸诈，反而不利于合作关系。因此，在使用直言不讳的方式时，应当考虑与对方的关系、对方的性格特点及所处环境等综合因素。

（4）交谈要注意谈话禁忌　营销人员在与客户交谈的过程中，可选择的内容非常广泛，但是如果内容选择不当，可能会使交谈陷入困境，从而影响合作的达成。

1）不谈及个人及他人隐私，如年龄、收入支出、生活经历、婚姻状况等；不背后议论别人；不问对方衣服的质量、价格，首饰的真假；避免不雅的字眼，不开低俗的玩笑；病亡、穷困、身体缺陷等都应该避而不谈。

2）不随意打断对方谈话，如有问题应当在对方发表完见解后提出。

3）在多人交谈的过程中，要照顾到在场的每一个人，不能厚此薄彼。

4）交谈时双方均应积极参与，但应避免一方过于积极使对方没有应答的机会。

5）当对问题看法不一致时，如不涉及原则问题，应求同存异，保持冷静，一笑了之。

（5）表情行为要配合　人们常说“听其言、观其行”，现代商务交往中更注重沟通过程中所表现出来的细节本质。调查研究显示，人语言传递的信息量仅为45%，另外55%所传达的信息是通过表情、手势、身体姿态来进行的。我们可以通过一个人的表情姿态判断出其语言的真假，因此表情和行为应当与所讲的内容保持高度的一致。

【阅读材料】

一个国内旅行团到普吉岛旅游观光，行程结束后准备回国，到机场恰巧遇上大雨，致使飞机不能按时起飞，原定的起飞时间是北京时间23点20分，航班延误了几十分钟。游览了一天的游客此时都很困倦，有的游客情绪变得焦躁，而且游客对航班如果取消旅行社将对自己做何安排比较困惑。这时导游员王晓玉把握住了游客焦躁不安的心理状态，不失时机地加以安慰。

她召集了全团旅游人员，讲解到：各位游客，大家这几天一路游玩行程很紧，可以趁着这个工夫逛一逛机场的免税店，看看有没有什么喜欢的东西，可以捎一些本地的香料送给家人朋友，您自由活动的时候请保持手机的畅通，以便我与您联系。趁着您自由活动的时间，我去问一下机场工作人员航班的消息，如果有取消的可能，我马上和旅行社联系，尽快安排好大家的住宿问题，并改签最近的航班安排大家回国，给大家带来的不便，我代表旅行社向道歉。

她的讲解使游客减少了对天气变化所带来的不便的担心，同时提及免税店可以购物，有些游客的情绪慢慢高涨起来。这完全是从关照游客的心理感受的角度出发的，自然也就容易被游客接受。从交际心理学的角度看，良性的沟通能够使双方产生一种认同心理，使一方被另一方的感情所同化，体现着人们在交际中的亲和要求。这种亲和需求在融洽的气氛的推动下逐渐升华，从而顺利地达到交际目的。

2. 营销中的聆听技巧

（1）适时提问　适时提问可以控制交谈方向，引导话题。同时，也可以转移话题，打破僵局，使沟通进入一个新的境界。提问时应当把握好时机，提出一些对方已经讲过的但自己尚未理解的问题。同时，应当充分考虑对方的专业领域，自古“闻道有先后，术业有专攻”，切不可提出对方明显不懂的问题，让对方感到敌意和难堪。再者，提问应当思路清晰、条理清楚，让对方一下找出回答切入点，使沟通更为有效便捷。

（2）细心判断　中华文化博大精深，一句话可能有多种理解方式。对有歧义的话，应当及时询问，如觉得不便询问，应当细心琢磨对方用意。根据语言环境、事情前后的因果关系，仔细揣摩对方心理，做出合理判断。在观察对方的语言表达内容的同时，也应细心观察对方手势、动作、表情和声调，以便充分了解对方的本意和言外之意。

（3）用心去听　商场如战场，大多数信息都是以口头的方式来传递的，如不认真倾听，可能就错过了一次合作的机会，遗漏了重要的商业信息。因此，在交流时应当调动自己的全部感官，目光注视对方，时而点头微笑，时而简短附和，并在此基础上适时地提出问题，耐心倾听对方的陈述，从庞杂的语言中找到对自己有用的信息。给予对方充分的心理满足感和认同感，能够使谈话更为投机，关系更为紧密，与此同时带来更为密切的合作。

知识点二：接打电话技巧

1. 拨打电话

（1）通话时间

1）时间的长短。一般应将通话时长控制在 3 分钟左右为宜，特殊情况及电话会议除外。

2）时机的选择。除了需要 24 小时随时待命的岗位，通常情况下工作电话要在正常的工作时间内拨打。例如，单位工作时间为周一至周五的早上 9:00 至晚上 5:00，那么工作电话就要在此时间段内解决，同时也应参考被呼叫人的工作时间。

（2）内容规范

1）问候对方。首先应当自己确认并告知对方电话已接通，如“喂，你好”。

2）自报家门。电话接通后，应当讲明“我是 × × 单位 × × 部门的 × ×，我要找 × × 部门的 × ×”确保电话没有拨错。

3）所为何事。在打电话之前就应想好要交流几件事，怎样去表达要说的事情，确保逻辑性强、条理清晰。

4）道别。在所讲内容完全结束后，应当询问对方“还有什么问题吗？”如没有问题，在挂机前应当说“再见”，以示通话结束。

（3）态度得体　即使通过电话交流，对方不能看到打电话者的真实状态，但通过说话的语气、语速、语调，对方基本能够判断电话另一端打电话者的工作态度和职业素养。因此，在使用电话的过程中，应当保持端坐的姿势，以便使声音自然、流畅和动听；也要保持笑脸，使客户通过声音来感受你的愉悦，让客户通过自己的想象，为你塑造一个完美的电话形象。

2. 接听电话

（1）及时　应在电话铃响过3声后接起电话。如果电话铃响过4声，拿起听筒应先向对方说“对不起，让您久等了”，以彰显自己的职业素养，同时消除对方久等的不悦心情。

（2）应对要得体　电话接通后，应先主动问“您好”。训练有素的商务人员应当先报出自己的单位和姓名，得到对方肯定答复没有找错后，再询问对方的单位、姓名。

（3）打错的电话应礼貌回敬　当接到打错的电话时，应当礼貌告知对方拨错了电话，切勿恶言相向，如“抱歉，你打错了，这里是××公司”。如果对方要找的企业自己知道且号码便于查找，应当尽量帮助对方，此时能够树立光辉的企业形象。

（4）找人　代接别人电话，如对方在，要先告知打电话者“请稍等”；若所找人员不在，应当先告知对方不在，再询问是否有事情需要转告。

（5）代接代传电话应做记录　电话接听完毕之前，不要忘记复诵一遍来电的要点，防止记录错误或者出现偏差而带来的误会，使整个工作效率更高。例如，对会面时间、地点、联系电话、区域号码等各方面信息进行核查校对，尽可能地避免错误。

【课堂讨论】

电话结束后，谁先挂机？打电话的过程中突然掉线了，谁来回拨？有经验的销售人员都说，给客户打电话，天气炎热、寒冷或下雨天效果更好，为什么？

【任务实施】

模拟机电产品营销沟通过程

1. 任务组织

以小组为单位，小组规模一般为3~5人，每个小组选举小组长协调小组的各项工作。教师提出必要的指导和建议，组织学生进行经验交流，并针对共性问题在课堂上组织讨论和专门讲解。

2. 任务内容

小组成员分别扮演机电产品销售人员和客户，以大型商业会议为背景，销售人员主动接近客户并与之寒暄拉近距离，选择好恰当的时机切入正题，在交谈过程中控制方向，并聆听对方表达的内容且与之互动。

记录并讨论本组的沟通过程：销售人员是如何成功接近目标客户并与之寒暄的，寒暄内容是不是迅速拉近了彼此的距离，还有哪些更好的内容可供选择，控制交谈方向的技巧有哪些，沟通双方的表达有没有充分阐述各自的观点和态度，在稍有冷场的时候销售人员是怎样打破僵局的，小组成员都有什么感受，找出产品销售沟通的技巧。

3. 任务考核

每组由组长代表本组汇报任务完成情况，同学互评，教师点评，然后综合评定各组本次任务的实训成绩。

具体考核见表9-2。

表9-2 模拟机电产品营销沟通过程考核表

考核项目	考核内容	分数	得分
工作态度	按时完成任务	5分	
	记录格式符合要求	5分	
任务内容	模拟沟通角色分配合适	10分	
	各角色职责清晰	10分	
	沟通进度由销售角色控制	20分	
	客户角色所提条件合理	5分	
	销售角色能够根据谈话准确判断客户需求	10分	
	谈话互动过程自然，谈话目的明确	10分	
团队合作精神	具有较强的凝聚力	5分	
	具有良好的协作精神	5分	
	具有相互服务的意识	5分	
团队间互评	团队较好地完成本任务	10分	

【职业能力训练】

一、填空题

1. ________是人际交往的核心。
2. 任何商务交际的起点是________。
3. 在握手礼中________先伸手；在进行介绍双方相识时，________具有优先知情权。
4. 相见礼仪“五要素”是指________、________、________、________和________。
5. 一般的公务电话，时长保持在________左右最为恰当。

二、简答题

1. 在不同的场合使用的名片有差异吗？表现在哪些方面？
2. 在机电产品的营销过程中，营销人员的商务沟通应当怎样有效开展？
3. 在接打电话的过程中要注意哪些事项？

三、案例分析题

为何失掉了生意机会？

梅纳公司老总焦阳应邀来到聚源公司，准备谈一笔双赢的生意，聚源公司经理李伟为表达强烈的合作意愿，告诉焦总下飞机后会有工作人员接待。焦阳下飞机后在出口等了15分钟，终于看见了一位匆匆向自己跑来的举着“焦阳总经理”牌子的接待人员小汪。小汪见到焦总便说：“焦总，真人比照片还漂亮。怪不得我们李经理让我来接您，肯定是怕您自己走丢了被坏人卖了。”焦阳并没有多说话，上车后随口谈了几句话便到了聚源公司。

此时，李伟已经在办公室等了很久，泡好了茶等待梅纳公司老总的到来。焦阳进来后，李伟表示了欢迎并热情地伸出了手。双方握手时，李伟双手齐握，来了一个“汉堡包式”的握手。随后，焦阳边寒暄边拿出自己的名片，恭恭敬敬地递给了李经理，李伟随手接过名片放在了刚擦拭过还没有干的茶几上，并用自己的手机压住了名片，焦总看在眼里，寒暄了一会便借故离开了。当李伟再次联系焦总的时候，被告知她已经上飞机准备返程了。事后，梅纳公司代表郑重地告诉李伟，这笔生意他们不打算和聚源公司合作了，李伟简直不敢相信自己的耳朵，他百思不得其解，怎么就失掉了这么重要的合作机会呢？

根据以上材料分析：聚源公司为什么没有谈成此次合作？如果你是焦总，聚源公司的哪些行为会让你放弃合作？聚源公司怎样才能挽回此单生意？

项目十 签订机电产品销售合同及鉴别票据

【知识目标】

1. 了解合同及其作用。
2. 了解合同法。
3. 熟悉机电产品销售合同的内容及相关注意事项。
4. 了解履行机电产品销售合同过程中常见的票据。

【技能目标】

1. 会根据案例拟定、填写机电产品销售合同。
2. 会填写履行机电产品销售合同过程中相关票据。

【提交成果】

1. 机电产品销售合同。
2. 填写完整、规范的机电产品常见票据。

【开篇案例】

甲乙两公司采用合同书形式订立了一份买卖合同，双方约定由甲公司向乙公司提供100台精密仪器，甲公司于8月31日前交货，并负责将货物运至乙公司，乙公司在收到货物后10日内付清货款。合同订立后双方均未签字盖章。7月28日，甲公司与丙运输公司订立货物运输合同，双方约定由丙公司将100台精密仪器运至乙公司。8月1日，丙公司先运了70台精密仪器至乙公司，乙公司全部收到，并于8月8日将70台精密仪器的货款付清。8月20日，甲公司掌握了乙公司转移财产、逃避债务的确切证据，随即通知丙公司暂停运输其余30台精密仪器，并通知乙公司中止交货，要求乙公司提供担保；乙公司及时提供了担保。8月26日，甲公司通知丙公司将其余30台精密仪器运往乙公司，丙公司在运输途中发生交通事故，30台精密仪器全部毁损，致使甲公司8月31日前不能按时全部交货。9月5日，乙公司要求甲公司承担违约责任。

案例讨论：

甲乙公司订立的买卖合同是否成立？请说明理由。

任务一　领会合同法基础知识

从人类早期的以物易物的交换到以货币为媒介的商品交换，从一般的商品交换到现代高度发达的商品经济，合同均被广泛运用。可以说，合同维持着社会生活中最普遍、最重要的法律关系。

【知识链接】

知识点一：合同的订立、履行、变更与转让

合同是平等主体的自然人、法人、其他组织之间设立、变更、终止民事权利、义务关系的协议。

我国现行的《中华人民共和国合同法》是于1999年3月15日在全国人大第二次会议上通过的，并于1999年10月1日起实行。在此之前实行的《中华人民共和国经济合同法》、《中华人民共和国涉外经济合同法》、《中华人民共和国技术合同法》同时废止。

合同共分23种类型，具体有买卖合同、供用水电气合同、借款合同、承揽合同、建设工程合同、运输合同、技术合同、保管合同、仓储合同、委托合同、行纪合同等。

1. 合同的订立

合同的订立使双方或者多方的协作关系建立在“诚信无欺、互相信任”的基础之上。其作用主要表现为：一是可以规范当事人的签约行为，增强法律意识，减少合同纠纷；二是可以避免合同出现漏洞，杜绝在签约中存在的显失公平和违法现象；三是可以明确当事人各自的权利、义务，方便全面地、实际地履行合同；四是即使发生纠纷，也容易举证，请求法律保护。

（1）合同的意义　合同本身虽不能带来经济效益，但是法律赋予合同的约束力以及由这种约束力而建立起来的良好的经济流转秩序，可以使一个国家、一个地区的经济建设健康、稳步、协调发展。

1）订立合同是为了保护合同双方当事人的合法权益，维护社会经济秩序。

2）合同双方当事人的法律地位平等，任何一方不得将自己的意志强加于另一方。

3）双方当事人依法享有自愿订立合同的权利，任何单位和个人不得非法干预。

4）当事人应当遵循公平原则确定各方的权利和义务。

5）依法签订成立的合同，对双方当事人都具有法律约束力，双方当事人必须按照合同上的约定来履行自己的义务，不得擅自变更或者解除；同时，依法签订成立的合同受法律保护。

（2）合同的内容　合同的内容由双方当事人约定，一般包括以下八项主要条款：

1）当事人的名称或者姓名和住所。

2）标的（产品名称、型号规格）。

3）数量。

4）质量要求（对质量要求不明确的按照国家标准、行业标准、企业标准履行）。

5）单价、金额、结算方式。

6）履行期限、供货时间、交货地点、交货方式。

7）违约责任。

8）解决争议的方式，一般是双方协商解决，如果双方协商不成，则提交人民法院通过民事诉讼。

另外，除以上八项主要条款外，如有需要还可设置其他约定事项条款。

当事人可以参照各类合同的示范文本订立合同。

（3）订立合同时的注意事项

1）当事人订立合同，双方均应具有相应的民事权利能力和民事行为能力，必须具有法人资格的独立主体；当事人依法可以委托代理人签订合同。

2）当事人双方订立合同，有书面形式、口头形式和其他形式。但是法律、行政法规要求采用书面形式的，就应当采用书面形式；或者当事人双方约定要采用书面形式的，也应该采用书面形式。

3）书面形式包括合同书、信件、电报、电传、电子邮件等。

4）当事人用书面形式订立的合同，自当事人签字或盖章（合同专用章、公章）后即成立并生效。

5）当事人用书面形式订立合同，如合同上未明确注明一方所在地为合同签订地的，双方当事人签字或者盖章的地点为合同成立的地点。

6）采用书面形式订立的合同，在签字或盖章之前，当事人一方已经履行了主要义务，对方也表示可以接受的，该合同即算成立。

7）当事人在订立合同过程中有下列情况之一，给对方造成损失的，应当承担损害赔偿责任。

① 违背了诚实信用原则的。

② 假借订立合同，恶意进行磋商。

③ 故意隐瞒与订立合同有关的重要事实或者提供虚假情况。

8）当事人在订立合同的过程中知悉对方的商业秘密，无论合同是否成立，不得泄露或者不正当地使用，否则如给对方造成损失，应当承担损害赔偿责任。

2. 合同的履行

（1）按约定履行

1）订立合同的双方当事人应当按照约定履行自己的义务，包括质量、价格、地点、期限、费用等。当事人应当遵循诚实信用的原则，根据合同的性质、目的和交易习惯履行通知、保密等义务。

2）合同生效后，当事人对质量要求、履行地点等内容没有约定或者约定不明确的，可以签订补充协议；不能签订补充协议的，只能按照合同有关条款或者交易习惯确定。

3）合同生效后，当事人不得因名称的变更或者法定代表人、负责人、经办人的变动而不履行合同的义务。

（2）按合同法履行　当事人就有关合同内容约定不明确，依照上述规定仍不能确定的，合同法有下列规定：

1）对质量要求不明确的，按照国家标准、行业标准、省区企业标准履行；没有以上标准的，按照通常标准或者附有合同标的地的特定标准履行。

2）对价格不明确的，按照合同签订履行地的市场价格履行；依法应当执行政府定价或者政府指导价的，按照规定履行。

3）对履行地点不明确的，给付货币的，在接受货款的一方所在地履行（也就是在供方所在地履行）；交付不动产的，在不动产所在地履行；其他标的，在履行义务一方所在地履行。

4）对履行期限不明确的，双方均可以随时要求履行，但是必须给对方一定的准备时间，这个时间可以双方约定。

5）对履行费用的负担不明确的（如运费、包装费），由履行义务的一方（也就是供方）来承担。

6）履行方式不明确的，按照有利于实现合同目的的方式履行。

7）有确切证据能证明对方有下列情况之一的可以中止履行。

① 对方经营状况严重恶化（对方面临破产、倒闭、息业）。

② 对方转移财产、抽逃资金以逃避债务。

③ 丧失商业信誉。

④ 有丧失或可能丧失履行债务能力的其他情况。

当事人要求对合同中止履行的，应当及时通知对方。如对方能提供担保的，应当恢复履行。中止履行后，中止履行的一方可以解除合同。当事人没有明确证据而中止履行的，应当承担违约责任。

3. 合同的变更和转让

（1）合同的变更

1）当事人双方协商一致后认为需要变更的，可以变更合同。

2）当事人对合同的变更内容如约定不明确的，则推定为未变更。

3）债权人可以将合同的权利全部或部分转移给第三方。

4）债务人将合同的义务全部或部分转移给第三方的，应当经债权人的同意。

（2）合同的转让　债权人转让权利时必须通知对方（债务人），未经通知，该转让对债务人不发生效力。有下列情况之一的，不得转让：

1）根据合同性质不得转让的。

2）按照当事人双方约定不得转让的。

3）依照法律法规规定不得转让的。

知识点二：合同的效力与担保

1. 合同的效力

（1）合同的生效

1）依法成立的合同，自成立之日起生效。

2）当事人双方可以对合同的生效时间附加其他有关条件，有附加条件的，自附加条件成熟时生效。

3）当事人可以对合同效力约定期限。附约定期限的合同，自期限届时生效；附终止期限的合同，自终止期限届满时失效。

（2）合同的失效　经发现有下列情况之一的，合同无效：

1）以欺诈、胁迫手段订立的合同。

2）以合法的形式掩盖非法的目的。

3）恶意串通，损害国家、集体或者第三人利益。

4）违反法律、行政法规的强制性规定。

5）损害社会公共利益。

无效的合同自始至终没有法律的约束力。

2. 担保的形式

担保的形式有保证金、抵押、质押、留置、定金。

知识点三：违约责任及争端解决

1. 违约责任

1）当事人一方不履行合同或者履行义务不符合约定的，应当承担继续履行或采取补救措施或者赔偿损失等违约责任。

2）当事人一方明确表示不能履行合同义务的，另一方可以要求其承担违约责任。

3）当事人可以约定一方违约时应当根据违约情况向对方支付一定数额的违约金，也可以约定由于违约后产生损失赔偿额的计算方法。

4）质量不符合约定要求标准的，一方可以要求另一方承担违约责任。

5）收取定金的，只有当需方履行全部债务后，其定金才可以收回。如果给付定金的一方不履行约定的债务，则无权要求返还定金；如果已收取定金的一方不履行约定的债务，则应当承担双倍返还定金。

6）当事人双方都有违约行为的，应当各自承担相应的违约责任。

7）约定的违约金低于造成的损失的，当事人可以请求人民法院予以增加违约金；反之，也可以请求减少违约金。

8）因不可抗力不能履行合同的，根据不可抗力的影响部分或全部免除责任，但法律另有规定的除外。当事人延期履行后发生不可抗力导致不能履行合同的，不能免除责任。

不可抗力是指不能预见、不能避免并不能克服的客观情况。

2. 争端解决

（1）争端解决方法　当事人可以通过和解或者调解来解决合同的争议。当事人不愿意和解、调解的或和解、调解不成的，可以在合同上确定的合同履行地向人民法院提起诉讼或者向仲裁机构申请仲裁；如果经判决、仲裁、调解后一方拒不履行，另一方可以向人民法院申请进行强制执行。

买卖合同因争议提起诉讼的期限为两年（这两年期限的计算方法是以最后一次的收款时间算起）。

按民事诉讼法规定以合同的履行地或被告的所在地为管辖地，也可以按双方约定的处理（包括合同的签订地、供方所在地、需方所在地、标的物所在地人民法院管辖等）。

（2）争端解决的说明

1）仲裁是指争议双方在争议发生前或争议发生后达成仲裁协议，自愿将争议交给约定的仲裁机构做出强制执行效力的裁决，然后双方当事人有义务履行裁决的一种方法。此方法一般适用于解决经济、民事纠纷，可以仲裁的范围是：买卖合同、技术合同、房地产合同、知识产权、工程建筑、产品质量责任、金融、保险、证券等方面发出的争执、争议。

2）仲裁的特点是实行一裁定局，解决纠纷的时间短，可以避免诉讼；不实行地区管辖和级别管辖；一般不公开进行，这样可防止商业秘密的泄露。

3）申请仲裁需要提交的材料有仲裁申请书及副本、仲裁协议书（包括需要仲裁的条款）以及证明双方权利、义务关系的证据材料等。仲裁申请书应写明当事人的姓名、性别、年龄、职业、单位、住所等；要有具体的仲裁请求和事实、理由。

4）仲裁与诉讼的区别：①两者只可选其一。如选择了仲裁，就不能到法院进行诉讼。②机构不同。仲裁委是由人民政府组织有关部门（法制局）和商会统一组建的，其监督机构是中国仲裁协会，其仲裁员大多是律师和政府机构人员；法院是国家法律的审判机构。仲裁一旦裁定，对双方都有法律效力。③程序不同。仲裁是一裁终局的，申请撤销时法院不会审查，如程序中有明显错误时可以撤销。诉讼如对一审不服还可以上诉，法院有相关的法定监督机构和救济程序。④收费不同。仲裁机构没有规定可以减交、缓交、免交仲裁费用，但法院有这方面的规定。一般来说，仲裁费比诉讼费高。

5）仲裁费用由申请人预交，败诉方承担。当事人部分胜诉、部分败诉的，根据双方的责任大小确定各方应承担相应的比例。

【阅读材料】

甲公司与乙公司于5月20日签订了设备买卖合同，甲为买方，乙为卖方。双方约定：①由乙公司于10月30日前分两批向甲公司提供设备10套，价款总计为150万元；②甲公司向乙公司给付定金25万元；③如一方迟延履行，应向另一方支付违约金20万元；④由丙公司作为乙公司的保证人，在乙公司不能履行债务时，丙公司承担一般保证责任。

合同依法生效后，甲公司因故未向乙公司给付定金。7月1日，乙公司向甲公司交付了3套设备，甲公司支付了45万元货款。9月，该种设备价格大幅上涨，乙公司向甲公司提出变更合同，要求将剩余的7套设备价格提高到每套20万元，甲公司不同意，随后乙公司通知甲公司解除合同。11月1日，甲公司仍未收到剩余的7套设备，从而严重影响了正常生产，并因此遭受了50万元的经济损失。于是甲公司诉至法院，要求乙公司增加违约金数额并继续履行合同；同时要求丙公司履行一般保证责任。

请问：

1）合同约定甲公司向乙公司给付25万元定金是否合法？请说明理由。

2）乙公司通知甲公司解除合同是否合法？请说明理由。

3）甲公司要求增加违约金数额依法能否成立？请说明理由。

4）甲公司要求乙公司继续履行合同依法能否成立？请说明理由。

5）丙公司在什么条件下应当履行一般保证责任？

查一查

利用网络查询、阅读《中华人民共和国合同法》。

http：//www. gov. cn/banshi/2005-07/11/content_13695. htm

合同法

【任务实施】

合同法知识竞赛

1. 任务组织

全班同学分组进行合同法知识竞赛，3～5人为一组。

2. 任务内容

1）自行学习《中华人民共和国合同法》。

2）以抽题形式，各组进行抢答。

3. 任务考核

每组由组长代表本组汇报任务完成情况，同学互评，教师点评，然后综合评定各组本次任务的实训成绩。

具体考核见表 10-1。

表 10-1　合同法知识竞赛任务考核表

考核项目	考核内容	分数	得分
工作态度	按时完成任务	5 分	
	掌握程度符合要求	5 分	
任务内容	自行学习合同法	30 分	
	能为本组得分	35 分	
团队合作精神	具有较强的凝聚力	5 分	
	具有良好的协作精神	5 分	
	具有相互服务的意识	5 分	
团队间互评	团队较好地完成本任务	10 分	

任务二　签订机电产品销售合同

在与客户进行充分交流后，就要进入机电产品销售合同的签订阶段。销售合同必须遵循国家的各类法律法规，具体有订货申请、录入合同、资料审核及签订销售合同五个阶段。

【知识链接】

知识点一：销售合同的内容

1. 产品销售

产品的销售必须要有《销售发货单》、《销售回执单》，应包括产品的名称、数量、单价等，还要明确时间、经办人、盖章签字等。

2. 机电产品交提货

机电产品交提货应严格按照规程操作，见表 10-2。

机电产品交提货要有其确定的地点、时间、经办人签字和盖章，要有文件，保留存档。

3. 机电产品验收

产品的验收包括产品的名称、生产日期、检验合格证、验收方式（抽检、详检）、验收人员、验收时间、验收报告等。

4. 机电产品运输及安全

产品的运输及安全主要包括运输的成本、取货方式、选择运输的工具和其安全性指标以及突发性的运行机制。

表 10-2　机电产品交提货规程表

权　　责	输　　入	流　　程	客户关心事项	输　　出
采购部门、生产单位、装配分厂、营销部门	《缴库单》、《材料转移单》、《产品缴库单》	交货	产品质量、包装质量、产品标识、包装及搬运方式等	《产品验收结论单》、《产品合格证》、《材料质量证明书》
相关单位、生产管理部门、技术部门	包装标准（产品资料、技术通知等）	↓ 产品的包装	包装是否符合要求	—
采购部门、生产管理部门、相关单位营销部门	搬运的作业标准	↓ 产品的搬运	产品包装质量、产品标识	《产品验收结论单》、《产品合格证》
生产管理部门、相关单位、技术部门	《库房管理标准》	↓ 产品的储存与保护	摆放整齐，易于先进先出（FIFO），区域标识清楚	账本
相关单位、生产管理部门、营销售部门	合格产品	↓ 交付	产品运输方式、包装、数量、质量等符合要求	《送货单》、《检查成绩表》等

5. 货款支付方式

货款支付方式主要是分期付款、一次性付款和预付账款。分期付款主要指买方先交付一小部分订金给卖方，然后根据协定分次支付余款。一次性付款是指产品接收后一次性付清全费用。预付账款是指企业按照购货合同规定预付给供应单位的款项。

货款的支付包括约定的时间、付款方式、开具的发票、付款人（单位）等。付款方式有现金支付、支票支付、网上打款等。

6. 返利

返利是一种商业行为，是指厂家或供货商为了刺激销售，提高经销商（或代理商）的销售积极性而采取的一种正常商业操作模式。一般是在经销商或代理商在一定市场、一定时间范围内达到指定的销售额的基础上给予多少个百分点的奖励。

返利目的是为了促使经销商提升整体销量或销额。经销商随着销量或销额的提升而享受更高比例的返利。返利主要分为现金返利和物质返利。

7. 其他协议补充

其他协议补充，包括产品的包装要求、等级要求、存储要求、产品耗损、纠正和预防措施程序等。

1）产品包装，应当按照国家要求注明产品名称、重量，要清晰明确。

2）产品的等级要求、质量标准都要清晰明确。

3）存储要求，即根据其产品的自身物理化学等特性合理安排存储条件。

4）产品耗损，主要是在运输途中的问题表现形式，如天气、人为等。

5）纠正和预防措施，主要表现在错、漏、混方面。如果出现此类状况，应由综合办负责与客户协调，采取适当纠正和预防措施。

8. 明确双方责任与权利

合同中必须注明双方在签订合同后的权利与责任，以法律为保障，从而更好地保护双方的经济利益。

合同必须一式两份，必须经双方当事人签字盖章生效。

知识点二：合同签订过程中的审查、担保及注意事项

1. 签订前对合作对象的审查（调查）

了解合作对象的基本情况，有助于签订合同时在供货及付款条件上采取相应的对策，降低风险。

1）了解合作方的基本情况，保留其营业执照复印件，如果合作方是个人，应详细记录其身份证号码、家庭住址、电话。了解这些信息有利于我方更好地履行合同，同时，当出现纠纷时，有利于我方的诉讼和法院的执行。

2）审查合作方有无签约资格。我国法律对某些行业人员的从业资格做了限制性规定，没有从业资格的单位和个人不得从事特定的业务，如果我方与没有资格的主体签订此类合同将给我方带来经济损失。

3）调查合作方的商业信誉和履约能力。尽可能对合作方进行实地考察，或者委托专业调查机构对其资信情况进行调查。

2. 合同各主要条款的审查

一切合同都应当采取书面的形式订立。订立合同时，要力争做到用词准确，表达清楚，约定明确，避免产生歧义。对于重要的合同条款，要仔细斟酌，最好是参考一些标准文本并结合交易的实际情况进行增删，必要时应请专业律师审查，防患于未然。对合同条款的审查，不仅要审查文字的表述，还要审查条款的实质内容。

（1）规格条款　对于多规格产品尤其要注意。在与客户协商时，要对各型号产品的具体规格做出说明，同时详细了解客户的需要，避免供需之间出现差错。

（2）质量标准条款　根据我方的产品质量情况明确约定质量标准，并约定质量异议提出的期限。同时，应认真审查合同中约定的标准和客户的需求是否一致。《中华人民共和国合同法》第 125 条规定：当事人对合同条款有争议的，应当按照合同所使用的词句、合同的条款、合同的目的、交易习惯以及诚实信用原则，确定该条款的真实意思。

（3）包装条款　对于购货方提出的特殊包装方法应当引起足够的重视。

（4）交付方式条款（送货条款）　如果货物送往本地，应当明确约定送货地点，应这关系到纠纷处理时法院的管辖；如果货物送往外地，则尽量不要写明，而应争取约定由本地法院管辖。此外，合同中应列明收货方经办人的姓名（签名样本）。这样做的目的是防止经办人离开后，对方不承认收货的事实，给诉讼中的举证带来困难。有些企业人员变动较为频繁，当对方更换新的经办人时，应当要求对方提供授权委托书。

（5）付款条款　付款条款中应明确约定付款的时间。模棱两可的约定会给合作方找到拖延付款的理由。以下付款时间的表述就存在不足之处：

1）“甲方收到货物后付款”应更正为“甲方收到货物后 10 日内付款”。

2）“检验合格后付款”应更正为“检验合格后______日内付款”。

（6）违约责任条款　如果合同由合作方草拟，则应当注意审查有无不平等的违约责任条款和加重我方责任的违约责任条款。

（7）争议处理条款　诉讼管辖地的约定要明确。约定管辖的法院应依照《中华人民共和国民事诉讼法》第 25 条约定，只有以下五个地方的法院可供当事人协议管辖：原告所在地；被告所在地；合同签订地；合同履行地；标的物所在地。但是不得违反专属管辖和级别管辖的规定。

(8) 货物所有权约定条款　该条款约定了货物的所有权仍归我方的情况下，我方可以基于物权而拥有请求返还、请求损害赔偿等权利。

(9) 对于对方提供的格式合同注意事项

要应势而变，不可以不加审查地完全适从其条款。

3. 合同担保

为了防范风险，在与合作方签订合同时，应尽量取得对方提供的担保。关于担保合同应注意以下几个问题：

(1) 担保合同的当事人　担保人不能是本合同的当事人，在担保合同中，担保人只能是本合同以外的第三人。

(2) 用于担保的财产　依照《中华人民共和国担保法》第三十七条规定，下列财产不得抵押：①土地所有权；②耕地、宅基地、自留地、自留山等集体所有的土地使用权（《中华人民共和国担保法》关于该款有除外规定）；③学校、幼儿园、医院等以公益为目的的事业单位、社会团体的教育设施、医疗卫生设施和其他社会公益设施；④所有权、使用权不明或者有争议的财产；⑤依法被查封、扣押、监管的财产；⑥依法不得抵押的其他财产。

我国法律对某些财产（如土地使用权，城市房地产，乡（镇）、村企业厂房等建筑物，林木，航空器，船舶，车辆，企业的设备和其他动产）的抵押规定必须经过登记合同才能生效。

(3) 保证担保的保证人　国家机关、学校医院等以公益为目的的事业单位、社会团体，以及企业法人分支机构职能部门，不得为保证人。但是，企业法人的分支机构有法人的书面授权的，可以在授权的范围内提供保证。

(4) 定金条款

1）应明确所缴款项的性质是“定金”。定金条款应写明“定金”字样，《最高人民法院关于适用〈中华人民共和国担保法〉若干问题的解释》第118条规定：当事人交付留置金、担保金、保证金、订约金、押金或者订金等，但没有约定定金性质的，当事人主张定金权利的，人民法院不予支持。

2）定金不得超过主合同标的额的20%。《中华人民共和国担保法》第九十一条规定，定金不得超过主合同标的额的20%；第八十九条规定，给付定金的一方不履行约定的债务的，无权要求返还定金；收受定金的一方不履行约定的债务的，应当双倍返还定金。对于超过20%的部分，可以作为预付款，可以要求返还，但不具备定金性质。

4. 签订合同时的注意事项

1）合作方应加盖其单位的公章，或者合作方的经办人应提供加盖了其单位公章的签约授权委托书。注意：对方的授权委托书应该由我方保存，以便在发生纠纷时作为证据；如果对方加盖的是分公司、部门的印章或者是由部门经理、业务人员签字，则需要明确的授权委托书。

2）加盖的公章应清晰可辨。

3）合同文本经过修改的，应由双方在修改过的地方盖章确认。

4）争取取得合作方的营业执照复印件。

查一查

请同学们在课下查询：

1）签订“合同中的标的、数量、价款及交（提）货时间”的注意事项。

2）签订“合同中的质量标准”的注意事项。

3）签订“合同中的出卖人对质量负责的条件及期限”的注意事项。

4）签订“合同中的包装标准、包装物的供应与回收”的注意事项。

5）签订“合同中的随机的必备品、配件、工具数量及供应办法”的注意事项。

6）签订“合同中的合理损耗标准及计算方法”的注意事项。

【任务实施】

模拟签订机电产品销售合同

1. 任务组织

以小组为单位，小组规模一般为 3 ~ 5 人，每个小组选举小组长协调小组的各项工作。教师提出必要的指导和建议，组织学生进行经验交流，并针对共性问题在课堂上组织讨论和专门讲解。

2. 任务内容

每组根据开篇案例提供的信息，仔细上网查阅工业品合同的填写说明，填写一份机电产品销售合同（注意各组间不得雷同）。

根据本案例产生的纠纷，小组进行交流，补充完整其他相关信息，以适当形式在合同中体现（符合《中华人民共和国合同法》要求）。

3. 任务考核

每组由组长代表本组汇报任务完成情况，同学互评，教师点评，然后综合评定各组本次任务的实训成绩。

具体考核见表 10-3。

表 10-3　模拟签订机电产品销售合同任务考核表

考核项目	考核内容	分数	得分
工作态度	按时完成任务	5 分	
	格式符合要求	5 分	
任务内容	项目填写完整、规范、正确	15 分	
	描述性条款清楚、合理	15 分	
	无违反国家法律法规项目	25 分	
	帮同学指出问题	10 分	
团队合作精神	具有较强的凝聚力	5 分	
	具有良好的协作精神	5 分	
	具有相互服务的意识	5 分	
团队间互评	团队较好地完成本任务	10 分	

样本：

机电产品销售合同

合同编号：________________

出卖人：________________签订地点：________________

买受人：________________签订时间：________年________月________日

第一条　标的、数量、价款及交（提）货时间

标的名称	牌号商标	规格型号	生产厂家	计量单位	数量	单价/万元	金额/万元	交(提)货	
								时间	数量
合计人民币金额(大写)：									

第二条　质量标准：________________

第三条　出卖人对质量负责的条件及期限：________________

第四条　包装标准、包装物的供应与回收：________________

第五条　随机的必备品、配件、工具数量及供应办法：________________

第六条　合理损耗标准及计算方法：________________

第七条　标的物所有权自________________时起转移，但买受人未履行支付价款义务的，标的物属于________________所有。

第八条　交（提）货方式、地点：________________

第九条　运输方式及到达站（港）和费用负担：________________

第十条　检验标准、方法、地点及期限：________________

第十一条　成套设备的安装与调试：________________

第十二条　结算方式、时间及地点：________________

第十三条　担保方式（也可另立担保合同）：________________

第十四条　本合同解除的条件：________________

第十五条　违约责任：________________

第十六条　合同争议的解决方式：本合同在履行过程中发生的争议，由双方当事人协商解决；也可由当地工商行政管理部门调解，协商或调解不成的，按下列第________种方式解决。

（一）提交________________仲裁委员会仲裁。

（二）依法向人民法院起诉。

第十七条　本合同自________________起生效。

第十八条　其他约定事项：________________

出卖人	买受人
出卖人（章）： 住所： 法定代表人： 委托代理人： 经办人： 电话： 地址及邮编： 户名： 开户行： 账号： 税号： 日期：	买受人（章）： 住所： 法定代表人： 委托代理人： 经办人： 电话： 地址及邮编： 户名： 开户行： 账号： 税号： 日期：

任务三 鉴别常见票据

【知识链接】

为了规范机电产品营销过程中的票据行为，保障机电产品营销过程中票据活动当事人的合法权益，维护社会经济秩序，促进社会主义市场经济的发展，第八届全国人民代表大会常务委员会第十三次会议通过并于1996年1月1日起施行《中华人民共和国票据法》。在中华人民共和国境内的票据活动，均适用该法。

与《中华人民共和国票据法》相对应，本书所称票据是指银行票据（汇票、本票和支票）及发票，其中汇票还分银行汇票与商业汇票。

查一查

通过网络查询、阅读《中华人民共和国票据法》。

http：//www. gov. cn/banshi/2005-07/11/content_ 13699. htm

票据法

知识点一：各种常用的银行票据

1. 银行汇票

银行汇票是汇款人将款项交存当地银行，由银行签发给汇款人持往异地办理转账结算或支取现金的票据。为了方便申请人的使用，银行汇票还专门设置了实际结算金额栏，在交易过程中可根据实际需要在出票金额以内填写实际结算金额，受到法律保护。其票样如图10-1、10-2所示，银行进账单如图10-3所示。

银行汇票的账务处理方法是：收款单位应根据银行的收账通知和有关的原始凭证编制收款凭证；付款单位应在收到银行签发的银行汇票后，根据“银行汇票委托书”存根联编制付款凭证。如有多余款项或因汇票超过付款期等原因而退款时，应根据银行的多余款收账通知编制收款凭证。

采用银行汇票结算方式，应注意下列问题：

1）银行汇票的提示付款期为一个月，超过提示付款期限，经出具证明后，仍可以请求出票银行付款。银行汇票见票即付。填明“现金”字样和代理付款行的银行汇票丧失，失票人可以向银行申请挂失，或者向法院申请公示催告或提起诉讼。但未填明“现金”字样和代理付款行的银行汇票丧失，不得挂失。

付款期限
壹　个　月

中国建设银行
银行汇票　2　江苏　XX00000000

第　　号

出票日期：　年　月　日
（大写）

代理付款行：　　　　　　　　行号：

收款人：

出票金额　人民币（大写）

实际结算金额　人民币（大写）	千	百	十	万	千	百	十	元	角	分

申请人：　　　　　　　　账号或住址：

出票行：　　　　　行号：

备　注：

凭票付款

出票行签章

多余金额									
千	百	十	万	千	百	十	元	角	分

科目（借）
对方科目（贷）
兑付日期：　年　月　日
复核　　记账

图 10-1　银行汇票（正面）

上海证券印刷有限公司•2011年印制

被背书人	被背书人
背书人签章 年　月　日	背书人签章 年　月　日

（粘贴单处）

持票人向银行
提示付款签章：　　身份证件名称：　　发证机关：
号码：

图 10-2　银行汇票（反面）

中国建设银行**进账单**（回单或收款通知）　1

年　月　日　　　　第××号

付款人	全　称		收款人	全　称	
	账　号			账　号	
	开户银行			开户银行	

人民币（大写）	千	百	十	万	千	百	十	元	角	分

票据种类	
票据张数	
单位主管　会计　复核　记账	

此联是收款人开户银行交给收款人的回单或收账通知

图 10-3　银行进账单

2）银行汇票一律记名，可以背书转让。背书是指在票据背面或者粘单上记载有关事项并签章的票据行为。背书是一种票据行为，是转让票据权利的重要方式，它的产生是票据成为流通证券的一个标志。

3）银行汇票的汇款金额起点为500元。

2. 商业汇票

商业汇票由收款人或付款人（或承兑申请人）签发，由承兑人承兑。承兑是指汇票付款人承诺在汇票到期日支付汇票金额的票据行为，是汇票中所特有的。商业汇票适用于同城或异地在银行开立存款科目的法人以及其他组织之间，订有购销合同的商品交易的款项结算（必须具有真实的交易关系或债权债务关系）。

采用商业汇票结算方式，应注意下列问题：

1）采用商业汇票结算方式时，承兑人（即付款人）有到期无条件支付票款的责任。

2）对信用不好的客户应慎用或不用商业汇票结算方式。

3）商业汇票一律记名，允许背书转让，但背书应连续。

4）商业汇票的承兑期限由交易双方商定，但最长不得超过6个月。商业汇票的提示付款期限自汇票到期日起10日内。

付款人应当自收到提示承兑的汇票之日起3日内承兑或者拒绝承兑。付款人拒绝承兑的，必须出具拒绝承兑的证明。

商业汇票分为商业承兑汇票和银行承兑汇票。商业承兑汇票由银行以外的付款人承兑。银行承兑汇票由银行承兑。商业汇票的付款人为承兑人。

(1) 商业承兑汇票　商业承兑汇票是指由收款人签发，付款人承兑，或由付款人签发并承兑的票据。商业承兑汇票按双方约定签发。由收款人签发的商业承兑汇票应交付款人承兑，由付款人签发的商业承兑汇票应经本人承兑。付款人须在商业承兑汇票正面签署“承兑”后，将商业承兑汇票交给收款人。在实际操作过程中，一般以由付款人签发的商业承兑汇票居多。其票样如图10-4～图10-8所示。

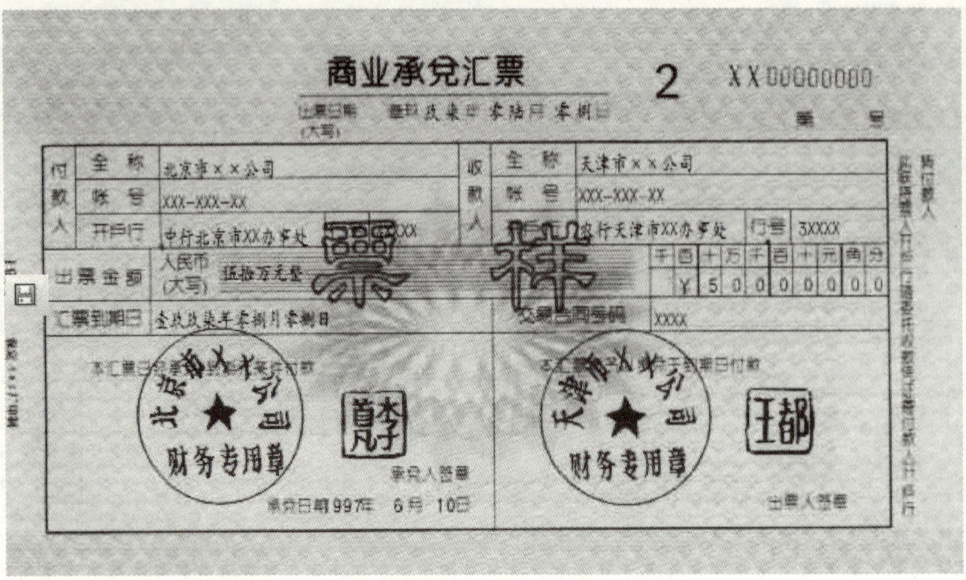

图10-4　商业承兑汇票

商业承兑汇票 1

签发日期 年 月 日

汇票号码 第 号

收款人	全称		付款人	全称	
	账号			账号	
	开户银行	行号		开户银行	行号
汇票金额	人民币（大写）				千 百 十 万 千 百 十 元 角 分
汇票到期日	年 月 日	交易合同号码			
本汇票请你单位承兑，并及时将承兑汇票寄交我单位。此致 承兑人 收款人盖章 负责 经办		备注：			

此联承兑人（付款人）留存

10×17.5厘米（白纸黑油墨）

图 10-5 收款人签发的商业承兑汇票

商业承兑汇票 2

签发日期 年 月 日

汇票号码 第 号

收款人	全称		付款人	全称	
	账号			账号	
	开户银行	行号		开户银行	行号
汇票金额	人民币（大写）				千 百 十 万 千 百 十 元 角 分
汇票到期日	年 月 日	交易合同号码			
本汇票已经本单位承兑，到期日无条件支付票款。此致 收款人 付款人盖章 负责 经办 年 月 日		汇票签发人盖章 负责 经办			

此联收款人开户行随结算凭证寄付款人开户行作付出传票附件

10×17.5厘米（白纸绿花纹蓝油墨）

图 10-6 付款人签发的商业承兑汇票

商业承兑汇票 2 背面

注意事项

一、付款人于汇票到期日前须将票款足额交存开户银行，如账户存款余额不足时，银行比照空头支票处以罚款。

二、本汇票经背书可以转让。

被背书人	被背书人	被背书人
背书	背书	背书
日期 年 月 日	日期 年 月 日	日期 年 月 日

图 10-7 付款人签发的商业承兑汇票（背面）

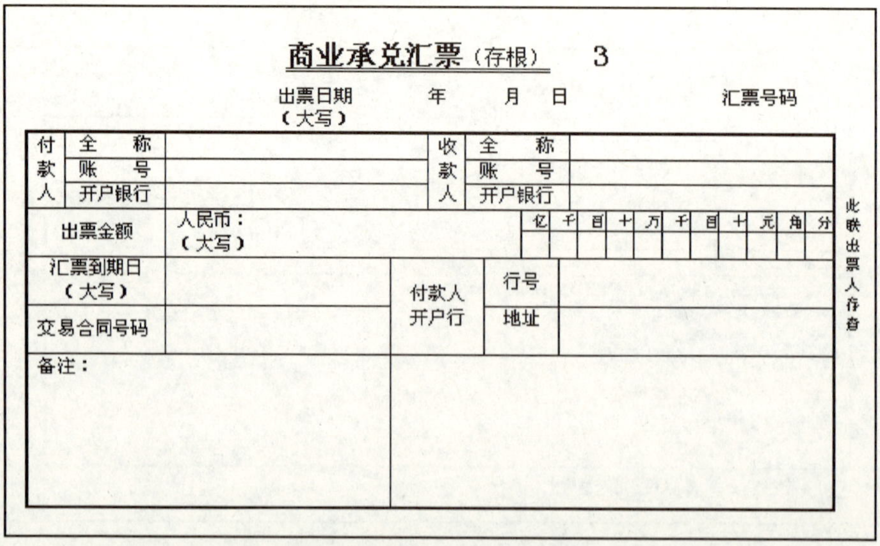
商业承兑汇票（存根）　3

出票日期（大写）　年　月　日　　汇票号码

付款人	全　称		收款人	全　称	
	账　号			账　号	
	开户银行			开户银行	
出票金额	人民币：（大写）			亿 千 百 十 万 千 百 十 元 角 分	
汇票到期日（大写）		付款人开户行	行号		
交易合同号码			地址		
备注：					

此联出票人存查

图 10-8　商业承兑汇票存根

商业承兑汇票的账务处理方法是：收款单位凭银行盖章的进账通知编制收款凭证，付款单位凭承兑汇票委托书存根联编制付款凭证。

（2）银行承兑汇票　银行承兑汇票是由收款人或承兑申请人签发，并由承兑申请人向开户银行申请，经银行审查同意承兑的票据。其票样如图 10-9 所示。

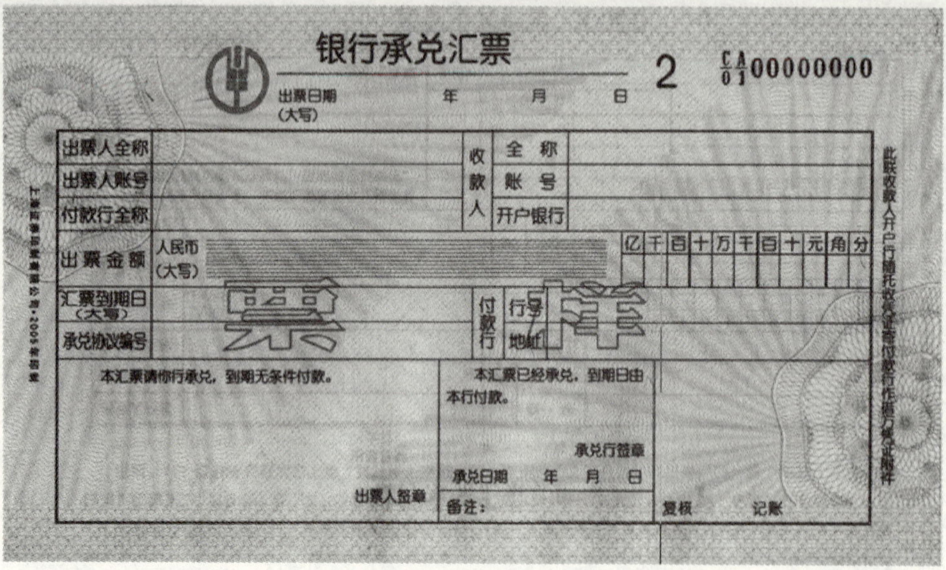

图 10-9　银行承兑汇票

银行承兑汇票的账务处理方法是：收款单位凭银行盖章的进账通知编制收款凭证，付款单位凭银行承兑汇票委托书存根联编制付款凭证。

商业承兑汇票和银行承兑汇票既有区别又有联系。商业承兑汇票是购销双方的票据交易行为，是一种商业信用，银行只作为清算的中介。而银行承兑汇票是银行的一种信用业务，体现购、销及银行三方关系，银行既是商业汇票的债务人，同时又是承兑申请人的债权人。银行承兑汇票由银行保证无条件付款，因而有较高的信誉。

3. 银行本票

银行本票是申请人将款项交存银行，由银行签发以办理转账结算或支取现金的票据，适用于同城办理转账结算或支取现金。我国开展银行本票的时间并不长，银行本票还是一种较新的票据结算方式，它对于企事业单位和个人在同城范围办理转账结算具有明显的优点，对于促进我国经济的发展起到重要的作用。其票样如图 10-10、10-11 所示。

银行本票的账务处理方法是：收款单位按照规定受理银行本票后，应将银行本票连同进账单送交银行办理转账，根据盖章退回的进账单第一联和有关原始凭证编制收款凭证；付款单位填送“银行本票申请书”并将款项交存银行，收到银行签发的银行本票后，根据申请书存根联编制付款凭证。企业因银行本票超过付款期限或其他原因要求退款时，在交回本票和填制的进账单经银行审核盖章后，根据进账单第一联编制收款凭证。

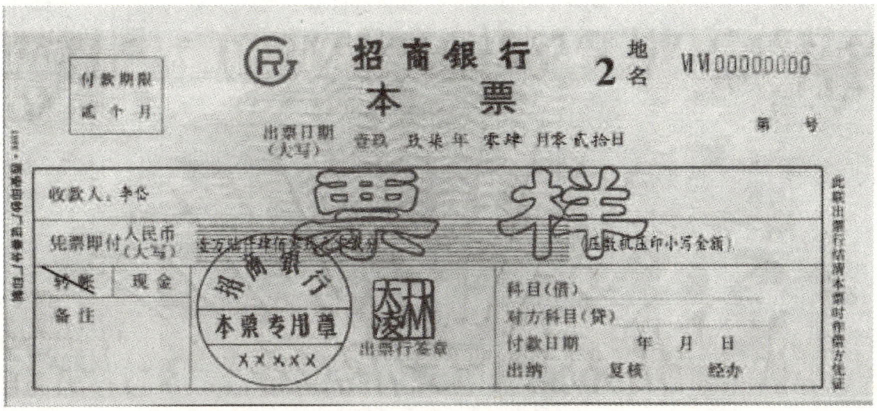
招商银行
本票
地名 2
WW00000000
付款期限 贰个月
出票日期（大写）
第 号
收款人：
凭票即付 人民币（大写）
（压数机压印小写金额）
转账 现金
备注
科目（借）
对方科目（贷）
付款日期 年 月 日
出纳 复核 经办
出票行签章
本票专用章
此联出票行结清本票时作借方凭证

图 10-10　银行本票（正面）

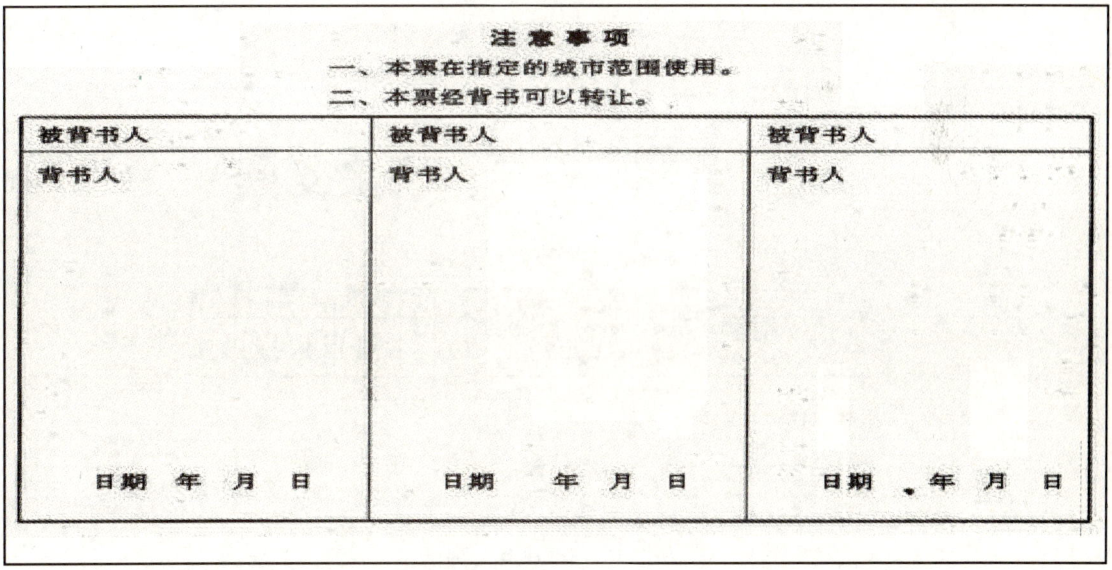
注意事项
一、本票在指定的城市范围使用。
二、本票经背书可以转让。

被背书人	被背书人	被背书人
背书人 日期　年　月　日	背书人 日期　年　月　日	背书人 日期　年　月　日

图 10-11　银行本票（背面）

采用银行本票结算方式，应注意下列问题：

1）银行本票分为不定额本票和定额本票两种。定额银行本票面额为 1 千元、5 千元、1

万元和 5 万元。银行本票可以用于转账，注明“现金”字样的银行本票可以用于支取现金。

2）银行本票的提示付款期为两个月，超过提示付款期限，经出具证明后，仍可请求出票银行付款。

3）银行本票见票即付，资金转账速度是所有票据中最快、最及时的。可以背书转让，不予挂失，对银行本票应视同现金，妥善保管。

4. 支票

支票是银行的存款人签发给收款人办理结算或委托开户银行将款项支付给收款人的票据，适用于同城各单位之间的商品交易、劳务供应及其他款项的结算。由于支票结算方式手续简便，因而是目前同城结算中使用比较广泛的一种结算方式。其票样如图 10-12、图 10-13所示。

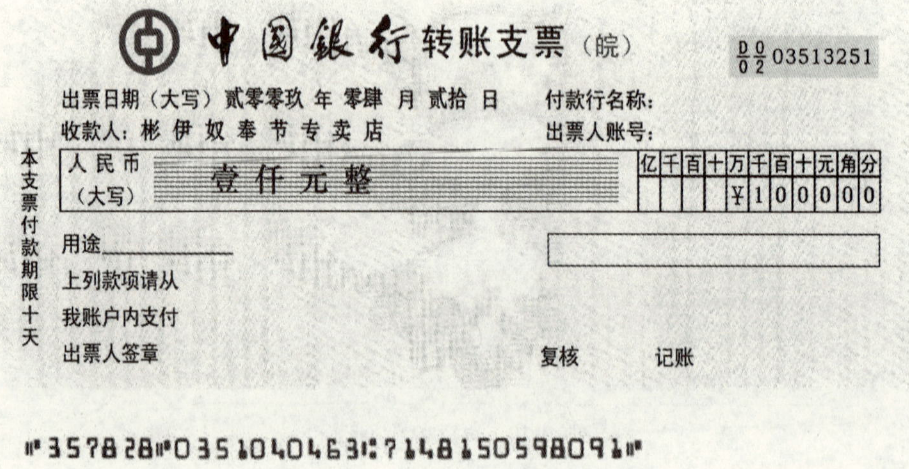
中国银行 转账支票（皖） D0/02 03513251

出票日期（大写）贰零零玖 年 零肆 月 贰拾 日　付款行名称：

收款人：彬 伊 奴 奉 节 专 卖 店　出票人账号：

人民币（大写）	壹仟元整	亿	千	百	十	万	千	百	十	元	角	分
						¥	1	0	0	0	0	0

本支票付款期限十天

用途

上列款项请从

我账户内支付

出票人签章　复核　记账

⑈357828⑈035104046⑆714815059809⑈

图 10-12　转账支票

中国银行 现金支票

出票日期(大写) 贰零壹贰年 零柒月 零伍日

人民币(大写)	壹万元整	十	万	千	百	十	元	角	分
		¥	1	0	0	0	0	0	0

用途：渠道补贴费

上列款项请从

我帐户内支付

出票人签章　复核　记账

图 10-13　现金支票

在银行开户的存款人领购支票时必须填写“票据和结算凭证领用单”并签章，签章应与预留银行的签章相符，持支票购领证（购领证上有指定办理银行业务的人员姓名）及指定人员身份证由指定人员到银行办理购买手续。银行对上述单证审核无误后，即可将支票售给存款人。购买支票款由银行从存款人账户中划转，存款人根据实际购买金额编制付款凭证，借记“财务费用”科目，贷记“银行存款”科目。

支票的账务处理方法是：收款单位对于收到的支票，应在收到支票的当日填制进账单，连同支票送交银行，根据银行盖章退回的进账单第一联和有关的原始凭证编制收款凭证；对于付出的支票，应根据支票存根和有关原始凭证编制付款凭证。

采用支票结算方式，应注意下列问题：

1）鉴于我国多年使用支票的习惯，并考虑国际上的通行做法，方便个体工商户和个人的使用，保留了现金支票和转账支票，并新增了普通支票和划线支票。支票上印有“现金”字样的为现金支票，现金支票只能用于支取现金。支票上印有“转账”字样的为转账支票，只用于转账，不可支取现金。支票上未印有“现金”或“转账”字样的为普通支票，普通支票可以用于支取现金，也可以用于转账。在普通支票左上角划有两条平行线的为划线支票，划线支票只能用于转账，不得支取现金。

2）支票一律记名。中国人民银行总行批准的地区转账支票可以背书转让。

3）支票见票即付，但支票持票人委托其开户银行向付款人提示付款的，进账时间为经过同城票据交换系统将票款划回的时间。支票的提示付款期限为自出票日起 10 日内，中国人民银行另有规定的除外。超过提示付款期的，持票人开户银行不予受理，付款人不予付款。

4）不准签发空白支票。签发支票不能超过银行存款的余额，超过的即为“空头支票”，银行将予以退票，并处以票面金额 5% 但不低于 1000 元的罚款。

知识点二：各种常用的发票

发票是指一切单位和个人在购销商品提供劳务或接受劳务、服务以及从事其他经营活动所提供给对方的收付款的书面证明，是财务收支的法定凭证，是会计核算的原始依据，也是审计机关、税务机关执法检查的重要依据。

发票具有合法性、真实性、统一性、及时性等特征，是最基本的会计原始凭证之一；发票是记录经济活动内容的载体，是财务管理的重要工具；发票是税务机关控制税源、征收税款的重要依据；发票是国家监督经济活动，维护经济秩序，保护国家财产安全的重要手段。

1. 发票种类

发票有普通发票和增值税专用发票两种。

（1）普通发票　普通发票主要由营业税纳税人和增值税小规模纳税人使用，增值税一般纳税人在不能开具专用发票的情况下也可使普通发票，如图 10-14 所示。普通发票由行业发票和专用发票组成。前者适用于某个行业的经营业务，如商业零售统一发票、商业批发统一发票、工业企业产品销售统一发票等；后者仅适用于某一经营项目，如广告费用结算发票、商品房销售发票等。普通发票的基本联次为三联：第一联为存根联，开票方留存备查用；第二联为发票联，收执方作为付款或收款原始凭证；第三联为记账联，开票方作为记账原始凭证。个人发票一般泛指普通发票。

（2）增值税专用发票　增值税专用发票是我国实施新税制的产物，是国家税务部门根据增值税征收管理需要而设定的，专用于纳税人销售或者提供增值税应税项目的一种发票，如图 10-15 所示。专用发票既具有普通发票所具有的内涵，同时还具有比普通发票更特殊的作用。它不仅是记载商品销售额和增值税税额的财务收支凭证，而且是记载销货方纳税义务

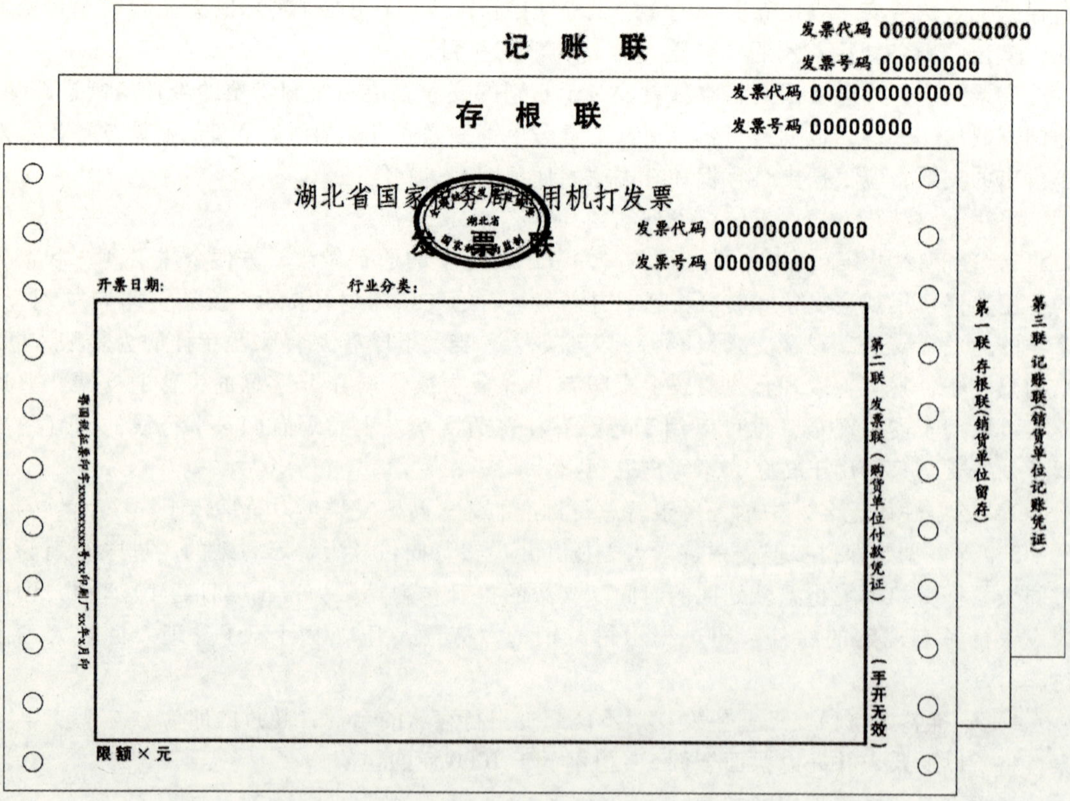
记账联
发票代码 000000000000
发票号码 00000000
存根联
发票代码 000000000000
发票号码 00000000
湖北省国家税务局通用机打发票
发票联
发票代码 000000000000
发票号码 00000000
开票日期:
行业分类:
限额×元
第二联 发票联（购货单位付款凭证）（手开无效）
第一联 存根联（销货单位留存）
第三联 记账联（销货单位记账凭证）

图 10-14 普通发票

和购货方进项税额的合法证明，是购货方据以抵扣税款的法定凭证，对增值税的计算起着关键性作用。

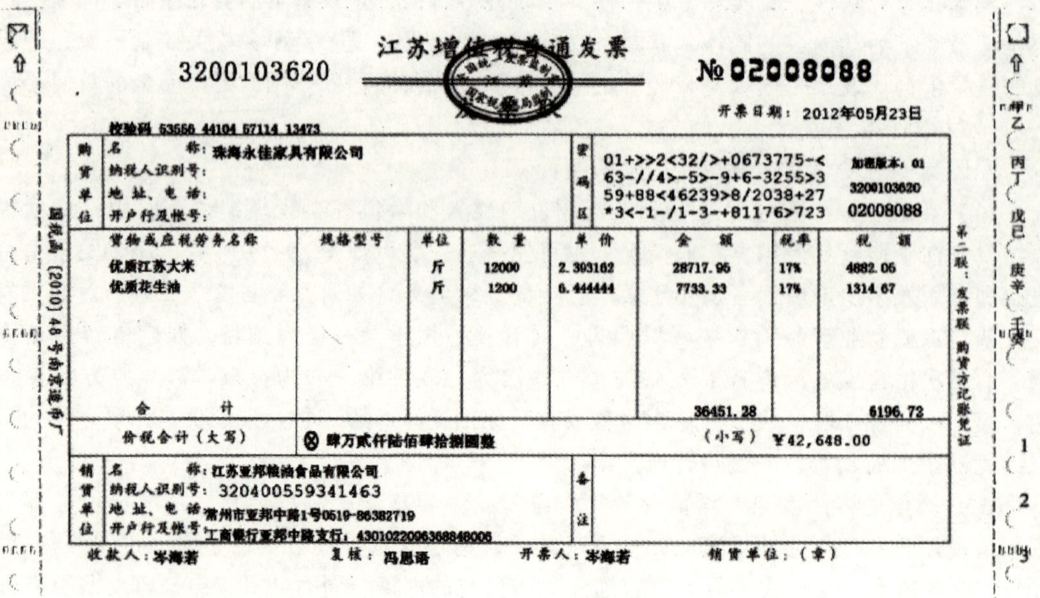
江苏增值税普通发票
3200103620
№ 02008088
开票日期：2012年05月23日
校验码 63566 44104 67114 13473

购货单位	名 称：珠海永佳家具有限公司 纳税人识别号： 地 址、电 话： 开户行及帐号：	密码区	01+>>2<32/>+0673775-< 63-//4>-5>-9+6-3255>3 59+88<46239>8/2038+27 *3<-1-/1-3-+81176>723	加密版本：01 3200103620 02008088

货物或应税劳务名称	规格型号	单位	数量	单价	金额	税率	税额
优质江苏大米		斤	12000	2.393162	28717.95	17%	4882.05
优质花生油		斤	1200	6.444444	7733.33	17%	1314.67
合 计					36451.28		6196.72
价税合计（大写）	⊗ 肆万贰仟陆佰肆拾捌圆整				（小写）¥42,648.00		

销货单位	名 称：江苏亚邦粮油食品有限公司 纳税人识别号：320400559341463 地 址、电 话：常州市亚邦中路1号0519-86382719 开户行及帐号：工商银行亚邦中路支行：4301022096368848006	备注	

收款人：岑海若 复核：冯恩语 开票人：岑海若 销货单位：（章）
国税函〔2010〕48号南京造币厂
第二联：发票联 购货方记账凭证

图 10-15 增值税发票

机电产品销售一般要提供正规的增值税发票，以便于企业在交税及出口退税时作为财务凭证。

按照《中华人民共和国增值税暂行条例》的规定，提供加工、修理修配劳务（以下称应税劳务），增值税税率为17%，即机电产品的营销过程中的税率为17%（农产品、能源等其他产品另有规定），但以下情况除外：

1）购进或者销售货物以及在生产经营过程中支付运输费用的，按照运输费用结算单据上注明的运输费用金额和7%的扣除率计算。

2）出口货物，税率为零；但是，国务院另有规定的除外。

3）小规模纳税人增值税征收率为3%。按《中华人民共和国增值税暂行条例实施细则》规定，小规模纳税人指工业和商业小规模纳税人销售额标准分别为50万元和80万元。此外，年应税销售额超过小规模纳税人标准的其他个人（自然人）继续按小规模纳税人纳税；非企业性单位和不经常发生应税行为的企业可以自行选择是否按小规模纳税人纳税。

查一查

1. 通过网络查询、阅读《中华人民共和国增值税暂行条例》。
http：//www.gov.cn/zwgk/2008-11/14/content_1149516.htm
2. 通过网络查询、阅读《中华人民共和国增值税暂行条例实施细则》
http：//www.gov.cn/flfg/2008-12/18/content_ 1181744.htm

增值税条例

实施细则

2. 发票主管机关

国家税务局是负责发票印制、领购、开具、取得、保管、缴销的管理和监督机关。

3. 票面内容

发票一般包括：票头、字轨号码、联次及用途、客户名称、银行开户账号、商（产）品名称或经营项目、计量单位、数量、单价、金额，以及大小写金额、经手人、单位印章、开票日期等。

实行增值税的单位所使用的增值税专用发票还应有税种、税率、税额等内容。1993年1月1日全国实行统一发票后，发票联必须套印“发票监制章”。统一后的“发票监制章”形状为椭圆形，长轴为3厘米，短轴为2厘米，边宽0.1厘米，内环加一细线，上环刻制“全国统一发票监制章”字样，下环刻有“税务局监制”字样，中间刻制监制税务机关所在地省（市、区）、市（县）的全称或简称，字体为正楷，印色为大红色，套印在发票联票头中央。

4. 基本联次

发票的基本联次为三联，包括存根联、发票联、记账联。存根联由收款方或开票方留存备查；发票联由付款方或受票方作为付款原始凭证；记账联由收款方或开票方作为记账原始凭证。

5. 开票规定

（1）普通发票的开具

1）在销售商品、提供服务以及从事其他经营活动对外收取款项时，应向付款方开具发票。特殊情况下，由付款方向收款方开具发票。

2）开具发票应当按照规定的时限、顺序，逐栏、全部联次一次性如实开具，并加盖单位发票专用章。

3）使用计算机开具发票，须经国税机关批准，并使用国税机关统一监制的机外发票，并要求开具后的存根联按顺序号装订成册。

4）发票限于领购的单位和个人在本市、县范围内使用，跨出市县范围的，应当使用经营地的发票。

5）开具发票单位和个人的税务登记内容发生变化时，应相应办理发票和发票领购簿的变更手续；注销税务登记前，应当缴销发票领购簿和发票。

6）所有单位和从事生产、经营的个人，在购买商品、接受服务以及从事其他经营活动支付款项时向收款方取得发票，不得要求变更品名和金额。

7）对不符合规定的发票，不得作为报销凭证，任何单位和个人有权拒收。

8）发票应在有效期内使用，过期应当作废。

（2）增值税专用发票　纳税人有下列行为不得开具增值税专用发票：向消费者个人销售货物或者应税劳务的；销售货物或者应税劳务适用免税规定的；小规模纳税人销售货物或者应税劳务的；销售报关出口的货物；在境外销售应税劳务；将货物用于非应税项目；将货物用于集体福利和个人福利；将货物无偿赠送他人；提供非应税劳务，转让无形资产或销售不动产。

6. 增值税办理条件及注意事项

（1）办理条件　已办理税务登记的小规模纳税人增值税发票以及国家税务总局确定的其他可予代开增值税专用发票的纳税人。

按规定应当携带和提交的材料目录：

1）《代开增值税专用发票缴纳税款申报单》。

2）发生购销业务，提供增值税应税劳务的合同、协议或书面证明及加盖公章的复印件。

3）《发票购用印制簿》原件（审核无误后，原件退还纳税人）。

4）经办人身份证或《办税员联系卡》原件（审核无误后，原件退还纳税人）。

5）税务机关规定应当报送的其他有关证件、资料。

（2）注意事项

1）凡前来代开发票的企业必须主动出示《发票购买印制簿》上注明的购票员身份证或办税员证。

2）凡办税员或购票员不能前来，除出示购票员办税员身份证件外，还应出示代开人员的身份证件。

3）企业委托有资质中介公司前来代开发票的，必须出示企业法人代表签发的委托书及代开人员的身份证件。

4）如企业要求代开万元版增值税专用发票，必须填写《增值税专用发票最高开票限额、限购量申请（审核）表》，由专管员初审、主管所长审批转稽管科审批后，方可到窗口开具。

查一查

通过网络查询、阅读《中华人民共和国发票管理办法》、《国务院关于修改 <中华人民共和国发票管理办法> 的决定》。

http：//www.gov.cn/zwgk/2010-12/27/content_1773459.htm

管理办法

【任务实施】

填写机电产品常见票据

1. 任务组织

全班同学以 3 ~5 人为一组，对于所要填写的所有票据确认好每一项信息；一人一机，在机房利用计算机软件，模拟填写票据。

2. 任务内容

根据本项目开篇案例提供的信息，分小组商定每一张票据每一个栏目的信息。

利用计算机，在票据软件上填写银行汇票、商业承兑汇票（分收款人和付款人两种）、银行本票、支票（含转账支票和现金支票）、普通支票及增值税发票。

3. 任务考核

每组由组长代表本组汇报任务完成情况，同学互评，教师点评，然后综合评定各组本次任务的实训成绩。

具体考核见表 10-4。

表 10-4　填写机电产品常用票据任务考核表

考核项目	考核内容	分数	得分
工作态度	按时完成任务	5 分	
	格式符合要求	5 分	
任务内容	合理确定每张票据上的各项数据	25 分	
	项目填写完整、规范、正确	15 分	
	完成所有票据的填写	25 分	
团队合作精神	具有较强的凝聚力	5 分	
	具有良好的协作精神	5 分	
	具有相互服务的意识	5 分	
团队间互评	团队较好地完成本任务	10 分	

推荐软件：

若无相应模拟软件，可到 http：//peitao. kingdee. com 免费下载“金蝶万能票据”及相应补丁，免费试用该软件进行学习。

说明：在该软件内，银行汇票、本票等不在模板内的票据，可能通过“新建票据”创建。

【职业能力训练】

一、填空题

1. 我国现行的合同法是《____________________》。

2. 产品的销售必须要有《______________》、《______________》，应包括产品的名称、数量、______________等，还要明确时间、______________、盖章签字等。

3. 合同必须是一式____________份，必须经双方当事人签字盖章。

4. 通常所说的票据有________、________、________、________。

5. 发票是________的法定凭证，是________的原始依据，也是审计机头，________执法检查的重要依据。

二、简答题

1. 合同有哪些作用？

2. 合同的内容由双方当事人约定，一般包括哪些主要条款？

3. 有确切证据能证明对方存在哪些情况，可以中止履行合同？

4. 纳税人有哪些行为不得开具增值税专用发票？

参考文献

［1］ 刘伟光，周志强．市场营销实务［M］．北京：中国电力出版社，2008．

［2］ 许春燕，孟泽云．新编市场营销［M］．北京：电子工业出版社，2009．

［3］ 毛全有．机电产品基础［M］．北京：机械工业出版社，2011．

［4］ 韩燕雄，赵立义．市场营销理论与实务［M］．北京：首都师范大学出版社，2009．

［5］ 肖灵机，黄蕾．工业品市场营销学［M］．武汉：武汉理工大学出版社，2008．

［6］ 李洪道．工业品营销：赢在信任［M］．北京：机械工业出版社，2009．

［7］ 王宝敏．机电产品市场营销实务［M］．北京：电子工业出版社，2012．

［8］ 罗伯特·F德怀尔，约翰·F坦纳．工业品营销［M］．吴长顺，等译．4版．北京：清华大学出版社，2011．

［9］ 王炎，杨晶．商务礼仪——情境·项目·训练［M］．北京：电子工业出版社，2014．

［10］ 张再欣．现代商务礼仪［M］．北京：中国人民大学出版社，2012．